# Das vermessene Ich

# VIVIEN SUCHERT

# DAS VERMESSENE ICH

## Von Selbstkontrolle, Optimierungswahn und digitalen Doppelgängern

**ecoWIN**

1. Auflage
© 2019 Ecowin Verlag bei Benevento Publishing,
eine Marke der Red Bull Media House GmbH, Wals bei Salzburg

Gesetzt aus der Minion Pro, Roboto

Medieninhaber, Verleger und Herausgeber:
Red Bull Media House GmbH
Oberst-Lepperdinger-Straße 11–15
5071 Wals bei Salzburg, Österreich

Satz: MEDIA DESIGN: RIZNER.AT
Umschlaggestaltung: total italic, Thierry Wijnberg (Amsterdam/Berlin) unter Verwendung
von Motiven von Shutterstock/Dmytro_Kryzhanovskyi (Uhr), Shutterstock/Anton Prohorov
(Sicherheitskamera), www.freepik.com (Übrige Piktogramme)
Redaktion: Dr. Carina Heer
Printed in Germany
ISBN 978-3-7110-0242-6

# INHALT

# WIE WIR UNS SELBST ZUM VERMESSUNGSGEGENSTAND MACHEN

Ich kann mich noch gut erinnern, als in meiner Jugend eines der Highlights der Selbsttest in der neuen *Bravo* war: Ist er in mich verliebt? Bist du eine gute Freundin? Wie attraktiv wirkst du auf andere? Offiziell hat natürlich niemand diese Tests wirklich für voll genommen. Wenn man dann allein im Zimmer war, wollte man es aber doch wissen!

Auch während der Recherche für dieses Buch ertappte ich mich dabei, wie ich mich durch einen Test nach dem nächsten klickte. Dabei sollte ich als Psychologin es eigentlich besser wissen, oder? Doch den Drang, herauszufinden, welcher Blume mein Charakter entspricht, welcher Teil meines Gehirns meine Wahrnehmung bestimmt, was meine Lieblingssorte Eis eigentlich über meine Persönlichkeit verrät und welcher Comedyserie meine Beziehung ähnelt, könnte man fast schon unwiderstehlich nennen. Da bin ich mit an Sicherheit grenzender Wahrscheinlichkeit nicht die Einzige. Wenn es in den Wartezimmern dieser Welt mal wieder etwas länger dauert, hat wohl jeder schon mal zu einer der ausliegenden Zeitschriften gegriffen und ist dabei bei einem dieser berühmt-berüchtigten Tests hängen geblieben. Dabei muss ich zugeben, dass auch ich an dieser Stelle nicht sagen kann, was es mir eigentlich bringt, zu wissen, welche Blume meiner Persönlichkeit entspricht. Dennoch habe ich mich erst vor Kurzem zielstrebig durch den Test eines dieser Magazine gekreuzt, um herauszufinden, dass ich die Sonnenblume bin. Mensch, hätte ich nicht gedacht, mögen

Sie jetzt denken – ich ehrlich gesagt auch nicht. Aber gut zu wissen, oder?

Sobald der Testrausch nachließ, setzte jedoch eine abgeklärte Nüchternheit ein, und ich fragte mich: Gut zu wissen, und jetzt? Fragen wie »Welche Superkraft hättest du gerne?« – Fliegen wäre übrigens mein Favorit, noch vor dem Unsichtbarsein – und Aufforderungen wie »Wähle einen Hund aus«, wobei man die Wahl zwischen sechs süßen Hundewelpen hat, deren mimische Vielfalt sicherlich menschliche Züge suggerieren sollen, erscheinen auf den ersten Blick durchaus tiefgründig. Woher man auf dieser Grundlage allerdings weiß, welche Blume meiner Persönlichkeit entspricht, erschließt sich mir im Nachhinein nur schwerlich. Wer hat außerdem herausgefunden, welche Persönlichkeit welcher Blume entspricht und warum hat diese Person noch keinen Nobelpreis erhalten? Fragen über Fragen. Die entscheidende ist aber sicherlich: Was steckt eigentlich hinter dem Bedürfnis, mithilfe von Tests – egal wie schwachsinnig oder zwielichtig sie auch erscheinen – mehr über sich selbst erfahren zu wollen? Warum brauchen wir externe Bewertungen über uns selbst?

Da taucht Henry, seines Zeichens Technikfreak, Selbstoptimierer, Early Adopter und Anhänger der aktuell sehr populären Quantified-Self-Bewegung, welche die Vermessung des Selbst zum Heiligen Gral erhoben hat, auf der Bildfläche auf und blickt mich irritiert an. Seine Welt besteht aus berechenbaren Größen und durch seine Adern scheinen Datenströme anstelle von Blut zu fließen. Er wirft eilig einen Blick auf sein Fitnessarmband. Womöglich, um sicherzugehen, dass sein Puls noch im Normalbereich liegt und ich ihn mit meinen ihm offenbar sehr dumm erscheinenden Fragen nicht in allzu hohe emotionale Erregung versetzt habe.

Wie ein gläubiger Christ, der textsicher Stellen aus der Bibel aufsagt, zitiert er Gary Wolf, einen der Initiatoren der Quantified-Self-Bewegung mit den Worten »We don't have a slogan, but if we did it would probably be ›Self-knowledge through numbers‹« – Wir haben keinen Slogan, aber wenn wir einen hätten, hieße er wahrscheinlich: Selbsterkenntnis durch Zahlen.

Dramaturgische Pause, dann fügt er ergänzend hinzu: »Wie willst du dich selbst verstehen, wenn du nur die Informationen nutzt, die deine beschränkten Sinne dir über dich selbst liefern?«, fragt mich Henry mit einem verständnislosen Kopfschütteln. »Alles, was du über dich selbst weißt, ist doch sehr subjektiv. Nur mit objektiven Mitteln können wir zu echter Selbsterkenntnis gelangen. Der einzig sinnvolle Weg führt daher über Vermessungstools, die dir die ersehnten Wahrheiten in unverrückbaren Zahlen liefern.«

»Okay.«

In Anbetracht meiner unqualifizierten Reaktion scheinen ihm damit der Worte genug gewechselt zu sein, aber ich bin mir sicher, dass noch viele weitere Missionierungsversuche folgen werden.

# Erscanne dich selbst

Für die Anhänger der Quantified-Self-Bewegung steht die Selbsterkenntnis oder das Wissen über sich selbst durch Zahlen ausgedrückt im Vordergrund und dient vor allem als Grundlage für die Verbesserung der eigenen Lebensqualität. Hauptanliegen ist es, sich selbst in Zahlen und Daten zu erfassen. Im Leben eines Gary Wolf sieht das dann ungefähr so aus:

> *Ich bin heute Morgen um 6:20 Uhr aufgestanden. Während der Nacht war ich zweimal wach. Meine Herzfrequenz lag bei 61 Schlägen pro Minute und mein Blutdruck gemittelt über drei Messungen bei 127/74. Meine Stimmung war auf einer Skala von 0 bis 5 bei 4 Punkten. In den letzten 24 Stunden habe ich 0 Minuten Sport gemacht und mein Maximalpuls während des Sports wurde nicht berechnet. Ich habe 400 Milligramm Koffein und 0 Gramm Alkohol zu mir genommen. Und falls Sie sich gefragt haben, mein Narzissmus-Wert liegt bei 0,31.*

Dieses Zitat war einem seiner Beiträge in dem Lifestyle- und Technologie-Magazin *Wired* von 2009 zu entnehmen. Der Begriff Quantified Self selbst geht angeblich auf die beiden Herausgeber dieses Magazins, Kevin Kelley und eben zitierten Gary Wolf, zurück und wird auf das Jahr 2007 datiert. Die beiden Männer trafen sich regelmäßig mit Unternehmern des Technologie-Eldorados Silicon Valley, die, besessen von Effizienz, ihre Arbeitstage in Zeiteinheiten bis zu zwei Minuten planen und überwachen. Die beiden Autoren berichteten in einer Reihe von Medien über die neuen Technologien und deren Möglichkeiten. Mit der Verbreitung des Begriffs und der Idee dahinter formierten sich sogenannte Meet-ups, also regelmäßige

Treffen von Anhängern der Quantified-Self-Bewegung. Es folgte eine eigene Homepage, Kongresse und lokale, selbst organisierte Gruppen, um sich untereinander auszutauschen. Die Bewegung wächst seitdem stetig. Die Verdatung hält immer mehr Einzug in jeden einzelnen Aspekt unseres persönlichen Lebens und die Vermessungstechnik wird regelrecht zur zweiten Haut. Sensoren in unseren Schuhsohlen messen die gelaufenen Schritte, unsere Uhr verfolgt unseren Standort und die Apps auf unserem Smartphone, in denen wir von unserer Stimmung, über biophysiologische Parameter bis hin zu unserer Produktivität alles dokumentieren können, löst unser Gehirn immer mehr als Schaltzentrale ab.

Doch auch wenn der Begriff der Selbstvermessung aktuell einen regelrechten Hype erlebt, ist das Streben nach Selbsterkenntnis nicht neu. Schon die alten Griechen versuchten auf unterschiedlichen Wegen zu Selbsterkenntnis zu gelangen. Sokrates etwa mithilfe seiner herausfordernden Fragen auf dem Marktplatz von Athen. Durch das kontinuierliche Hinterfragen der Aussagen seines Gegenübers suchte er nach der Wahrhaftigkeit der Argumente, um herauszufinden, ob diese tatsächlich der Person entsprachen. Stieß er auf Widersprüche, ging Sokrates der Sache solange auf den Grund, bis aus irrationalen Gedanken echte Selbsterkenntnis wurde. Diese Methode kultivierte Sokrates auch im inneren Dialog mit sich selbst. Noch heute wird das sokratische Gespräch in der Psychotherapie verwendet.

Bereits im 2. Jahrhundert nach Christus beschäftigte sich der römische Kaiser und Philosoph Markus Aurelius ausgiebig mit Selbstbeobachtung und hielt diese narrativ in Briefen fest: Da hörte sich der obige Bericht von Gary Wolf dann eher so an:

*Ich habe wenig geschlafen wegen einer kleinen Erkältung, die sich aber beruhigt zu haben scheint. (…) Nachdem ich meinen Vater begrüßt hatte, habe ich Wasser mit Honig bis zum Rachen aufgenommen und wieder ausgespuckt. (…) Danach gingen wir essen. Und was meinst Du, habe ich gegessen? Ein wenig Brot, während ich zusah, wie die anderen Austern, Zwiebeln und fette Sardinen verspeisten.*

Das Mittel der Wahl zur Selbsterkenntnis waren damals ganz offenkundig noch Worte und keine Zahlen.

Mit der Zeit kamen objektive Messinstrumente ins Spiel, die die Selbstvermessung nachvollziehbar und weniger subjektiv machen sollten. Dementsprechend wandelte sich auch das Bild des Menschen vom fühlenden Wesen aus Fleisch und Blut hin zu einer bloßen Ansammlung trockener Zahlen und logischer Zusammenhänge. Und sicherlich haben Kevin Kelley und Gary Wolf teilweise recht, wenn sie sagen, dass wir uns durch Zahlen selbst erkennen können. Eines der einfachsten und am weitesten verbreiteten Beispiele, die sich hier anführen lassen, ist die Bestimmung unseres Körpergewichts. Natürlich kann man in Worten grob erfassen, ob jemand ordentlich zugelegt hat oder die Knochen schon klappern, aber präzise wird es erst, wenn wir hierfür ein Messinstrument heranziehen, das uns eine konkrete Zahl ausspuckt. Eine Zahl, die uns sagt, ob wir zu- oder abgenommen haben, und die es uns erlaubt, konkrete Handlungen daraus abzuleiten.

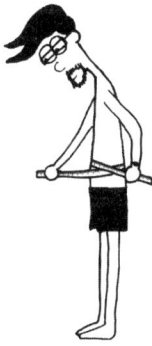

Moderne Waagen zeigen nun aber nicht mehr nur das schnöde Gewicht an, auch Kalorienbedarf, Fett- und Muskelmasse gehören zum Standardrepertoire. Die Waage 2.0 kommuniziert darüber hinaus auch direkt mit einer App und zeigt uns den detaillierten Entwicklungsverlauf dieser Werte an. In schönen bunten Kurven und Balken erfahren wir, wie es um unser Gewicht und unsere Körperzusammensetzung bestellt ist und macht zusammen mit gespeicherten Messungen Trendanalysen. Womöglich informieren wir gleich noch Apple, Google und Co. über unseren Gesundheitszustand und mit ein wenig Glück bekommen neben staatlichen Behörden auch die Anbieter unserer Lebens- und Krankenversicherungen ein persönliches Update von uns. Der ermittelte Kalorienbedarf kann als Grundlage für unser Essverhalten dienen, denn nur so können wir ja sicher sein, dass wir weder zu viel noch zu wenig Energie zu uns nehmen. Dafür haben wir dann auch schon direkt die nächste App an der Hand, mit der wir penibel genau dokumentieren, was wir wann in welchen Mengen gegessen haben und wie viel Eiweiß, Kohlenhydrate und Fett in dem, was wir uns in die Futterluke geworfen haben, wirklich steckt. Es besteht also nicht nur ein Unterschied zwischen der Selbstvermessung durch Worte und der Selbstvermessung durch Zahlen. Der entscheidende Unterschied zwischen den Zeiten, als die Waage nur eine Zahl ausspuckte, und heute liegt vor allem im Ausmaß und der Komplexität, in der wir die Selbstvermessung betreiben und welche Bedeutung sie in unserem alltäglichen Leben einnimmt.

Möglich werden diese Entwicklungen erst durch den rasanten technologischen Fortschritt der letzten beiden Jahrzehnte. Hätten meine Eltern früher all ihre Mahlzeiten detailliert nach Nährstoffen aufschlüsseln und im Zeitverlauf betrachten wollen, hätten sie am Tag neben dem Essen an sich und dessen Dokumentation wohl nicht viel zustande gebracht. Das Abwiegen der Lebensmittel, das Führen eines Ernährungstagebuches, das Erstellen umfassender Grafiken und vor allem die Recherche der in jedem Lebensmittel enthaltenen Nährstoffe – all das braucht Zeit. Kurze Erinnerung: Googeln konnte man das früher noch nicht.

Das Internet und moderne Geräte wie Smartphones oder Tablets haben diesen Prozess enorm vereinfacht. Heute kann man von einem Lebensmittel, das man verwendet, einfach den Barcode einscannen und hat direkt alle wichtigen Informationen dazu auf seinem Handy, nicht nur für heute, sondern auch für die vergangenen Tage, Wochen oder Monate. Dabei brauche ich dann kein immer dicker werdendes Buch mit Daten, deren Aufbereitung mich Unmengen an Zeit kostet. Die App kann meine Eingabe sofort mit alten Werten oder mit Zielen abgleichen, und das auch noch in Balken und Diagrammen laienverständlich aufbereiten. Denn auch die Technik zur Datenspeicherung und -verarbeitung hat sich dramatisch verbessert.

14

Die Speicherkapazität der in den Achtzigerjahren weitverbreiteten Floppy Disc von 1,2 Megabyte wäre jedenfalls schnell erschöpft gewesen. Ganz abgesehen davon, dass das Diskettenformat ziemlich unpraktisch gewesen wäre. (Für alle jüngeren Leser, die sich jetzt irritiert fragen, was eigentlich eine Floppy Disc oder eine Diskette ist: Das sind Speichermedien wie USB-Sticks, nur viel größer, dafür passt aber weniger drauf.) Moderne Fitnessarmbänder und Uhren überzeugen nicht nur durch ihre Größe, sondern bringen meist auch ein paar Gigabyte Speicherplatz mit. Das ist natürlich eine ganz andere Hausnummer.

Ein weiterer Aspekt, der die Quantifizierung unserer Körperdaten entscheidend vorangetrieben hat, ist die rasante Weiterentwicklung biometrischer Sensoren. Sei es für die Messung des Körperfettanteils, des Schlafverhaltens oder auch des Aktivitätsverhaltens: Alles, was man brauchte, waren recht präzise und gleichzeitig für die breite Masse bezahlbare Sensoren. Dass dabei ganz nebenbei ein großer Markt entstanden ist, auf dem immer mehr Unternehmen nicht nur die Hardware, also die Geräte zur Selbstvermessung an sich, sondern auch die geeignete Analyse- und Speichersoftware in Form von Apps und Co. zur Verfügung stellen, hat ebenfalls zur zunehmenden Vermessung unseres Alltagslebens beigetragen. Laut Prognose des Beratungsunternehmens A. T. Kearney wird sich der Umsatz an Wearables, also an tragbaren Computersystemen, die unter anderen der Selbstvermessung dienen, bis 2020 von 10 Milliarden US-Dollar im Jahr 2017 weltweit auf 14 Milliarden erhöhen. Dabei machen reine Aktivitätstracker fast 20 Prozent des Absatzmarktes aus, multifunktionale Geräte wie etwa Smartwatches über 60 Prozent. In Deutschland lag der Umsatz für Fitnesstracker 2017 laut Statista bei 143 Millionen Euro. Dass man in der Hoffnung auf ein besseres und gesünderes Leben gern auch mal tiefer in die Tasche greift, finde ich grundsätzlich nachvollziehbar. Wer möchte nicht mehr Sport treiben, sich gesünder ernähren oder besser schlafen? Doch ab wann schränkt dieses Bedürfnis unser Leben eher ein, als dass es eine Verbesserung darstellt?

## Die Grenzen der Vermessung – »Geht nicht gibt's nicht!«

Henry und ich haben uns zum Frühstück in einem hippen Café in der Innenstadt verabredet. Nachdem die Kellnerin zweimal die kernige Frühstücksplatte auf unserem Tisch verteilt hat, kramt Henry eine kleine Taschenwaage aus seinem Rucksack hervor. Nein, »kramen« trifft es eigentlich nicht. Zielsicher öffnet er eine der Taschen und landet mit einem Griff einen Volltreffer. Er platziert das Gerät vor sich auf dem Tisch und holt sein Smartphone aus der Hosentasche. Henry beginnt einzelne Wurst- und Käsescheiben, den Frischkäse, Honig und schließlich das im Eierbecher vor ihm stehende Ei zu wiegen und alles akribisch genau in sein Smartphone einzutippen.

»Kann ich dein Ei auch noch haben, sonst komme ich mit meiner Makronährstoffverteilung nicht hin?«, fragt er schließlich. Noch ehe ich antworten kann, schnappt er sich mein Frühstücksei und notiert den schon gedanklich vollzogenen Verzehr in seinem Handy. »Warum isst du die Sachen nicht einfach?«, frage ich nach fünf Minuten faszinierter Stille. Während er noch irgendetwas auf seinem Display herumtippt, wirft Henry mir einen genervten Blick über die Ränder seiner Brille zu. Mit dem Gefühl, etwas furchtbar Dummes gefragt zu haben, schnappe ich mir eines der Brötchen. »Ich meine ja nur ... Du musst nicht abnehmen und besondere sportliche Ziele verfolgst du zurzeit auch nicht, oder?«, versuche ich es etwas differenzierter.

»Das sind ja auch mittelmäßige Ziele, über die ich schon längst hinaus bin. Im Gegensatz zu dir gebe ich mich offensichtlich nicht mit Mittelmaß zufrieden. Ich will die beste Version von mir sein, die ich sein kann.« In seinem Blick liegt etwas Pathetisches, fast schon Heroisches. Soso, die beste Version von sich selbst werden … Das klingt im Prinzip gar nicht so schlecht und irgendwie nach einem guten Ziel, denke ich mir, lasse mir allerdings nichts anmerken. »Dafür muss man die Sachen, die man ins System reinsteckt, eben immer weiter optimieren. Die Rennwagen bei der Formel 1 fahren ja auch nicht mit mittelmäßigen Reifen oder Treibstoffen. Ein bisschen mehr Anspruch täte dir gut«, giftet Henry mich an. »Und, woran wirst du merken, wenn du dein Optimum erreicht hast?«, frage ich nun ernsthaft interessiert. »Der Weg ist das Ziel. Ich dachte, du als Reisebegeisterte wüsstest das.«

Tatsächlich ist die Quantified-Self-Bewegung inzwischen mehr als nur ein Trend. Selbstvermessung ist regelrecht zum Lifestyle avanciert, frei nach dem Motto: Vermutest du noch oder misst du schon?

War die Überwachung des Herzschlags früher noch Angelegenheit von Kardiologen, wenn Verdacht auf ein medizinisches Problem bestand, schwappte diese Möglichkeit später in den Bereich des Leistungssports über und ist mittlerweile in der Normalbevölkerung angekommen. Mit Pulsgurten und Fitnessarmbändern können wir über den gesamten Tag hinweg in Zahlen fassen, was im Inneren unseres Körpers mit unserem Herzschlag passiert, wann wir uns aufregen, anstrengen und zur Ruhe kommen. Mittlerweile braucht man dafür nicht einmal mehr einen Pulsgurt. Neueste Kopfhörermodelle können weitaus mehr als einfach nur Musik abzuspielen. Über eingebaute Sensoren messen sie nicht nur die Herzfrequenz, sondern zeichnen auch die sportliche Aktivität des Nutzers auf. Über Sprachsteuerung kann man zum nächsten Titel wechseln oder sich per Sprachausgabe von den Mini-Trainern im Ohr unterstützen lassen. Die gesammelten Daten landen dann direkt auf dem Smartphone und können dort zur Selbstanalyse genutzt werden. Kaum zu glauben, dass Menschen früher einfach so ohne alles Sport getrieben haben. Das Spüren des eigenen Herzschlags, wenn er schneller wird, und die Kurzatmigkeit kann man natürlich auch als Indizien für einen erhöhten Puls heranziehen, aber, wie Henry schon sagte, sicher ist man sich erst, wenn man die exakte Zahl schwarz auf weiß beziehungsweise in Pixeln auf dem Display sieht.

Die Selbstvermessung ist längst aus ihren Kinderschuhen hinausgewachsen. Das Universum der Möglichkeiten zur Selbstvermessung ist scheinbar grenzenlos. Und Gary Wolf liegt natürlich ganz richtig, wenn er sagt, dass es doch nur nachvollziehbar sei, wenn man über sich selbst so viel wissen wolle, wie Apple, Facebook und Google es ohnehin bereits tun. Von medizinischen Parametern, wie Blutzucker, Blutdruck oder Cholesterinwerten, über Verhaltensmaße, wie etwa zurückgelegte Schritte oder finanzielle Ausgaben, bis hin zu Gehirnströmen oder der eigenen Stimmung lässt sich inzwischen so ziemlich alles selbst messen. Die Liebe zu selbst erfassten Daten ist zu einer bedingungslosen Liebe geworden.

Was auf den ersten Blick furchtbar romantisch klingt, kann auf den zweiten Blick irgendwie nach jeder Menge Quatsch aussehen. »Wahre Liebe, um bei der Metapher zu bleiben, überwindet die Konventionen der Vernunft und entflammt selbst für abwegige Fragen – wie zum Beispiel, ob man schneller einschläft, wenn man vorher einige Minuten auf beiden Beinen steht, oder wie oft man jeden Buchstaben des Alphabets auf seiner Computertastatur tippt«, wie es Literatur- und Medienwissenschaftler Roberto Simanowski in seinem Buch *Data Love* sarkastisch beschreibt. Wenn wir den vorherigen Absatz als repräsentativ für meinen Schreibstil ansehen, zeigt sich ein klares Ungleichgewicht in meiner Buchstabenbenutzung und damit Tastaturabnutzung. Die Poleposition der von mir am häufigsten genutzten Buchstaben nimmt das »E« mit 91 Anschlägen ein, mit deutlichem Vorsprung vor dem »S« mit 57 Benutzungen und dicht gefolgt vom »N« mit 53 Anschlägen. Wenn ich ehrlich bin, finde ich diese Erkenntnis gar nicht so unnütz, denn beim nächsten Galgenmännchen-Spiel trifft man mit diesen Buchstaben bestimmt ins Schwarze.

Bei den folgenden Beispielen können Sie sich ja gern selbst einmal ein Bild machen, wie sinnvoll und klug die vermeintlich smarten Gadgets und Anwendungen tatsächlich sind. So gibt es seit einigen Jahren Gabeln, mit denen man seine Essgewohnheiten messen und verbessern kann. Waren Vorläufermodelle noch dumm wie Brot, registriert die smarte Gabel jedes Mal, wenn man Essen vom Teller in den Mund befördert. Isst man zu schnell, wird das durch Lichter und leichte Vibrationen der Gabel angezeigt. Die Gabel erfasst, wie lange man für jedes Essen braucht, wie häufig man die Gabel pro Minute in den Mund führt und wie viel Zeit dazwischen jeweils vergeht. Ich finde es verstörend und faszinierend zugleich, wie aus den alltäglichsten Handlungen eine regelrechte Wissenschaft gemacht werden kann. Die Daten der Gabel lassen sich dann natürlich noch per Bluetooth oder USB auf den eigenen Account der Online-Plattform des Anbieters laden und sein Essverhalten über die Zeit hinweg verfolgen und analysieren. Ziel ist es, langsamer zu essen, da ein zu schnelles Essen mit Verdauungsproblemen, Gewichtszunahme und Sodbrennen in Verbindung gebracht wird. Für alle, die ihr Essen gern schlingen, sicherlich eine gute Sache. Die nächste folgt sogleich.

Denn was in unserem Mund und unserem Magen landet, bleibt zu einem Teil auch auf unseren Zähnen haften. Auch dafür gibt es mittlerweile intelligente Unterstützung aus der Technikabteilung. Ich muss ja gestehen, dass ich nach wie vor nicht mal eine elektrische Zahnbürste besitze, sondern immer noch ziemlich altmodisch meine Zähne durch eigene Schrubb- und Kreisbewegungen zu säubern versuche. Bisher hatte ich damit nie Probleme, aber besser geht ja immer, nicht wahr? Die Zukunft ist also intelligent oder neudeutsch: smart. Da kann selbst die normale elektrische Zahnbürste einpacken. Die Kontrolle der Putzdauer ist dabei noch Grundschulniveau. Denn dank diverser Sensoren überwacht die Zahnbürste von morgen nicht nur die Bereiche im Mund, die wir bereits geputzt haben, sondern auch, ob wir den richtigen Druck ausüben. Ja, auf das Finetuning kommt es an. Via Bluetooth lassen sich die Daten dann auf einer App visualisieren, um die eigene Putztechnik zur Perfektion zu bringen. Und damit aus dem täglichen Zähneputzen ein echtes Erlebnis wird und der Spaßfaktor nicht zu kurz kommt, vergibt die App Auszeichnungen wie etwa Pokale, wenn man über einen längeren Zeitraum optimales Putzverhalten an den Tag legt. Ich warte nur auf den Moment, wenn auf Facebook einer meiner Freunde seine Errungenschaften beim Zähneputzen voller Stolz via App teilt.

Zugegeben: Die Vermessung der Zahnpflege hat echte Vorteile, da erwiesenermaßen das Putzverhalten und die Zahngesundheit verbessert werden. Auch regelmäßige Kontrolltermine und das Wechseln der Bürstenköpfe werden dank mitdenkender Smartphone-App nicht mehr so schnell vergessen. Aber wie viel Informationen stecken eigentlich im Speichel? Das werden wir bestimmt in naher Zukunft herausfinden und unsere Zahnbürste wird genau das für uns messen können. Wir dürfen gespannt sein.

Natürlich wird auch unser Gehirn und seine Leistungsfähigkeit bei Selbstvermessern zum Gegenstand der Optimierung. Mittlerweile werden darüber hinaus unsere Psyche, unser Innenleben und unsere Spiritualität mit Zahlen erfassbar. Zumindest versucht man das. Davon erhoffen sich die Datengläubigen ein tieferes Verständnis nicht nur des Körpers, sondern auch mentaler Prozesse. So lässt sich beispielsweise unsere Produktivität im digitalen Zeitalter, zumindest wenn wir einem entsprechenden Job am Computer nachgehen, durch Apps nachverfolgen und verbessern.

Apps wie RescueTime laufen im Hintergrund des eigenen Computers oder mobilen Endgerätes und erfassen ganz genau, mit welchen Programmen und auf welchen Webseiten wir wie viel Zeit verbringen. Diese Daten können wir uns dann in Tabellen und Diagrammen anzeigen lassen, um genau zu wissen, wie viel Zeit wir tatsächlich auf unser produktives Arbeitskonto rechnen dürfen. Kleine Warnung vorab: Es ist mit Sicherheit weniger, als Sie denken. Doch diese Tools können noch mehr. Sie alarmieren, wenn wir zu viel Zeit mit einer bestimmten Tätigkeit, zum Beispiel Tiervideos auf YouTube anschauen, verbracht haben oder blockieren ablenkende Webseiten wie Facebook, wenn wir konzentriert arbeiten wollen. Das Ganze gibt es natürlich auch für Unternehmen, aber keine Sorge, die Teamdaten werden schön zu Mittelwerten zusammengefasst, damit niemand Angst haben muss, deshalb auf der nächsten Entlassungsliste zu stehen. So zumindest die Zusicherung des Anbieters.

Wearables fürs Gehirn versprechen eine Verbesserung der Konzentration und das frühzeitige Erkennen von Stress. Sie sehen aus wie Headsets und messen die elektrische Aktivität auf der Oberfläche des Gehirns, daher werden sie auch EEG-Headsets genannt und sind teilweise schon ab hundert Euro im Internet zu bestellen. Die Signale, die sich damit messen lassen, sind die elektrischen Wellen des Gehirns, welche wiederum unterschiedliche Aktivitäts- beziehungsweise Bewusstseinszustände anzeigen. Diese lassen sich dann nicht nur aufzeichnen, sondern auch visualisieren. Hierdurch lassen sich etwa Entspannungseffekte von Meditation oder dergleichen auf das eigene Stresslevel erfahrbar machen und Fortschritte dokumentieren.

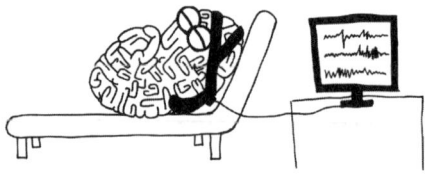

Beispielsweise haben sich finnische Wissenschaftler mit der Vermessung von Emotionen beschäftigt. Sie brachten Wärmeveränderungen im Körper mit unterschiedlichen Emotionen in Verbindung. Wenn man diese Temperaturveränderungen mit spezifischer Kleidung misst, könnte man so auch die empfundenen Emotionen des Trägers in Zahlen erfassen. Um einen Zusammenhang herzustellen, ließen die Forscher ihre Versuchspersonen deren Wärme- oder Kälteempfindungen in bestimmten Körperbereichen bei unterschiedlichen Emotionen beschreiben. Dabei fanden sie ein sehr einstimmiges Muster. Während Liebe beispielsweise ein warmes Gefühl im Rumpf und Kopf erzeugte, berichteten die Probanden ein Kälteempfinden in den Gliedmaßen bei depressiver Stimmung. Freude war durch ein wohlig warmes Gefühl im ganzen Körper und ganz besonders im Kopf und der Brust zu beschreiben.

Die tägliche Befindlichkeit lässt sich über Apps wie Mood-Panda nachverfolgen. Auf einer Skala von 0 bis 10 kann man täglich einschätzen, wie man sich fühlt. Statistische Kennwerte, wie die durchschnittliche Stimmung, oder eine grafische Aufbereitung der Stimmungskurve ermöglichen den Vergleich mit anderen. Zusätzlich zum eigenen Stimmungsverlauf wird auch die gemittelte Stimmungskurve aller Nutzer angezeigt, sodass man sofort sieht, ob man über- oder unterhalb des Durchschnitts liegt. In leicht verständlichen Diagrammen werden der beste und schlechteste Tag angezeigt, und ein Tortendiagramm illustriert die Verteilung von glücklichen, unglücklichen und mittelmäßigen Tagen. Bei MoodPanda.com gibt es außerdem die Möglichkeit, Unterstützung aus der Community zu erhalten, also online mit anderen zu kommunizieren. Andere sogenannte Mood-Tracker funktionieren etwa bei Depressionspatienten über eine direkte Verbindung zu einem Therapeuten oder Familienmitglied, die benachrichtigt werden, sobald sich der Stimmungszustand deutlich verschlechtert. Mit vergleichbaren Apps lässt sich die eigene Meditationspraxis dokumentieren oder unser Stresslevel systematisch nachverfolgen.

Wer von der Selbstvermessung dann immer noch nicht genug hat, legt sich das smarte Kondom i.Con zu, mit dem sich auch die Leistung im Bett in bunten Graphen und ganz unerregten Zahlen darstellt. Da es sich hierbei um ein seriöses Sachbuch handelt, ist das übrigens kein Witz. Das smarte Kondom ist jedoch weniger Kondom als vielmehr ein Ring, der über das Kondom gezogen wird und mit verschiedensten Sensoren und einem Nanochip ausgestattet ist. Über Bluetooth kommuniziert das Gerätchen mit einer App auf dem Smartphone. Die Leistungsdaten wie etwa der Kalorienverbrauch, die Dauer des Liebesaktes, Stoßhäufigkeit und -geschwindigkeit oder Temperatur können nach dem Geschlechtsverkehr in einer App eingesehen werden. Die Daten lassen sich dann mit früheren Leistungen vergleichen oder für die ganz Mutigen in sozialen Netzwerken teilen. Das i.Con ist quasi der Fitnesstracker fürs Schlafzimmer. Noch bevor es zum Einsatz des i.con kommt, ist vielleicht die Erfindung des japanischen Unterwäscheherstellers Ravijour von Interesse: Dieser hat vor ein paar Jahren mit dem True Love Tester einen smarten BH auf den Markt gebracht. Dieser BH lässt sich nur öffnen, wenn als Zeichen für wahre Liebe die Herzfrequenz der Trägerin, gemessen über einen eingebauten Hautsensor, ein gewisses Level erreicht. Okay, viel mehr als ein Scherzartikel kann das ja wohl nicht sein, auch wenn die Ausführungen des Anbieters einen durchaus ernst gemeinten Eindruck machen.

Bei unserem nächsten Treffen kann ich es mir nicht verkneifen, Henry zu fragen, ob er in letzter Zeit mit dem i.Con Erfahrungen gesammelt habe oder unlängst an einem intelligenten BH gescheitert sei. Ein Schlag unter die Gürtellinie, wie ich sofort erkenne. Henry wirft mir einen finsteren Blick zu. Offenbar geht in diesem Bereich gerade nicht so viel bei ihm. Ich habe kurz ein schlechtes Gewissen, doch schon im nächsten Augenblick erkenne ich, dass sich die Frage voll gelohnt hat.

»Ich mache das hier nicht, um irgendwem was zu beweisen.« Er klingt erstaunlich überzeugt, doch irgendwie glaube ich ihm nicht.

»Und warum postest du dann ständig die Ergebnisse deines Fitnesstrackers auf Facebook?«

»Als Motivation für mich und andere vielleicht? Wie wäre es, wenn du es einfach selbst mal ausprobierst, statt hier schon wieder rumzufrotzeln? Ich wollte mir eh einen neuen Fitnesstracker kaufen. Du kannst meinen haben.«

Oh, verdammt, die Wendung habe ich nicht kommen gesehen. Aber warum eigentlich nicht, denke ich mir. Allein aus Gründen der wissenschaftlichen Recherche komme ich wohl nicht umhin, der ganzen Sache eine Chance zu geben und selbst einmal in den Genuss der Faszination der eigenen Quantifizierung zu kommen. Ich bin gespannt.

Doch zurück zu wirklich sinnvollen Anwendungen. Unter dem Begriff E-Health sollen Informations- und Kommunikationstechnologien, allen voran die Möglichkeiten der Selbstvermessung, das Gesundheitssystem bereichern. Vor allem für chronisch Kranke kann die neue Selbstvermessungstechnologie ein echter Gewinn sein, beispielsweise für Diabetespatienten, die ihren Insulin- und Glukosespiegel im Blut regelmäßig kontrollieren müssen. Für sie ist es lebensentscheidend, beide Werte in einem gesunden Bereich zu halten, um so eine Über- oder Unterzuckerung zu vermeiden. Für eine kontinuierliche Überwachung wird ein kleiner Sensor direkt unter die Haut implantiert und ein daraufsitzender Transmitter über der Haut schickt die Signale dann per Bluetooth an die dazugehörige App auf dem eigenen Smartphone. Alle fünf Minuten gibt es dann ein neues Update zum Blutzuckerspiegel, das einem genau sagt, wo man gerade steht und welche Entwicklung zu erwarten ist. Das kann vielen Betroffenen die Unsicherheit nehmen und gerade Eltern können ungünstige Werte bei ihren Kindern leichter überwachen. Zusätzlich helfen Alarmsignale, kritische Entwicklungen des Blutzuckers frühzeitig zu erkennen und so das Risiko für eine Unterzuckerung, die tödlich enden kann, beispielsweise während der Nacht zu reduzieren.

Auch vor einem weniger akuten, aber nicht minder ernsten Hintergrund, etwa bei Menschen mit starkem Übergewicht, kann die Selbstvermessung aus gesundheitlicher Sicht wertvoll sein. Um Gewicht zu verlieren, braucht es ein gewisses Kaloriendefizit, welches durch das Tracken der zu sich genommenen Kalorien sowie derer, die durch Bewegung verbraucht wurden, nachverfolgen lässt.

Die Vorteile der digitalen Selbstvermessung sind also kaum von der Hand zu weisen. Indem wir Einblicke in sonst nicht oder nur schwer zugängliche Prozesse unseres Körpers und Verhaltens gewinnen, lernen wir jede Menge über uns selbst. Dabei werden viele Selbstvermesser von einem regelrechten Pioniergeist getrieben. Sie wollen sich nicht auf allgemeine Erkenntnisse verlassen, die immer nur auf Mittelwerten über große Menschengruppen hinweg gelten. Sie wollen es genau wissen. Was wirkt wie bei mir als Einzelperson unter meinen ganz spezifischen Bedingungen und was nicht?

Tim Ferriss, US-amerikanischer Autor und Unternehmer, hat auf der Wired Health Conference: Living by Numbers 2012 diesen Aspekt mit einem persönlichen Beispiel verdeutlicht. Schon lange litt er – wie viele andere – unter Schlafproblemen. Doch erst als er ernsthaft anfing, seinen Schlaf zu tracken, zu überwachen und damit in Beziehung zu setzen, wie ausgeruht er sich am nächsten Tag fühlte, kam er zu der Erkenntnis, dass seine Erschöpfung gar nicht in erster Linie von der Gesamtmenge an Schlaf abhing, die er pro Nacht schlief, sondern von der Dauer an REM-Schlaf (*Rapid Eye Movement*, die Schlafphase, in der wir träumen). Durch verschiedene Maßnahmen, die er daraufhin ergriff, konnte er seine Schlaflosigkeit und Müdigkeit am Tag, die ihn sein Leben lang geplagt hatten, loswerden. Ein hervorragendes Beispiel, wie Daten unsere Veränderungsmotivation beeinflussen können.

Die kontinuierliche Überwachung bestimmter Verhaltensweisen ist eine in der Psychologie am besten und meist erforschten Strategien zur Verhaltensänderung. Wenn ich beispielsweise einen Schrittzähler trage oder meine Schritte per Smartphone tracke, kann ich regelmäßig am Tag auf mein Schrittkonto schauen und bei Bedarf eine Extrarunde im Park drehen, um mein Tagesziel zu erreichen. Die eingebauten Feedbackschleifen in den Selbstvermessungstools erfüllen eine wichtige motivationale Funktion. Ohne Selbstvermessungstechnologie könnte ich das ungefähr hinkriegen, aber es wäre mit mehr Aufwand und mehr Überlegungen verbunden. Zudem erinnern viele Fitnesstracker heutzutage beispielsweise auch daran, regelmäßig aufzustehen, wenn man zu viel Zeit im Sitzen verbringt, was wiederum der Gesundheit schadet. Oder erinnern wir uns an die Produktivitätsapps, die unser Verhalten am Computer während der Arbeit erfassen: Wenn ich zu viel im Internet surfe, kann mir die App das rückmelden und ich kann mein Verhalten entsprechend anpassen und mich wieder auf die Arbeit konzentrieren (oder zumindest so tun …, das Surfen in unserem Gedankeninternet kann momentan ja glücklicherweise noch nicht gemessen werden).

Während wir uns gern selbst an der Nase herumführen und wahre Meister darin sind – unserem Unterbewusstsein und der wohltuenden Verdrängung sei Dank –, können wir vor den objektiv gemessenen Zahlen nur schwerlich die Augen verschließen. Selbst wenn ich mich in gut geschnittenen Klamotten und im Schummerlicht einer Bar am Abend richtig gut fühle, lassen sich die zwanzig Kilo zu viel auf der Waage am nächsten Morgen nicht kaschieren. Und während ich mir selbst noch ganz wunderbar einreden kann, dass ich doch pünktlich um 10 Uhr ins Bett gegangen und damit genug Schlaf bekommen haben muss, kann ein entsprechendes Vermessungsgerät aufdecken, dass ich womöglich erst zwei Stunden zu spät eingeschlafen bin und dann auch noch eine schlechte Verteilung meiner Schlafphasen hatte.

Wir haben mit der Selbstvermessung also die Chance, Informationen über uns zu erhalten, die nicht durch den subjektiven Filter unserer Wahrnehmung und unseres Unterbewusstseins laufen. So unschön das manchmal sein mag, so sehr brauchen wir doch echtes Feedback für zielführende Veränderungen.

Wenn ich ein schlechter Redner bin und von Zuhörern immer nur gesagt bekomme, wie toll meine Vorträge sind, habe ich kaum eine Chance, mich ernsthaft zu verbessern. Dafür würde es schon viel ehrlicher Selbstreflexion bedürfen. Die Selbstvermessung hilft uns genau bei diesem Prozess und dabei gibt es dann nicht mal jemanden, auf den wir sauer sein können, weil er oder sie etwas Kritisches zu unserem Verhalten gesagt hat. So kann beispielsweise das Führen eines Ernährungstagebuches zu einem fast doppelt so großen Gewichtsverlust führen, als wenn man nicht dokumentiert, was man den lieben langen Tag so isst. Natürlich kann man das Gegessene auch auf Zettel schreiben, aber die digitalen Selbstvermessungstechniken erleichtern diesen Prozess enorm und senken damit die Hürde für Menschen, so etwas wie ein Ernährungstagebuch zu führen.

Indem ich bestimmte Sachen messe und aktive Selbstvermessung betreibe, werden mir auch meine Entscheidungen bewusster. Denn auf die Dinge, die man misst, lenkt man mehr Aufmerksamkeit. Wenn ich etwa meine Kalorien und Nährstoffe per App tracke, dann achte ich bei den Lebensmitteln, die ich kaufe und konsumiere, auch mehr darauf, was eigentlich drin steckt. Das ist wie damals als Kind, wenn wir mit unseren Eltern in den Urlaub gefahren sind und auf der Autobahn Such- und Zählspiele gespielt haben. Wenn es hieß, wer zuerst zehn rote Autos gesehen hat, gewinnt, haben mein Bruder und ich wie verrückt nach roten Autos Ausschau gehalten. Die wären unserer Aufmerksamkeit ansonsten vermutlich völlig entgangen. Und das funktioniert natürlich auch bei bedeutsameren Dingen als dem Gewinnen eines Zählspiels. Indem durch die Selbstvermessung nun also das Unsichtbare sichtbar und das Qualitative quantitativ wird, können wir wichtige Einblicke und Selbsterkenntnisse gewinnen und unsere Gesundheit, unsere Leistungsfähigkeit und womöglich sogar unser Wohlbefinden wirklich verbessern.

## Dieses Buch

Zahlen und Daten spielen in fast allen Lebensbereichen eine zentrale Rolle: Millionen von Menschen nutzen neueste Gadgets, wie Fitnessarmbänder und dazugehörige Apps, um ihr Bewegungsverhalten, ihren Kalorienverbrauch oder ihr Schlafverhalten zu vermessen. Die soziale Beliebtheit wird an der Anzahl der Follower in sozialen Netzwerken wie Facebook und Twitter abgelesen und die Qualität eines Fotos durch die erzielten Likes auf Instagram in Zahlen gesteckt. Unser Kaufverhalten wird mit Daten erfasst und die Muster liefern Konzernen wichtige Informationen zur weiteren Produktentwicklung. Daten werden zur Manipulation von Wahlen genutzt, datengestützte Interessenprofile für zielgerichtete Werbemaßnahmen. Die Wahrscheinlichkeit für Erkrankungen und Kosten über in der Vergangenheit ermittelte Muster bilden Grundlage für Versicherungsbeiträge.

Mir als Psychologin stellen sich in diesem Zusammenhang verschiedene Fragen, die tief in die menschliche Existenz ragen, aber auch ganz alltäglicher und praktischer Natur sind. Die wichtigste ist jedoch: Wo ist eigentlich der Mensch, das Menschliche zwischen all den Daten und was macht der Vermessungswahn mit einem Wesen, das zwar vernunftbegabt, in aller Regel aber häufig nicht rational agiert. Inwieweit lässt sich unsere Realität überhaupt mit Nullen und Einsen abbilden und wie positiv ist diese Entwicklung hin zur Vermessung unseres ganzen Lebens?

Genau um diese Fragen soll es in diesem Buch gehen. Denn Menschen machen Fehler. Wir sind subjektiv und irrational. Unsere Erinnerungen und Wahrnehmungen liefern uns verzerrte Bilder der Realität. Selbst vermeintlich banale Fragen wie »Was habe ich vorgestern zu Abend gegessen?« oder »Wie viel Geld gebe ich an einem normalen Tag aus?« stellen uns auf der Suche nach einer Antwort vor eine Herausforderung. Hierin sehen die Verfechter der Vermessung eine große Schwäche, die wir dank Zahlen und Daten überwinden können. Aber ist das wirklich so? Und wie zutreffend ist die Überzeugung der Selbstvermessungsenthusiasten, dass sich der Mensch in seiner Gänze in Zahlen und Daten abbilden ließe? Sind wir nicht mehr als die Summe unserer Daten?

Ich kann mit diesem Buch keine abschließenden Antworten auf derartige Fragen liefern. Das wäre wohl mindestens genauso vermessen wie einige Überzeugungen, die mit der totalen Quantifizierung unseres Lebens einhergehen. Stattdessen möchte ich Ihr Bewusstsein für wesentliche Aspekte unserer von

Zahlen und Daten geprägten Welt schärfen und zur kritischen Auseinandersetzung damit anregen. Das Thema ist komplex und viele Aspekte sind aus unterschiedlichen Blickwinkeln zu betrachten, daher wünsche ich mir, dass mein Buch zur ein oder anderen lebhaften Diskussion beiträgt.

Hierfür werde ich zunächst einen kurzen Überblick über die Geschichte der Zahlen geben. Haben sie in der Steinzeit noch keine Rolle gespielt, sind Zahlen heute geradezu existenziell. Welche Konsequenzen diese Entwicklung nicht nur für uns ganz persönlich, sondern für unsere Gesellschaft hat, wird ebenfalls Thema der ersten Kapitel sein. Danach wird es etwas technischer, wenn wir den Fragen nachgehen, wie aus einfachen Zahlen und Daten eigentlich bedeutungshaltige Informationen werden. Was sind Algorithmen und wie verleihen diese Computern und Maschinen ihre Intelligenz? Kritisch beleuchtet werden dabei nicht nur verschiedenste methodische Probleme beim Umgang mit Daten und der Vermessung umfassender Lebensbereiche, sondern auch das wichtige und viel diskutierte Thema Datenschutz. Abschließend werfen wir einen Blick in die Zukunft. *Das vermessene Ich* wird mit Hilfe neuester Technik und Datenverarbeitung nach Unsterblichkeit, Göttlichkeit und Glück streben. Abschließend möchte ich meine eigenen

Erkenntnisse teilen, die ich während der Recherche zu diesem Buch gewonnen habe: zehn Gebote für meinen ganz persönlichen Umgang mit dem Thema Daten und Vermessung.

Steter Begleiter auf dem Weg durch dieses Buch ist übrigens Henry, mein guter Freund und kritischer Diskussionspartner, den Sie bereits kennengelernt haben.

# WIE ZAHLEN DIE WELT EROBERTEN

Das Bedürfnis nach Selbsterkenntnis ist gar nicht so neu. Dabei spielen Zahlen nicht nur für das bessere Verständnis von uns selbst, sondern praktisch in allen Lebensbereichen unserer heutigen Gesellschaft eine zentrale Rolle. Egal ob in unserem Geldsystem, bei Versicherungen, Zukunftsprognosen aller Art oder der bloßen Beschreibung von Gegenständen oder Sachverhalten: Zahlen sind das Maß aller Dinge. Wie kam es zu dieser Erfolgsgeschichte der Zahlen? Werfen wir dafür einen weiten Blick zurück in die Menschheitsgeschichte und schauen uns ein paar Eckdaten auf dem Weg zur Vorherrschaft der Zahlen an.

Wenn unsere steinzeitlichen Vorfahren vor mehr als 20 000 Jahren einen Hirsch gejagt und dann zusammen mit ihrem Stamm verspeist haben, war es ihnen vermutlich ziemlich egal, wie viele Kalorien, Mikro- und Makronährstoffe in dem Essen steckten, wie viele Schritte sie bei ihrer Jagd eigentlich zurückgelegt hatten oder auf welchem Platz sie im regionalen Jagdranking standen. Diese Informationen waren ihnen nicht einmal zugänglich, die zugrunde liegenden Fragen aber durchaus relevant. So stand kalorienreiches Essen prinzipiell sicherlich hoch im Kurs, weil es viel Energie lieferte. Es war auch wichtig zu wissen, wer die guten Jäger des Stammes waren, da sie die höchste Erfolgschance hatten, für eine üppige Mahlzeit zu sorgen. Und diejenigen, die dabei die weitesten Strecken zurücklegen konnten, verfügten vermutlich über die beste Fitness.

Um zu beurteilen, wie gesund jemand war, wurde weder das Gewicht gemessen noch die Blutfette bestimmt oder der

Blutdruck überwacht. Entweder man fühlte sich gut oder eben nicht. Entweder man sah gesund aus oder eben nicht. Und wenn nicht, gab es meist wenig, was man tun konnte, außer abwarten. Schon der nächste Tag war eine Wundertüte, an dem alles oder nichts passieren konnte. Sicher war, dass die Sonne aufging und das eigene Leben um eine Nacht länger war. Wann und worin das nächste Essen bestehen würde, war meist weniger klar. Auch die Wahrscheinlichkeiten dafür, von einer bestimmten Krankheit aufgrund der genetischen Disposition dahingerafft zu werden, oder dafür, in den folgenden Tagen einer Herde Mammuts über den Weg zu laufen, waren ungewiss. Bei der Wettervorhersage half nicht einmal der grüne Frosch auf einer Leiter im Glas. Drohende Gefahren, neue Nahrungsquellen oder auch das Wetter wurden durch messfreie Beobachtung der Natur vorhergesagt – oder zumindest wurde der Versuch unternommen. Dabei hätten die Menschen der Steinzeit sicherlich sehr gern eine verlässlichere Wettervorhersage gehabt, um zu wissen, dass sie früher loslaufen sollten, um vor dem Gewitter am Abend schon einen sicheren Unterschlupf zu finden. Auch wenn man sich fragen muss, ob das so nützlich gewesen wäre, schaut man sich die Genauigkeit mancher Wetterberichte heutzutage an. Doch die Idee ist gut. Hätten sie hingegen ihre durchschnittliche Erfolgsquote bei der Jagd gekannt und im Zeitverlauf penibel verfolgen können, wäre der ein oder andere in den tristen Wintermonaten womöglich ziemlich demotiviert gewesen. Hätten sie dann im Steinzeit-Facebook die niedrigen Zahlen der anderen anschauen können, hätte das die Stimmung womöglich wieder gesteigert. Ohne Zahlen, Daten und Fakten verließ man sich damals noch ausschließlich auf seine Sinneseindrücke und Erfahrungen. Nicht nur die eigenen, sondern auch die der anderen Stammesangehörigen und vorherigen Generationen. Erfahrung war wahrscheinlich der Erfolgsmotor überhaupt. Zahlen kannte man zu dieser Zeit noch nicht.

Das Leben der steinzeitlichen Jäger und Sammler veränderte sich mit der landwirtschaftlichen Revolution etwa 10 000 vor Christus deutlich. Aus den Nomaden, die auf der Suche nach neuen Nahrungsquellen beständig von Ort zu Ort zogen, wurden allmählich sesshafte Bauern. Das Sammeln und Jagen wurde zunehmend durch Ackerbau und Viehzucht abgelöst. Aus kleinen Stämmen wurden größere Gemeinschaften, die sich auf fruchtbarem Land niederließen und Vorräte anlegten. Die Idee des Besitzes hielt Einzug und hatte eine Trennung zwischen der eigenen kleineren Gruppe und der größeren Gemeinschaft zur Folge. Der Einzelne arbeitete nicht mehr für die Gruppe, sondern für seine Familie, die sich innerhalb der größeren Gemeinschaft befand. Hier spielte die differenzierte Erfassung von Mengen vermutlich erstmals wirklich eine Rolle. Nun zählte, wie viel man selbst hatte, ob es reichen würde, um durch den Winter zu kommen, oder wann die beste Zeit für Aussaat und Ernte war. Die Menschen spezialisierten sich, wodurch der Tauschhandel stetig an Bedeutung gewann. Auch hierfür war der Einsatz von Mengen entscheidend. Wie viel von dem, was ich habe, möchte ich gegen das, was ich von jemand anderem benötige, tauschen?

Aber wie lässt sich das eigentlich kommunizieren, wenn man keine Zahlen hat? Irgendwie musste doch erfasst werden, wie viele Kartoffeln in der Vorratskammer lagen oder wie viele Eier man gegen ein Schaf tauschen wollte. Hierfür musste man die Anzahl von Dingen mithilfe von abstrakten Symbolen abbilden. Man konnte etwa für jedes Wolfsfell, das man besaß, ein Stöckchen oder Steinchen zur Seite legen. Auch das Einritzen von Kerben in einen Knochen, um eine bestimmte Anzahl zu repräsentieren, wurde schon sehr früh praktiziert. In der weiteren Entwicklung hin zu dem Zahlensystem, das wir heute haben, nutzten unterschiedliche Kulturen ganz unterschiedliche Methoden.

Machen wir einen Sprung ins alte Ägypten. Hier gab es zur Verschriftlichung von Mengen vor allem Schriftzeichen, die Hieroglyphen, die Zahlen symbolisierten. Es waren eher die Sumerer und Babylonier, die statt der Schriftzeichen Zahlen ins Spiel brachten, welche auch als tatsächliche Rechenhilfe zu gebrauchen waren. Das war mit Schriftzeichen nicht möglich. Damals nicht anders als heute brauchte man Zahlen vor allem, um Besitz und Reichtum zu verwalten. Etwa 3000 vor Christus ließ das Vertrauen in mündliche Absprachen offenbar nach und in den Gebieten Sumer und Elam wurden Handelsverträge in Zeichen auf Tontäfelchen festgehalten. Mit Warensymbolen und Zahlzeichen konnten so Verträge geschlossen werden. Diese wurden mit einem spitzen Werkzeug in den noch feuchten Ton eingeritzt und waren nach dem Trocknen von Dauer. Mit der Zeit wurden aus sehr kontextabhängigen Zeichen abstrakte Formen für Mengen. Während man die Zeichen zuvor kaum verstanden hätte, wenn man nicht zu den Vertragspartnern gehörte, wurden sie allmählich universell verständlich. Gänzlich entziffert hat man sie allerdings bis heute nicht.

Aus der Zeit davor haben Archäologen übrigens eine andere Art Buchführung entdeckt: verschlossene Tongefäße, in die vor dem Verschluss Kiesel gelegt worden waren, um Mengen vertraglich festzuhalten. Eine Kontrolle der Besitztümer konnte nur erfolgen, wenn man die Tongefäße kaputt machte.

Die Zahlenschrift der Sumerer bestand damals in erster Linie aus auf dem Kopf stehenden Dreiecken mit senkrechten, nach unten zeigenden Strichen, der sogenannten Keilschrift. Durch Anordnung und Größe konnte man verschiedene Werte ausdrücken, addieren, subtrahieren, multiplizieren oder dividieren. Wer zu Zeiten der alten Ägypter und Sumerer rechnen konnte, stand gesellschaftlich hoch im Kurs. Auch heute würden wohl nicht wenige Mathematik als Zauberkunst bezeichnen, doch damals hörte das Verständnis vieler nicht erst bei der ersten Ableitung auf, sondern schon bei allem, was über das Abzählen mit den Fingern hinausging.

Die Zahlen der Maya, die etwa zwischen 300 vor und 300 nach Christus ihre Hoch-Zeit hatten, bestanden im Wesentlichen aus Querstrichen und Punkten. Das Rechensystem der Inka, die ihr Reich ja deutlich später in Südamerika hatten, basierte auf Knoten, die in Seile geknüpft wurden. Diese Knotenschrift hieß Quipu. Dabei wurden mehrere Knotenschnüre nebeneinander an einer Hauptschnur befestigt und je nach Lage und Anzahl der Knoten ließen sich auch mehrstellige Zahlen ablesen. Um Zahlen und Rechenoperationen erfahrbar und nachvollziehbar zu machen, waren die Menschen in ihrer Geschichte also durchaus kreativ.

In Indien kam dann zu Beginn unserer Zeitrechnung zum ersten Mal die Null als Zahl ins Spiel. Vorher war sie, wenn überhaupt vorhanden, ein Symbol für nichts, aber keine Zahl, mit der man etwa rechnen konnte. In Indien wuchs das Verständnis, dass man in den negativen Bereich kommt, wenn man von der Null etwas abzieht, und dass eine Drei und eine Null zu einer Dreißig werden. Außerdem wurde die Zehn zur Bezugsgröße, so wie wir es auch heutzutage noch kennen.

Von Indien aus verbreitete sich dieses Rechensystem in Südostasien, ehe es nach der Unterwerfung asiatischer Völker nach Arabien gelangte. Nach Europa schwappte diese Rechenkunst erst deutlich später über, etwa um 1000 nach Christus. Im christlich geprägten Europa wurde lange Zeit noch in alter Tradition mit Fingern gerechnet oder der römische Abakus verwendet. Dieser wurde schließlich mit den arabischen Ziffern versehen. Sie ersetzten die Zahlenschrift der alten Römer, bei der das M für 1000, das C für 100, das X für 10, das V für 5 und das I für 1 steht. Damit ließ sich allerdings nur schwerlich rechnen. Schon einfache Rechenbeispiele, wie 32 + 18, wurden dabei zur echten Herausforderung. Das sieht in römischen Zahlen nämlich so aus: XXXII + XVIII.

Spätestens seit Galileo Galilei gilt die Mathematik als Sprache der Natur und ihre Überlegenheit gegenüber mystischen Erklärungsversuchen zeigte sich bereits zu vorchristlicher Zeit. So war schon Thales von Milet etwa 600 Jahre vor Christus der Überzeugung, die Welt berechnen und dadurch verstehen zu können. Im Jahre 585 vor Christus soll er durch Berechnungen während einer Schlacht zwischen Medern und Lydern eine Sonnenfinsternis vorhergesagt haben, was den Lydern den siegentscheidenden Vorteil brachte. Ihre Gegner waren von dem unvorhergesehenen Ereignis so entsetzt, da sie es für ein untrügliches Zeichen der Götter hielten, dass sie ihre Waffen fallen ließen und die Schlacht verloren.

Tatsächlich waren es die alten Griechen wie etwa Thales, Pythagoras, Platon oder Euklid, die das Fundament der Mathematik legten. Und auch erste Statistiken wurden bereits in der Antike erhoben. Die Herrschenden verlangten nach Informationen über zur Verfügung stehende Steuereinnahmen oder über die Anzahl an Soldaten, die sie im Falle eines Krieges in die Schlacht schicken könnten. Bevölkerungserhebungen wurden im Römischen Reich schon seit dem 6. Jahrhundert vor Christus im Fünf-Jahres-Turnus durchgeführt. Das war dann lange Zeit jedoch auch das Äußerste an Statistik. Während des Mittelalters ging die Datensammelei eher zurück und erst Jahrhunderte später fiel der Startschuss für die Entwicklung der modernen Statistik.

Damit machen wir einen Sprung ins England des späten 17. Jahrhunderts. In seinem Buch *Calculated Values: Finance, Politics, and the Quantitative Age* beschreibt William Deringer wie die Zahlenkunde Einzug ins politische Leben Großbritanniens hielt und so oder so ähnlich weltweit zur entscheidenden Methode der Gesellschaftsführung wurde. Die von Regierungsangestellten geführte Buchhaltung war häufig unvollständig, nicht aktuell und aus heutiger Sicht schlichtweg schlampig. Keiner hatte einen wirklichen Überblick über öffentliche Gelder, die Haushaltskommissare mussten sich mit privaten Vertragspartnern rumschlagen, da es kein Zentralregister gab, und erhielten häufig nur spärliche Informationen über eingetriebene Steuern und Ausgaben. Sie fürchteten sich vor Korruption und wollten die verwalterische Ignoranz nicht länger hinnehmen. Diese frustrierten Kommissionsmitglieder waren es, die im Mittel der mathematischen Kalkulation eine Möglichkeit sahen, Kritik an der Regierung zu üben und diese zu kontrollieren. So legten sie mit einer einfachen Einnahmen-Ausgaben-Übersicht den Grundstein für die Finanzpolitik, wie wir sie kennen, auch wenn die Genauigkeit noch eine Weile zu wünschen übrig ließ.

Von da an nahm die Menge an Daten bezüglich politischer, sozialer und ökonomischer Fragen stetig zu. Zudem wurden neue mathematische Verfahren entwickelt und die Grundlagen der Statistik, wie wir sie heute kennen, gelegt. Dabei waren Statistiken im Wesentlichen auf Informationen über Staaten beschränkt. Erst später wurde der Begriff auch um die Analyse und Interpretation dieser Daten erweitert und in anderen Bereichen salonfähig. Die Auffassung, dass man eine Gesellschaft zählen, messen und berechnen muss, um sie verstehen, beurteilen und verbessern zu können, hielt zunehmend Einzug in das politische Handeln; die Disziplin der politischen Arithmetik war geboren. Mit der allgemeinen Anerkennung ihrer Objektivität und Präzision begann der Siegeszug für Zahlen und Berechnungen, die sich heute mehr als je zuvor beobachten lässt. Dies jedoch nicht, weil man Zahlen für objektiv und vertrauenswürdig hielt, sondern nicht zuletzt, weil mit ihnen politisch gekämpft und gestaltet wurde.

Bereits im 17. Jahrhundert wurde begonnen, in den Daten nach Gesetzmäßigkeiten und Mustern zu suchen. Wenig später war ein Wechsel von der Quantifizierung der Vergangenheit hin zur Berechnung von Zukunftsvorhersagen zu beobachten. Das war gar nicht mal so einfach, denn damit begab man sich auf das Terrain der Wahrscheinlichkeitsrechnung. Dabei waren die Mittel äußerst innovativ für damalige Verhältnisse, wenn auch längst nicht so ausgefeilt wie unsere heutigen wahrscheinlichkeitstheoretischen Methoden. Als einer der Gründungsväter der Wahrscheinlichkeitsrechnung gilt der Italiener Gerolamo Cardano, der sich im 16. Jahrhundert ausführlich mit Wahrscheinlichkeiten beim Glücksspiel beschäftigte. Zu der Zeit wurden statistische Grundwerte wie der Mittelwert oder der Median beschrieben und das Dezimalsystem eingeführt. Gut hundert Jahre später entwickelten Pierre de Fermat und Blaise Pascal schließlich die Wahrscheinlichkeitstheorie. Es folgten weitere Meilensteine der Statistik. So wird etwa dem 1667 geborenen Briten John Arbuthnot der erste Einsatz eines Signifikanztests nachgesagt. Ende des 18. Jahrhunderts wurden die Grundlagen der Gauß'schen Normalverteilung entdeckt. Es folgte die Entwicklung von Linien- und Balkendiagrammen. Um 1900 wurde die Statistik zur mathematischen Disziplin mit präzisen Analysemöglichkeiten für die Wissenschaft, aber auch für die Politik und Wirtschaft. Im Folgenden stand die Entwicklung besserer Studiendesigns, beispielsweise durch Randomisierung, und Hypothesentestung im Mittelpunkt der Statistik. Eng damit verknüpft entwickelte sich auch die wissenschaftliche Methodologie und empirische Logik.

Heutzutage werden statistische Verfahren in allen möglichen Bereichen zur Vorhersage und besseren Entscheidungsfindung eingesetzt. Durch statistische Analysen wissen wir, welche Inhaltsstoffe in der Zahnpasta am besten für unsere Zähne sind und welchen Nutzen und welche Risiken bestimmte Medikamente bergen. Auch Sozialwissenschaften, die lange Zeit noch einen qualitativen Forschungsansatz verfolgten, sind mittlerweile von quantitativen Methoden geprägt.

Schon im Verlauf des 18. Jahrhunderts gewannen Objektivität und damit vor allem Zahlen an Autorität, insbesondere durch ihren politischen Einsatz. Während den Revolutionen in Amerika und Frankreich wurden die vorherigen Kulturen der Abstammung durch Kulturen der Experten ersetzt, deren Einfluss nicht mehr auf ihrer Herkunft, ihrem Ruf und Status beruhte, sondern auf wissenschaftlichen Erkenntnissen und nachvollziehbaren Zahlen. Nach der Politik eroberten die Zahlen den ökonomischen Sektor. Dabei waren es vor allem die USA, die sich stark auf quantitative Methoden der Buchführung, Bewertung und Entscheidungsfindung verließen. Egal ob umfassende Kosten-Nutzen-Rechnungen für Projekte, standardisierte Testverfahren etwa für Intelligenz, die Berechnung des individuellen Gesundheitsrisikos oder die Erfassung der öffentlichen Meinung durch Befragungsstudien: In den USA des 20. Jahrhunderts florierten der Vermessungsdrang und das Vertrauen in die Zahlen wie nirgendwo sonst auf der Welt.

Die erste Anwendung statistischer Methoden für Einzelpersonen sind vermutlich in der Versicherungsbranche zu finden. Die Anfänge der Versicherungen reichen zurück ins 16. Jahrhundert, wo sich beispielsweise Hauseigentümer erstmals zusammenschlossen, um sich im Schadensfall gegenseitig zu unterstützen. Damals fehlte es jedoch an statistischem Wissen, wie man Beiträge in angemessener Höhe berechnet. Daher konnte im Ernstfall nicht unbedingt genug Geld aufgebracht werden.

Mit dem Beginn des 19. Jahrhunderts entstanden langsam größere Versicherungsinstitutionen – erste private Lebens-, Kranken- und Rentenversicherungen. Waren die Beitragssätze und die Risikobemessung anfangs noch mehr oder weniger Verhandlungssache und nur durch wenige objektive Faktoren gestützt, wurden sie mit der Zeit mehr und mehr durch statistische Methoden und auf Grundlage demografischer Daten berechnet. Erstmals ließen sich Wahrscheinlichkeiten für Krankheits- oder Todesfälle rechnerisch ermitteln. In der Folge wurden Lebensversicherungen für Wohlhabende zum Mittel der Wahl, wenn es um die Alters- und Hinterbliebenenvorsorge ging. Versicherungsunternehmen erstellten groß angelegte Datenbanken zu den Antragstellern, um deren Todeszeitpunkt vorherzusagen und die Versicherungsbeiträge entsprechend zu bemessen. Entsprechende Informationen erhielten sie von den Antragstellern selbst, aber auch von deren Ärzten. In Deutschland wurden unter Otto von Bismarck Ende des 19. Jahrhunderts schließlich gesetzliche Kranken- und Rentenversicherungen eingeführt.

Mit der Zeit wurden immer mehr Daten gesammelt, zusammengefasst und analysiert. Die Entwicklung von Computern in den Vierzigerjahren des letzten Jahrhunderts hat diesen Trend enorm unterstützt und auch umfassendere statistische Berechnungen überhaupt erst möglich gemacht. In den Siebzigerjahren hielt der Personal Computer, der PC, Einzug in die Privathaushalte; einige Jahre später wurde das Globale Positionsbestimmungssystem, GPS, entwickelt, und es folgte eine Reihe weiterer multimedialer Errungenschaften bis hin zum Mobiltelefon in den Neunzigerjahren.

Die digitale Revolution ist in vollem Gange; sich ihr zu entziehen unmöglich. Als digitale Revolution wird der Umbruch in der Menschheitsgeschichte beschrieben, der vor allem durch Mikrochips, wie etwa in Computern, die fortschreitende Digitalisierung und eine zunehmende informative und kommunikative Vernetzung gekennzeichnet ist. Wesentlich ist auch ein Anstieg der Rechen-, Speicher- und Kommunikationskapazität. Die komplette digitale Speicherung der weltweiten Informationen erfolgte innerhalb von rund zehn Jahren. Nach Schätzungen belief sich die weltweite Informationsspeicherkapazität 1993 auf gerade einmal 3 Prozent und 2007 bereits auf 94 Prozent. Die Rechenkapazität wuchs von 1986 bis 2007 im Schnitt um 58 Prozent pro Jahr. Mittlerweile läuft bereits die zweiten Welle der digitalen Revolution. Während zuvor vor allem Daten digitalisiert wurden, werden nun zunehmend Verfahren und Dinge digitalisiert. Hauptakteure sind Computer, mobile Geräte wie Smartphones und natürlich das Internet.

Während der Begriff Web 1.0 vor allem die Zeit nach Einführung des Internets beschreibt, das seit 1994 für die Öffentlichkeit zugänglich ist, ist seit ungefähr 2004 vom Web 2.0 die Rede, auch bekannt als Social Web. Hiermit wird nicht nur die Nutzung sozialer Netzwerke wie Facebook oder Twitter beschrieben, sondern auch die orts- und zeitunabhängige Verfügbarkeit des Internets über mobile Geräte. Damit wurden wir als digitale Akteure immer mehr vom reinen Konsumenten zum Produzenten von Daten im Internet. Der Zugang zu Daten im Netz ist nämlich keineswegs eine Einbahnstraße. Mit jedem Abruf geben wir gleichzeitig Informationen über uns zurück ins Netz.

Als Web 3.0 steht die digitale Vernetzung von virtuellen und physisch existenten Gegenständen im sogenannten Internet der Dinge in den Startlöchern, wodurch die exponentiell anwachsende Kapazität von Mikrochips und Prozessoren, aber auch die Verbesserung von Sensoren, ermöglicht wird. In diesem Internet der Dinge kommunizieren also nicht mehr nur Menschen untereinander, sondern es finden Informationsaustausch- und Interaktionsprozesse zwischen Menschen und Gegenständen, wie die Verfolgung eines Pakets über das Internet, und zwischen Gegenständen statt. Angefangen bei größeren Geräten wie Kühlschränken, Autos oder Fernsehern, sind zunehmend Kleingeräte, etwa Kleidung oder Haushaltskleingeräte, ans Netz angeschlossen. Kühlschränke, die mit dem Internet der Dinge verbunden sind, können den Bestand an Eiern registrieren und den Nutzer darauf hinweisen, neue zu kaufen, wenn der Bestand zur Neige geht, oder sogar selbst bei einem Online-Händler nachbestellen.

Das mit der digitalen Revolution eingeläutete Informationszeitalter ist damit vor allem eine Epoche der Zahlen und Daten. Von einfachen Hilfsmitteln für die Symbolisierung von Besitz im Tauschhandel über simple Rechenoperationen und ausgefeilte Zahlensymbole bis hin zu Vorhersagen und statistischen Wahrscheinlichkeiten sind Zahlen einen weiten Weg gegangen. Heutzutage sind sie als Sprache der Computer und Maschinen ein wesentlicher Grundpfeiler unserer Gesellschaft.

Hungrig nach immer weiterem Einfluss dringen sie tiefer und tiefer ins menschliche Leben vor. Nächstes Ziel: den Menschen zum Zahlenhaufen machen.

Sehen wir uns dieses Zahlen-Ich in der Gesellschaft doch einmal genauer an.

# DAS ZAHLEN-ICH IN DER GESELLSCHAFT

Unser Zahlen-Ich speist sich nicht nur aus Daten, die wir selbst auf dem Altar der Selbstvermessung und des Optimierungswahns opfern. Denn auch als in dieser Hinsicht »unbescholtener« Bürger kann man als Ansammlung von Zahlen beschrieben und für die Gesellschaft erfassbar gemacht werden. Wie in einem Detektivspiel lassen sich diese Zahlen und Daten zu einem Gesamtbild zusammensetzen. Das fängt mit Identifizierungsnummern bei verschiedensten Behörden an, etwa der Nummer auf dem Personalausweis oder im Reisepass, die Steuernummer, Sozialversicherungsnummer oder Rentenversicherungsnummer. Mit diesen Nummern ist man bei den Behörden registriert und weitere Informationen können mit der Person in Verbindung gebracht werden. Damit weiß man außer Größe und Alter allerdings noch nicht allzu viel über die Person selbst.

Die Anzahl der Freunde bei Facebook, Follower auf Instagram und weitere Verbindungen in sozialen Netzwerken gehören ebenfalls in den Zahlentopf. Dort kann man die Anzahl der Likes und Herzen für Beiträge ablesen und sicherlich einiges über die Beliebtheit in diesen Social-Media-Kanälen erfahren, ganz zu schweigen von den Likes und Shares, die man selbst vergibt. Daraus lassen sich schon erste Schlussfolgerungen über Interessen und Vorlieben ziehen. Über die GPS-Daten des Smartphones kann man ein detailliertes Bewegungsprofil einer Person erstellen, anhand dessen sich Muster und Regelmäßigkeiten im Leben zeigen. Anhand des Schufa-Scorings wird die Kreditwürdigkeit abgelesen und über einen Gesundheitsscore ist auch die Gesundheit in Zahlen erfassbar.

34 Likes

132 IQ-Punkte

51° 20' 22.904" N
12° 22' 23.069" O

93 bpm

7.23 Punkte

90/125 mmHg

1,7 Millionen Euro

299 Follower

Größe 43

6592 Schritte

Die wirklich interessanten metrischen Größen beschreiben jedoch unser Verhalten. Gerade unser Online-Verhalten lässt sich in Form von Nullen und Einsen, der Sprache der Computer, erfassen, speichern und analysieren. Da sich unser Leben zunehmend online abspielt, sind wir so transparent wie noch nie. Wenn sich immer mehr von uns in Zahlen übersetzen lässt, werden wir für Maschinen lesbar und können von ihnen ziemlich gut verstanden werden. Wie groß die Sorge davor ist, von anderen Menschen durchschaut zu werden, kann wohl jeder, der wie ich Psychologie studiert hat, bestens nachvollziehen. Eine der ersten Reaktionen, die man erhält, wenn man seinem Gegenüber offenbart, dass man Psychologin ist, ist die Befürchtung, man könnte den Gesprächspartner jetzt ganz leicht analysieren. Während wir uns bei menschlichen Interaktionspartnern also viele Gedanken machen, welchen Eindruck wir hinterlassen, verflüchtigt sich diese Sorge scheinbar mühelos in der Interaktion mit statistischen Analyseprogrammen und Maschinen, die im Endeffekt nichts anderes machen, als die einzelnen Zahlen, die wir hinterlassen, zu einem Gesamtbild zusammenzufügen. Und so füttern wir Suchmaschinen mit Fragen, die uns wirklich auf der Seele brennen und die wir anderen nicht unbedingt stellen würden. Dabei sind wir uns oftmals gar nicht bewusst, wie viel wir mit unseren Aktivitäten im Netz eigentlich über uns preisgeben und wie leicht diese Daten für andere verfügbar sind.

»So wie im physischen Umgang mit anderen unsere Mimik und Gestik nicht intentional Informationen über uns vermittelt, so ist online der Mensch mehr als die Summe seiner Daten. Die verborgenen Erkenntnisse liegen in der Quersumme und im Vergleich, in den Erkenntnissen der Statistik und der Bildung von Verhaltensmustern«, beschreibt es Roberto Simanowski in seinem Buch *Data Love* treffend. Das dadurch entstehende Bild von uns ist unter Umständen sogar akkurater als es ein geschulter Psychologe im direkten Gespräch je zeichnen könnte.

Wenn wir uns keine Sorgen darüber machen, was der andere über uns denkt, weil der andere ja nur eine Maschine mit irgendwelchen Algorithmen ist, verhalten wir uns sehr naiv. Da scheint es nicht peinlich, eben mal zu googeln, was gegen Hämorriden hilft, das Objekt unserer Eifersucht auf Facebook zu stalken oder Pornos online anzusehen. Das alles lässt sich aber zu einem Gesamtbild zusammenfügen, das uns womöglich besser beschreibt als das kontrollierte Bild, das wir im analogen sozialen Kontext bewusst von uns zeichnen. Als dieses Zahlen-Ich ziehen wir im digitalen Zeitalter schließlich in die Welt hinaus und hoffen aufs Beste.

## Das alles umspannende Netz der Daten

Lassen Sie uns, bevor wir uns weiter mit Daten beschäftigen, noch mal einen Schritt zurückmachen und uns anschauen, was Daten denn eigentlich sind. Der Begriff stammt aus dem Lateinischen, wo *dare* so viel heißt wie geben. Daten sind also etwas Gegebenes. Dieses Gegebene lässt sich beobachten und messen. Dabei verstehen wir Daten nicht nur als Fakten, das heißt als objektive Ergebnisse von Messungen, beispielweise das Gewicht eines Tisches oder die Einwohnerzahl eines Landes, sondern auch als Beobachtungen oder Aufzeichnungen subjektiver Wahrnehmungen, die erst durch Interpretation und Extraktion Sinn erhalten.

Unter Daten versteht man aber auch binäre Nachrichten zur Kommunikation. Im Wesentlichen handelt es sich hierbei um eine Abfolge von Bits, also Nullen und Einsen, mithilfe derer Computer und Maschinen kommunizieren. Die große Nähe von Daten zu Zahlen wird hierbei schnell sichtbar. Und selbst Daten aus Wahrnehmungen und Beobachtungen gilt es im fortgeschrittenen Zeitalter der Computertechnologie in Zahlen zu überführen. Der Grund? Computer kennen nur eine Sprache und die besteht aus Zahlen. Um sämtliche Daten mit Hilfe von Maschinen verarbeiten zu können, müssen möglichst alle verfügbaren Daten in Form von Zahlen darstellbar werden. Daher können Zahlen und Daten im Kontext dieses Buches so gut synonym verwendet werden.

Fast alles, was wir tun, produziert im Endeffekt Daten. Unser Zahlen-Ich wird von der Datenmasse förmlich erdrückt. Experten schätzen, dass sich die weltweite Datenmenge 2020 auf vierzig Zettabyte belaufen wird. Das entspricht der Gesamtheit aller Sandkörner auf diesem Planeten, wenn man sie mit 57 multipliziert. Kaum vorstellbar. An einem einzigen Tag sind wir heute mit so vielen Daten konfrontiert wie unsere Vorfahren aus dem 15. Jahrhundert während ihres gesamten Lebens. Dabei scheint die Welt zum globalen Gehirn zu werden und ein eigenes Nervensystem aus miteinander vernetzten Zellen zu entwickeln.

Die Frage »Wohin mit den ganzen Daten« stellt sich heute wohl kaum noch jemand, sondern eher: Wann gibt es Nachschub? Big Data ist zum bezeichnenden Begriff unserer Zeit geworden. Dabei bezieht sich das englische *big* nicht nur auf das unfassbare Datenvolumen, sondern auch auf eine große Datengeschwindigkeit und Datenvielfalt, die neue, kosteneffiziente Methoden der Informationsverarbeitung notwendig machen, da sich diese Menge an Daten nicht mehr mit Hilfe klassischer Verfahren handhaben lässt. Egal ob Banken, Versicherungen, Telekommunikationsdienstleister, Geheimdienste, Wissenschaftler, Marketingfirmen oder Städtebauer: Sie alle eint die hoffnungsvolle Erwartung an Big Data, dem womöglich zukunftsträchtigsten Rohstoff unserer Zeit. Die wesentliche Motivation dahinter besteht darin, uns immer besser kennenzulernen, um unser individuelles Risiko besser abschätzen, personalisierte Werbung schalten und spezifischere Erkenntnisse gewinnen zu können.

Der Besitz von Daten bedeutet Macht. Der spanische Soziologe Manuel Castells spricht in diesem Zusammenhang vom informationellen Kapitalismus. Das bedeutet: Informationen beziehungsweise Daten werden zur neuen Währung und treibenden Wirtschaftskraft. Da verwundert es nicht, dass Daten zum kostbaren Handelsgut geworden, und Statistiker und Datenjongleure immer häufiger auf der Liste der Superreichen zu finden sind. Datenbroker machten 2014 allein in Deutschland Umsätze im dreistelligen Millionenbereich. Tendenz klar steigend. Datenbroker sind Unternehmen, die Daten kaufen, verkaufen, zusammenführen, anreichern und analysieren. Ihre Haupttätigkeit besteht darin, personenbezogene Daten mit weiteren Informationen über diese Personen zu versehen, auch »Veredelung der Daten« genannt, und damit Geld zu verdienen.

Auf dem deutschen Markt gibt es etwa tausend Unternehmen, die mit personenbezogenen Daten, beispielsweise Adressen, handeln. Hierzu gehören die Firmen Acxiom, Experian oder AZ Direct, aber auch die Deutsche Post. Die AZ Direct, die zum Bertelsmann-Konzern gehört, rühmt sich auf ihrer Webseite damit, in Deutschland die größte Reichweite zu haben. Nach eigenen Aussagen haben sie aktuell Daten von rund 68 Millionen Konsumenten. Laut MDR-Recherche verspricht das Unternehmen, jede Adresse mit mehr als 250 unterschiedlichen Merkmalen, zum Beispiel zum Alter, dem Konsumverhalten, dem Wohnumfeld oder auch persönlichen Werten und Einstellungen, anreichern zu können. Aber selbst Auskünfte zu so sensiblen Daten, wie etwa der politischen Einstellung, ethnischen Herkunft oder sexuellen Orientierung, die aus Datenschutzgründen nicht gespeichert werden dürfen, seien bei vielen Datenbrokern nach Anfragen des MDR zu haben. Hierfür würden Unternehmen wie AZ Direct ganz legal intelligente Merkmalskombinationen, das heißt hochgerechnete statistische Daten, heranziehen können.

Wenn diese Datenbroker so viel über uns wissen, warum hat man von vielen eigentlich noch nie gehört? Das liegt vor allem daran, dass wir nicht deren Kunden, sondern deren Ware sind. Nach einer Studie im Auftrag des Bundesministeriums der Justiz und für Verbraucherschutz liegen die Preise für die Anmietung von Adressen »im Bereich von 0,065–0,24 Euro/Adresse für einfache Haushaltsadressen und 0,105–1,65 Euro/Adresse für Adressen mit Selektionsmerkmalen«. E-Mail-Adressen sind dagegen schon deutlich günstiger für 0,0075–0,01 Euro/Adresse zu haben. Die Datenveredelung oder -qualifizierung, also das Anreichern der Adressdaten mit zusätzlichen Merkmalen, kostet zwischen 0,005 und 0,040 Euro pro Adresse. Abnehmer sind beispielsweise Banken, Versicherungen und Marketingunternehmen. So klein die Beträge für einzelne Daten auch scheinen mögen, in der Summe sind sie ein einträgliches Geschäft. Dabei hat das mit produktiver oder sinnstiftender Arbeit in meinen Augen wenig bis gar nichts zu tun. Mit wem und für welchen Zweck gehandelt wird, scheint vielen Datenbrokern am Ende übrigens nicht besonders wichtig zu sein. Erschreckend, wenn man bedenkt, mit welcher äußerst sensiblen Ware hier gehandelt wird.

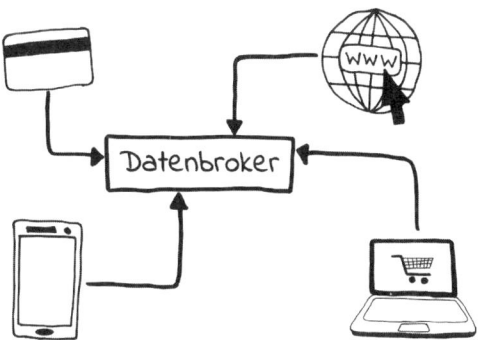

Die Daten beziehen Datenbroker aus unterschiedlichsten Quellen, indem sie mit großen Internetkonzernen, Versandunternehmen, Marktforschungsinstituten oder Telekommunikationsunternehmen kooperieren, selbst Daten erheben oder sich Daten von anderen Brokern kaufen. Dabei arbeiten die Datenbroker meist mit zwei unterschiedlichen Servern. Auf dem einen liegen die personenbezogenen Daten, auf dem anderen die Anreicherungsdaten, etwa Informationen über die Einstellungen und Werte einer Person, über ihr Kaufverhalten oder ihre Aktivitäten in sozialen Netzwerken. Die Daten von Server 1 werden verschlüsselt mit Daten auf Server 2 in Verbindung gebracht. So entstehen Personenprofile, Schubladendenken 2.0.

Frederike Kaltheuner von der internationalen Menschenrechtsorganisation Privacy International, die sich für den Schutz der Privatsphäre von Bürgern gegenüber Unternehmen und Staaten einsetzt, beschreibt im Interview mit dem MDR gleich zwei wesentliche Gefahren dieses Profilings: »Diese Profile sind zum Teil unangenehm akkurat, die geben Dinge über mich preis, die mir selber vielleicht gar nicht bewusst sind. Gleichzeitig sind diese Profile aber oft auch völlig falsch. Das heißt, es gibt zwei Gefahren. Auf der einen Seite die Gefahr, dass jemand private Daten gegen mich verwenden kann. Aber auch gleichzeitig, dass ich falsch eingestuft werde und deshalb Nachteile habe.« So meldete sich die Amerikanerin Heidi Waterhouse, die während ihrer Schwangerschaft ihr Baby verlor, zwar von entsprechenden Newslettern ab. Werbeanzeigen für Schwangere mit Babyprodukten verfolgten sie dennoch gnadenlos, während sie im Internet surfte, und erinnerten sie stets an den schmerzhaften Verlust. In einem anderen Fall beschwerte sich ein Vater in einem Target-Supermarkt darüber, dass die Kette seiner jugendlichen Tochter Werbung und Coupons für Babyprodukte per Post geschickt hatte. Es stellte sich heraus, dass das Kaufverhalten der Tochter von Targets Marketingalgorithmus zur Erkennung schwangerer Frauen sie als solche identifiziert hatte. Zu Recht. Der Vater wusste allerdings noch nichts von seiner schwangeren Tochter.

Privacy International kritisierte Ende 2018 große Datenbroker, Werbetechnologiefirmen und Unternehmen zur Einstufung der Kreditwürdigkeit scharf. Die Organisation warf den Unternehmen Verstöße gegen den generellen Datenschutz und vor allem auch gegen die neue europäische Datenschutz-Grundverordnung vor. Demnach sollte die Nutzung von Daten transparent, fair und tatsächlich auf die Person zutreffend erfolgen, zudem sollten nicht mehr Daten als unbedingt notwendig gesammelt, geschweige denn gespeichert werden. All diese Gesetze klingen absurd, wenn man mit Privacy International den Eindruck gewinnt, dass sich viele Unternehmen in dieser Branche nicht hinreichend daran halten – offenbar ohne bisher schwerwiegende Konsequenzen fürchten zu müssen. Wie Privacy International darstellt, verwenden Firmen wie Equifax oder Experian, die eigentlich die Kreditwürdigkeit von Privatpersonen einstufen, die zu diesem Zweck gesammelten Daten auch im Marketingbereich. Datenbroker wie Acxiom ordnen Menschen in Gruppen ein, die nicht immer zutreffend sind. All das ist wenig bis gar nicht transparent. Privacy International fordert daher eine eingehende Prüfung der Datennutzung solcher Unternehmen und entsprechende rechtliche Konsequenzen bei Verstößen gegen die Datenschutzverordnung, bisher jedoch ohne praktische Auswirkungen.

Der Datenhandel ist also ein einträgliches Geschäft, bei dem nicht nur mit Zahlen, sondern mit teils persönlichsten Informationen über uns Umsatz gemacht wird. Bei mir stellen sich die Nackenhaare auf. Henry hält mich für einen weltfremden Idealisten.

»Was tust du denn da jetzt so überrascht? Heutzutage wird doch wirklich aus allem Geld gemacht, selbst aus Geld wird noch mehr Geld generiert. Findest du nicht, es wäre mal an der Zeit erwachsen zu werden und sich damit abzufinden?«

»Aber wenn alle so denken würden, wo kämen wir denn da hin?«

»Ist gar nicht notwendig. Es reicht, wenn Menschen mit Einfluss so denken und schwupps sind wir in einer durch und durch kapitalistischen Welt, in der Reichtum mehr zählt als Bürgerrechte.« Er sagt das mit einer Leichtfertigkeit, die mich erstaunt. Zugegebenermaßen hat Henry nicht ganz unrecht. Viel machen kann man dagegen wohl nicht, aber es deswegen so gänzlich ohne Widerwillen hinnehmen? Ohne mich.

»Und das findest du gut?«, frage ich herausfordernd.

»Das hab ich ja nicht behauptet, aber ein weiser Mann hat mal gesagt, man brauche die Gelassenheit, Dinge hinzunehmen, die man nicht ändern kann, den Mut, Dinge zu ändern, die man ändern kann, und die Weisheit, das eine vom anderen zu unterscheiden. Du solltest dich dringend in Gelassenheit üben, wie mir scheint. Dafür gibt es übrigens auch eine App«, sagt Henry selbstgefällig. »Moment. Das googele ich mal eben. Mit kleinen Gefälligkeiten für meine Mitmenschen kann ich meinen Karma-Score verbessern. Laut Yogi-App bin ich kurz vor dem Brahmanen-Status.«

Ich atme dreimal tief durch, um bei so viel Opportunismus und Ignoranz meine Haltung nicht zu verlieren und starte einen neuen Versuch: »Aber es ist doch schrecklich, dass wir teils gar nicht mitbekommen, welche und wie viele Daten eigentlich von uns gesammelt und verscherbelt werden. Wir haben an der Stelle doch auch gar nicht viele Möglichkeiten, selbstbestimmt zu handeln. Das ist als würde jemand heimlich Notizen aus meinem Schreibblock nehmen oder mir gar ohne mein Wissen Blut abzapfen, um es dann gewinnbringend zu verkaufen. Im Mindesten möchte ich doch darüber Bescheid wissen.«

»Na, dafür schreibst du doch dieses Buch hier mit den hübschen Abbildungen. Und wenn du das alles doch nicht willst, musst du eben im Wald leben. Ansonsten hier«, Henry hält mir sein Smartphone rüber, »das sind die besten Meditations-Apps, mit denen du auch deinen Entspannungsindex verbessern kannst. Scheinst du echt nötig zu haben. Bei der hier«, Henry scrollt auf dem Display ein Stück nach unten, »bekommst du für fünf Minuten Meditation schon zehn Gelassenheitspunkte gutgeschrieben.«

»Toll«, sage ich sarkastisch und füge dann hinzu: »Ich melde mich am Sonntag für den Flohmarkt an, um ein bisschen Krempel zu verkaufen. Du kannst ja sämtliche Daten über dich mitbringen, die werden wir da bestimmt auch los.« Henry lacht kurz auf. Als er bemerkt, dass ich das viel weniger lustig gemeint habe, als er zunächst gedacht hat, verengen sich seine Augen. »Denk an deinen Karma-Score«, sage ich mit einem Grinsen. Ich fühle mich kurz überlegen, muss dann aber an meinen eigenen Karma-Score denken …

## Datenabbau in den Online-Minen

Unser digitaler Fußabdruck wächst mit jeder Nutzung von Computern und digitalen Endgeräten, vor allem wenn diese mit dem Internet verbunden sind. Egal ob Browserverläufe, Online-Käufe, digitale Fotos und Videos, die GPS-Daten unseres Smartphones, Musik-Playlisten auf unserem Computer oder Musikdiensten, Aufzeichnungen von Anrufen via Skype, die Sprache, die wir in Texten von Tweets, E-Mails oder dergleichen verwenden – alles kann als Quelle von Daten und Informationen verwendet werden und füttert die Big-Data-Maschinerie.

Dabei sind wir uns der Datensammlung meist gar nicht bewusst. Selbst wenn wir etwa die GPS-Funktion unseres Smartphones ausgeschaltet haben, werden Positionsdaten erzeugt. Sobald wir angerufen werden, wird unser Standort vom nächsten Funkmast registriert. In Kombination mit der fortgeschrittenen Rechenleistung von Computern und modernen statistischen Verfahren, insbesondere Algorithmen, können genau diese riesigen Datenmengen analysiert werden, um uns besser kennenzulernen.

Die zwei größten Datenminen im Netz sind Google und Facebook, die unsere Daten wie einen Rohstoff abbauen und handeln. Für alle, die sich jetzt ausgenutzt fühlen – mit unserer Nutzung stimmen wir genau dem zu. Der Deal lautet: Wir dürfen die Dienste kostenlos nutzen und die Online-Unternehmen dafür unsere Daten. Wie viel dieser Rohstoff tatsächlich wert ist, dämmert uns erst ganz allmählich ...

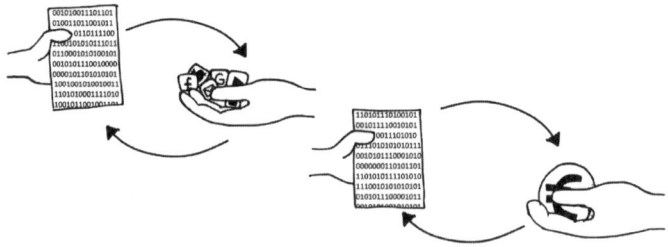

Tatsächlich sammeln die Geräte und Unternehmen Daten, wo immer sie entstehen, auch wenn diese gar nicht unmittelbar sinnvoll verwendet werden können. Zu Geld lassen sie sich mit allergrößter Wahrscheinlichkeit trotzdem machen. Das ist das Geschäftsmodell vieler Online-Unternehmen, bei denen man sich manchmal fragt, wie sie sich eigentlich finanzieren, wenn doch die Dienste alle kostenlos sind.

## Geld und Glückshormone – Schaulaufen in der digitalen Welt

Unsere Datenspuren werden mehr und mehr identitätsstiftend. Wer keine hat, der hat es in unserer digitalen Welt schwer. Bedeutung hat, was zählbar oder in Zahlen darstellbar ist. Das gilt nirgendwo so sehr wie im sozialen Bereich, wo unser Online-Ich schon längst integraler Bestandteil auch unseres Offline-Lebens ist. War für René Descartes unzweifelhafter Beweis für die eigene Existenz noch das eigene Denken, so lautet der heutige Erkenntnissatz wohl eher »Ich poste, also bin ich«. Und selbst, wenn meine leiblichen Spuren schon längst verwischt sind, können meine Datenspuren im Internet die Geschichte überdauern.

So betreiben wir Selbstvermessung nicht mehr nur für uns selbst, sondern auch für andere. Jeder hat wahrscheinlich mindestens einen Freund bei Facebook, Twitter oder Instagram, der regelmäßig seine gelaufenen Joggingstrecken, Schritte pro Tag, seine Abnehmerfolge oder die Ergebnisse irgendwelcher Persönlichkeitstests teilt. Laut Forschung hat die Verwendung von sozialen Medien im Wesentlichen zwei Funktionen: sich mit anderen verbinden und sich selbst darzustellen. Gerade für Letzteres sind Selbstvermessungstools bestens geeignet. Viele funktionieren über Apps, in denen die Funktion des Teilens von Ergebnissen in den sozialen Medien nur einen Klick entfernt ist. Weil wir uns möglichst positiv präsentieren wollen, teilen wir bevorzugt erfolgreiche oder zur anvisierten Selbstdarstellung passende Ergebnisse.

Wenn man als sportlicher Typ gerade mal drei Kilometer im Park gejoggt ist, wird man das vielleicht nicht unbedingt bei Facebook posten. Oder wenn man bei einem der Persönlichkeitstests als vermeintliche Dramaqueen entlarvt wird, landet auch dieses Ergebnis wohl nicht als Tweet im sozialen Netz. Damit besteht die Gefahr, dass wir ein verzerrtes Bild von uns erschaffen, das besser ist, als wir wirklich sind. Deshalb gibt es in den sozialen Medien auch vor allem gut aussehende, erfolgreiche und kluge Menschen. Inwiefern das tatsächlich der Realität entspricht, kann im Endeffekt kaum jemand nachprüfen.

Auch wenn sich dessen wahrscheinlich jeder bewusst ist, können diese verzerrten Zahlen der anderen uns sehr beeinflussen. Denn aus irgendeinem Grund gehen wir wohl davon aus, dass wir selbst zwar selektiv Inhalte veröffentlichen, andere das aber bestimmt nicht machen. Und diese Beeinflussung kann sowohl positive als auch negative Effekte auf uns haben. Psychologen wissen um die Wirksamkeit des sozialen Vergleichs, der sozialen Motivation und der sozialen Anerkennung. Tatsächlich kann das Vorher-Nachher-Bild mit entsprechenden Gewichtsangaben auf Abnehmwillige sehr motivierend wirken. Oder es treibt mich vielleicht selbst an, härter zu trainieren und an meine Grenzen zu gehen, wenn ich sehe, dass einer meiner Freunde heute zehn Kilometer in einer Stunde gelaufen ist. Eigene Erfolge zu teilen und dafür positives Feedback zu erhalten, fühlt sich nicht nur gut an, sondern kann auch weitere Anstrengungen katalysieren.

Doch die Kehrseite der Medaille ist, dass unser Selbstwert beim Anblick dieser Welt, in der Menschen ihre Schokoladenseiten übermäßig betonen und unschöne Seiten gern im Dunkeln lassen, in Mitleidenschaft gezogen werden kann. Manche Selbstdarstellung mutet schon fast wie Werbung für eine Ware an, und wer das beste Selbstmarketing betreibt, kann auf seinem Konto ordentliche Follower- und Klickzahlen verbuchen. Wenn wir uns durch Selbstvermessung und den daraus resultierenden Zahlen schwerer selbst belügen können, dann bieten uns soziale Netzwerke zumindest die Möglichkeit, andere zu belügen. Die Gefahr des Lebens für den Schein ist, dass wir uns zwar äußerst positiv präsentieren, dieses Bild aber überhaupt nicht ausfüllen. Letztlich kann ja keiner überprüfen, ob ich mich so gesund ernähre, wie die Hochglanzaufnahmen des Salats mit Hähnchenbruststreifen auf meinem Instagramprofil suggerieren. Oder ob ich so sportlich bin, wie meine über die Runtastic-App getrackte Laufleistung bei Facebook suggeriert, wenn ich sonst den ganzen Tag nur auf dem Sofa hänge.

Und was passiert dabei eigentlich mit unserer Motivation? Die kommt immer häufiger von außen. Wir machen Dinge nur noch, weil andere zugucken, weil wir sie dann in den sozialen Netzwerken teilen können. Bei denen, die ohne diese externe Motivation beispielsweise keinen Sport treiben würden, ist das sicherlich eine gute Sache. Für diejenigen, die dafür aber auch Motivation in sich selbst finden würden, kann genau dieser innere Antrieb durch zu viel externe Anreize verloren gehen. Wir machen Dinge nur noch, weil wir dafür mit Aufmerksamkeit »belohnt« werden – und nicht mehr, weil sie uns Spaß machen. Das ist durchaus fatal. Verschwinden nämlich die externen Anreize, bleibt am Ende nicht mehr viel Motivation übrig. Irgendwie blöd, oder?

Bei unserer Selbstpräsentation in den sozialen Medien geht es jedoch nicht allein um die Selbstpräsentation, sondern vor allem darum, reichlich Freunde und Follower, Likes, Klicks und Kommentare zu sammeln. Mit mehr Daumen hoch auf

Facebook, mehr Herzen auf Instagram oder mehr Klicks auf YouTube steigt nicht nur unsere Stimmung, sondern auch unser sozialer Rang. Auch hier zeigt sich das kapitalistische Credo: Mehr ist mehr. Mittlerweile gibt es sogar eine eigene Berufsgruppe, die genau das, Follower und Likes in sozialen Netzwerken zu sammeln, zu ihrem Kapital gemacht hat. Sogenannte Influencer spielen eine wichtige Rolle im heutigen Marketinggeschehen und werden immer häufiger für Werbedeals und Kooperationen mit Unternehmen angeheuert. Durch ihre Vernetzung mit einer spezifischen Zielgruppe erreichen sie meist mehr potenzielle Käufer als breit gestreute Werbemaßnahmen. Ihr Marktwert ergibt sich aus der Anzahl ihrer Follower in populären sozialen Netzwerken. Durch das Vertrauen, das ihre Gefolgschaft den Influencern entgegenbringt, soll auch die Glaubwürdigkeit und soziale Wertigkeit der beworbenen Marke gesteigert werden.

Und es funktioniert. Laut einer Online-Befragung des Influencer Marketing Hubs von 2017, einer auf Influencer-Marketing spezialisierten Plattform, kommen für jeden Dollar, den Unternehmen in Influencer-Marketing stecken – etwa durch Kooperationen, Produktproben oder andere indirekte Investitionen – im Durchschnitt 7,65 Dollar zurück. Da diese Kooperationen nicht nur für die Unternehmen, die ihre Produkte oder Dienstleistungen an Mann und Frau bringen wollen, ziemlich lukrativ sind, sondern auch für die Influencer selbst, gibt es Anbieter, die Follower, Likes und Kommentare zum Kauf anbieten. Diese Zahlen sind das Kapital im harten Kampf um Reputation in den sozialen Medien. Der Marktwert eines Influencers bemisst sich an Followern und Likes.

Im Sommer 2017 wurde eine große Klickfarm in Thailand von Polizisten entdeckt. Bei einer Hausdurchsuchung fanden sie Unmengen neuer SIM-Karten und Hunderte von Smartphones, die in extra angefertigten Regalen reihenweise aufgestellt, mit Strom versorgt und mit Computern verbunden waren. Drei junge Männer betrieben Klickbetrug im großen Stil. Diese kommerziellen Likes, die über verschiedene Smartphones mit verschiedenen SIM-Karten und Klickmustern getätigt werden, können Algorithmen nicht von natürlichen Klicks echter Personen unterscheiden. Damit ist diese Art des Klickbetrugs im Endeffekt nur schwer aufzuspüren. Wie einfach es ist, mit ein wenig Geld und gekauften Followern, Likes und Kommentaren innerhalb von 24 Stunden Influencer aus dem Boden zu stampfen, zeigte 2017 die PR-Firma Mediakix in einem Experiment. Sie gaben nicht mehr als 1000 Dollar für Fake-Interaktionen und Fake-Klicks aus und voilà, fertig waren die einflussreichen Instagramerinnen calibeachgirl310 und wanderingggirl. Das heißt, mit minimalem zeitlichen und monetären Einsatz lässt sich eine einflussreiche Marketingmacht wie ein Influencer ins Leben rufen, weil deren Glaubwürdigkeit und Macht fast ausschließlich auf den nackten Follower-Zahlen beruhen.

Auch wir Normalsterblichen können uns der Jagd nach Likes und Herzen in sozialen Netzwerken kaum entziehen. In seinem Buch *Das Internet muss weg* beschreibt der Blogger Schlecky Silberstein das Suchtpotenzial am Beispiel seiner eigenen Mutter, die als alleinstehende Frühpensionärin erstmals in die Welt des Internets eintauchte. Der Autor war nach einiger Zeit über die politische Haltung, die seine Mutter vor allem bei Facebook durch das Teilen und Kommentieren von Inhalten präsentierte, ziemlich geschockt:

> *Dieser ganze neurechte Irrsinn hatte nichts mit ihrer politischen Überzeugung zu tun. Es ging einzig und allein um die Kennzahlen unter ihren Links und Kommentaren: die Likes. Ihr war jedes Mittel recht, um endlich so etwas wie soziale Anerkennung zu bekommen, die ihr ein Leben lang versagt worden war. Es ging nicht um Politik, es ging um Dopamin.*

Dopamin ist ein Neurotransmitter, also ein Botenstoff im Gehirn, der dort verschiedenste Funktionen erfüllt. Seine prominenteste Rolle spielt Dopamin wohl im Belohnungssystem als sogenanntes Glückshormon. Dabei gehen Neurowissenschaftler mittlerweile davon aus, dass es sich nicht um einen einfachen Zusammenhang zwischen Dopaminausschüttung und Glücksgefühl handelt, sondern den eigenen Erwartungen in Situationen eine zentrale Rolle zukommt. Demnach wird im Gehirn besonders viel Dopamin freigesetzt, wenn etwas unerwartet positiv verlief, und sehr wenig Dopamin, wenn unsere Erwartungen enttäuscht wurden. Der Lerneffekt ist also in unerwarteten und neuartigen Situationen besonders groß.

Wenn wir nun einen positiven Reiz erleben, etwa sexuelle Stimulation, soziale Anerkennung, Drogen oder etwas Süßes, wird im Gehirn Dopamin ausgeschüttet. Dieses wiederum aktiviert den *Nucleus accumbens*, das Hauptzentrum unseres Belohnungssystems. Hierdurch entsteht ein Glücksgefühl. Es wird wohl keiner bestreiten, dass wir dieses Gefühl gern öfters hätten. Daher feuern die für Dopamin zuständigen Neuronen später schon bei der Erwartung einer Belohnung und verstärken das Verlangen. Besonders groß ist diese Nervenaktivität bei unerwarteten oder außergewöhnlich großen Belohnungen.

Warum erzähle ich Ihnen das überhaupt? Nun, in seinem Buch beschreibt Schlecky Silberstein die Ähnlichkeiten zwischen einer klassischen Spielsucht und unserem Verhalten in Bezug auf soziale Medien. Es liegt in der Architektur von Glücksspielautomaten und eben auch von sozialen Netzwerken, dass sie Menschen extrem süchtig machen können, weil die betroffenen Personen irgendwann einmal diesen Dopaminrausch bei einem unerwarteten Gewinn bekommen haben. Der *Nucleus accumbens* hat dabei wie verrückt Feenstaub und Glückssterne im Hirn verteilt, was sich ziemlich gut anfühlte und nach Wiederholung schreit. Glücksspielautomaten und soziale Netzwerke bedienen nun genau die Aspekte des Belohnungssystems, die zu einer besonders hohen Dopaminausschüttung führen: Erwartung und Unsicherheit bezüglich des Ausgangs. Man gewinnt dort nicht jedes Mal – tatsächlich nur sehr selten, aber die Möglichkeit, die Erwartung auf einen Gewinn, schwingt immer mit und wenn dieser dann eintritt, war er recht unerwartet. Bingo, so bringt man die Dopamin-Neuronen zum Glühen. Genau dieses Prinzip brachte Facebook 2009 mit der Einführung des Like-Buttons in die Leben von Millionen von Internetnutzern. »Mit dieser neuen Funktion zockten 200 Millionen Nutzer mit jedem Kommentar, Link oder Selfie um Likes«, schreibt Schlecky Silberstein. Auch hier ist die Gewinnausbeute ungewiss, aber die Erwartung eines

Gewinns in Form von Likes bei Facebook oder YouTube, Herzen auf Instagram oder Retweets auf Twitter euphorisiert regelrecht. Damit wird jedes Vibrieren oder Benachrichtigungsgeräusch unseres Smartphones zum Trigger für Erwartungen. Wir wollen sofort nachsehen, ob etwas Positives passiert ist, das uns einen kleinen Dopaminrausch beschert. Bleibt das aus oder wir erhalten sogar negative Reaktionen, fällt unser Dopaminspiegel ab. Kein gutes Gefühl und unser Gehirn wird bemüht sein, seinen Dopaminhaushalt wieder ins Gleichgewicht zu bringen. Wie? Mit einem weiteren Einsatz im Glücksspielautomaten namens Social Media.

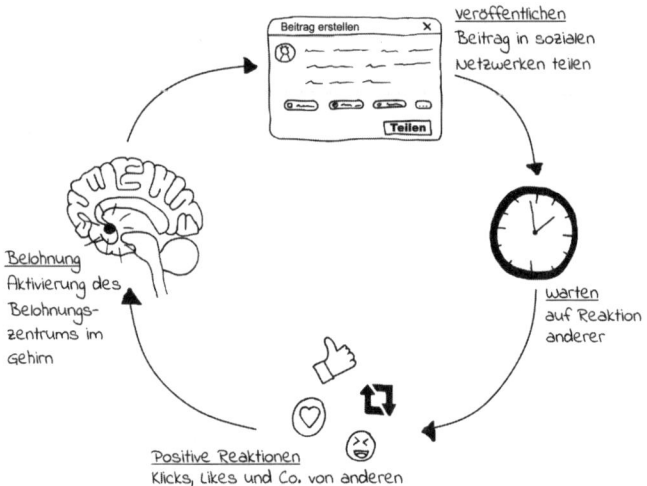

Unser Glücksgefühl kann damit empfindlich von einer Zahl abhängen, nämlich den Likes, die wir in virtuellen Welten erhalten. Vor allem weil sich diese Zahl auch hervorragend dazu eignet, sich mit anderen zu vergleichen, und dem evolutionär motivierten Aufmerksamkeitskampf im Balztanz des Menschen ein handfestes Maß gibt. Der Erfinder des Like-

Buttons, Justin Rosenstein, bereute seine Kreation derart, dass er sich selbst vor den Auswirkungen des Like-Buttons auf Facebook und ähnlichen, süchtig machenden Funktionen sozialer Medien zu schützen sucht. So hat er beispielsweise seinen eigenen Snapchat-Account blockieren lassen und limitiert den Zugang zu solchen Apps auf seinem Smartphone mit einer Art Kindersicherung. Das tun übrigens nicht wenige im Silicon Valley, die durch genau solche digitalen Produkte steinreich geworden sind. Das sagt doch im Grunde schon alles.

## Von Sternen, Noten und Punkten

Im Zuge der um sich greifenden Quantifizierung und Digitalisierung ist noch ein ganz anderes Phänomen aufgekommen: Das Bewerten von Menschen, Fähigkeiten, Orten, Gegenständen, Erlebnisse bis hin zu Gefühlen in Form von Zahlen ist mittlerweile Alltag. Es hat sich eine regelrechte Bewertungskultur etabliert – ganz egal was, Hauptsache, wir können irgendetwas bewerten. Auf öffentlichen Toiletten etwa in Flughäfen werden wir auf Bildschirmen am Ausgang um eine Bewertung der stillen Örtlichkeit gebeten. Auch in Supermärkten oder anderen Geschäften sind diese Bewertungsstationen zu finden.

> Am Ausgang des Baumarkts leuchten fünf farblich abgestufte Smileys auf, die unseren Gesamteindruck abfragen. Da kommt der Anarchist in mir durch.
>
> »Hallo, geht's eigentlich noch?«, denke ich mir und drücke einfach aus Prinzip wahllos eine Taste.
>
> »Wow, sehr erwachsen«, murmelt Henry neben mir, während wir den Baumarkt verlassen.

»Na mal ehrlich, was bringt denen das denn, zu wissen, wie ich das hier im Baumarkt nun so fand. Wenn sie wenigstens einzelne Aspekte abfragen würden. Zum Beispiel die Freundlichkeit des Personals, die Lichtverhältnisse oder die Übersichtlichkeit. Die sollten sie tatsächlich mal abfragen, dann würden sie endlich mal merken, dass Baumärkten einfach jegliches System fehlt«, echauffiere ich mich.

»Ich möchte mich jetzt nicht in irgendwelchen Geschlechterklischees verlieren, aber unübersichtlich war der Baumarkt nun wirklich nicht.« Ich schaue Henry genervt an. »Ja, okay, das tut jetzt nichts zur Sache«, lenkt er ein. »Jedenfalls kriegt der Baumarkt dadurch ja trotzdem eine Rückmeldung, wie gut ihn die Leute finden, ob er besser oder schlechter ist als beispielsweise die Filiale im Norden und womöglich gibt es sogar ein Online-Vergleichsportal. Keine Ahnung. Ist doch gut, wenn sie sich verbessern wollen. Und vor allem finde ich es gut, dass sie an meiner Meinung interessiert sind.«

»Aber sind sie das wirklich? Meinst du echt, die sind an jeder Mini-Meinung interessiert? Vor allem nervt es doch auch. Überall soll man irgendwas bewerten. Fährt man mit der Deutschen Bahn, kleben an diversen Stellen QR-Codes, die man einscannen soll, um online seine Meinung zur Fahrt abzugeben. Nach jedem Einkauf auf Amazon erhalten wir E-Mails, die uns um eine Bewertung der Kauferfahrung bitten. Auch bei anderen Online-Händlern ist das mittlerweile gängige Praxis. Sei es nach der Fahrt mit einem Busunternehmen, nach dem Besuch eines Konzertes, das man über einen Veranstaltungsanbieter gebucht hat, nach dem Kauf von Medikamenten in einer Online-Apotheke, oder nachdem wir eine neue App heruntergeladen und ein paar Tage verwendet haben: Am Ende flattert stets eine E-Mail in unser Postfach oder ein Fenster poppt auf, worin wir um die Vergabe von Sternen gebeten werden.«

»Die wollen sich halt alle verbessern und vor allem Dinge verkaufen. Du kannst mir nicht erzählen, dass du nicht auf die Bewertungen achtest, wenn du online etwas kaufst«, gibt Henry zu bedenken. »Schon mal dran gedacht, dass die das nur machen, weil der Kunde diese Art von Orientierungshilfe verlangt?« Ich stimme ihm etwas kleinlauter zu.

»Aber muss das denn immer so in vereinfachten Zahlen sein?« Ehrlicherweise interessiere auch ich mich, wenn ich bei einem Online-Händler nach einem Produkt oder einer Dienstleistung schaue, in der Regel zuerst für die Gesamtbewertung, also wie viele Sterne das Produkt im Durchschnitt bekommen hat. Aber mindestens genauso wichtig finde ich die Rezensionen von MünsterMonster, Karoline W. oder Amazon Kunde in Form von Freitexten, wo dann auch mal drin steht, was genau denn gut oder schlecht war oder ob die 1-Stern-Bewertung nur von der kaputten Verpackung und dem unfreundlichen Zusteller herrührt. Und ja, bei größeren Anschaffungen möchte ich irgendwelche Testberichte oder Bewertungen in Online-Shops nicht missen. Ansonsten müsste man sich auf die Werbeangaben des Herstellers und im besten Fall auf mündlich weitergegebene Erfahrungen von Freunden und Bekannten verlassen.

Der Krieg der Sterne ist damit eröffnet. Denn Kundenbewertungen haben heutzutage eine unfassbar große Macht auf das Marktgeschehen. Oder würden Sie etwas kaufen, das im Schnitt nur zwei Sterne als Bewertung hat? Vermutlich nicht. Kundenbewertungen erzeugen ein Gefühl von Sicherheit: Wenn so viele das Produkt oder die Dienstleistung mit »gut« oder »sehr gut« bewertet haben, muss es ja was taugen. In der

Fülle an Angeboten bieten Kundenbewertungen auch eine Orientierungshilfe, um der Unübersichtlichkeit Herr zu werden. Wir sind darauf trainiert, Fakten schnell und einfach erfassen zu wollen. Punktwerte ermöglichen genau das.

Diese Macht der Bewertungen verleitet jedoch, wie auch im Bereich der sozialen Medien mit ihren Followern und Klicks, zum Missbrauch. So kann man sich Rezensionen für Amazon und Co. kaufen, um seine Produkte und Dienstleistungen leichter an Mann oder Frau zu bringen. Wenn man im Freundeskreis beispielsweise Selbstständige hat, die ihre Produkte online verkaufen und sich gerade erst einen Kundenstamm aufbauen, ist das Beste, was man für sie machen kann, eine positive Bewertung auf Online-Verkaufsportalen zu hinterlassen. Auch als ich mein erstes Buch veröffentlicht habe, war für mich einer der entscheidenden Faktoren, an denen ich Erfolg oder Nichterfolg festmachen wollte, neben den reinen Verkaufszahlen, die gesammelten Sterne auf einschlägigen Verkaufsseiten.

Aber wir nutzen zahlenbasierte Bewertungen nicht nur gern, um Orientierung, Entscheidungshilfe und Vergleichbarkeit zu bekommen, sondern der Bewertungsprozess selbst spricht auch ein tiefes menschliches Bedürfnis an. Wenn wir nach unserer Meinung gefragt werden, gibt uns das das Gefühl, dass unsere Meinung zählt und dass wir etwas zu sagen haben. Wir erleben uns selbst gern als kompetent und werden so auch gern von anderen wahrgenommen. Die Rolle des Bewertenden liegt damit nicht länger nur bei Lehrkräften oder Vorgesetzten, die Schul- oder Arbeitszeugnisse ausstellen, sondern bei jedem Einzelnen. Uns als Kunden kommt damit auch eine aktive Rolle im Marktgeschehen zu. Auf, auf zum fröhlichen Bewerten!

Mittlerweile sind nicht nur Produkte und Dienstleistungen Gegenstand der Bewertung, sondern auch Sie und ich als Einzelpersonen können zum Objekt der Beurteilung werden und das nicht nur in den sozialen Netzwerken wie Twitter, Facebook und Co. Sind Sie beispielsweise auf Airbnb oder Couchsurfing angemeldet und haben bei Leuten gewohnt oder andere bei sich wohnen lassen? Auch hier gehören Bewertungen zum System, um Vertrauen zu schaffen. Ich als Gast bewerte meinen Gastgeber, und der Gastgeber bewertet mich als Gast. Gerade, wenn man fremde Leute in seine eigenen vier Wände lässt, ist Vertrauen natürlich wichtig und Bewertungen sind das Instrument, um genau dieses herzustellen.

Auch auf Online-Portalen für Freiberufler, Webseiten zum Verkauf von Kunsthandwerk oder zum Anbieten von Dienstleistungen über das Internet gehören Bewertungen zum Alltag. Immer mehr Berufsgruppen sehen sich der Bewertung nicht nur innerhalb des Unternehmens durch Vorgesetzte oder Kollegen ausgesetzt, sondern extern und öffentlich im Internet. Gerade früher angesehene Professionen wie Ärzte oder Rechtsanwälte werden heute auf Online-Plattformen von Klienten und Patienten – zum Teil sehr streng – bewertet und in eine Rangliste gebracht. Die Macht der Professionen wird geringer.

Dabei spielen zwei Aspekte eine wesentliche Rolle: Positive Bewertungen schaffen, wie bereits erwähnt, scheinbar Vertrauen, was in unserer heutigen Gesellschaft nicht mehr allein durch die reine Tatsache, dass jemand Arzt oder Anwalt ist, gewonnen werden kann. Allerdings ist Vertrauen in diesem Zusammenhang wohl eher ein Euphemismus oder gar unzutreffender Begriff, geht es doch vielmehr um Kontrolle. Der andere Aspekt bezieht sich auf den Optimierungsgedanke, den wir in der Selbstvermessung bereits kennengelernt haben. Dieser zieht sich im Endeffekt durch alle Lebensbereiche. Wir geben uns kaum noch mit einem »Durchschnittlich« oder »Okay« zufrieden. Wir wollen für uns und unser Leben die optimale Versorgung, das optimale Produkt, die optimale Dienstleistung. Die bestehenden Expertensysteme werden immer stärker aufgebrochen. Dagegen wird jeder zum Experten der eigenen Erfahrungswelt. Die Bürger werden gebildeter, selbstbestimmter und vor allem misstrauischer.

In der Theorie hat dieser Ansatz der ständigen Bewertung eine Menge Vorteile, da die bewerteten Experten dazu motiviert oder sogar gezwungen werden, sorgfältig und gewissenhaft zu arbeiten. Aufgrund der öffentlichen Beurteilungen entsteht für die Bewerteten ein spürbarer Druck. Zum Rechtsanwalt, der online eine höhere Punktzahl erreicht und besser bewertet wird, kommen am Ende des Tages schlicht und einfach mehr Klienten. Dozenten, die an Hochschulen von ihren Studenten evaluiert werden, können überdurchschnittlich gute Bewertungen ihrer Lehrveranstaltungen bei zukünftigen Jobbewerbungen als vielversprechendes Element ihres Lebenslaufes unterbringen, um ihre Einstellungs- oder Aufstiegschancen zu erhöhen. Und die ständige Forderung der Bevölkerung und des Konsumenten oder Nutzers nach Transparenz und Qualität macht es in verschiedensten Bereichen nahezu unmöglich, sich dem Bewertungsimperativ zu entziehen.

Doch wie fähig sind Studenten, die Lehrqualität ihrer Professoren, oder Patienten, die fachliche und zwischenmenschliche Leistung ihres Arztes zu bewerten? Was man in diesem Zusammenhang immer wieder beobachtet, ist, dass in diesen Bewertungen häufig nicht nur qualitative Aspekte der Leistung rückgemeldet werden, sondern auch deutlich persönlichere Punkte Bewertungen prägen, wie etwa die Sympathie gegenüber Hochschullehrern, wie gut die eigenen Noten in dem Fach ausgefallen sind, das spaßige Miteinander mit einem Rechtsanwalt oder die Wartezeiten beim Arzt. Von den zu Bewertenden wird also auch immer mehr erwartet, dass sie sich so verhalten, dass sie ihren Patienten, Klienten oder Studenten gefallen, um im Endeffekt gute Bewertungen zu erhalten. Ob das dann noch viel mit tatsächlicher Qualität zu tun hat, steht in den Sternen.

Im Prinzip würde man davon ausgehen, dass sich die Urteile am Ende ausgleichen und ein aussagekräftiger Mittelwert herauskommt, der durchaus den Tatsachen entspricht. Jedoch wird gerade im Internet, wo Eintragungen auf Bewertungsportalen wie jameda.de, anwalt.de oder kununu.com auf das freiwillige Mitmachen der Bürger angewiesen sind, ein gewisser Selektionseffekt deutlich. Ich weiß nicht, wie es Ihnen geht, aber ich gehöre eher zu den Menschen, die online keine Bewertungen veröffentlichen. Die einzigen Fälle, in denen ich mir ernsthaft überlegt habe, es doch zu tun, waren, wenn ich sehr negative oder sehr positive Erfahrungen gemacht habe. Ich vermute, Ihnen und vielen anderen Menschen geht es da nicht anders. Das heißt, die Online-Bewertungen spiegeln eher extreme Meinungen wider. Neben dieser Selektivität von Bewertungen, können Verzerrungen auch durch einen dynamischen sozialen Einfluss entstehen. Eine bestimmte Meinung in Form einer guten oder schlechten Bewertung gewinnt erst an Bewertungsmacht, wenn viele Menschen das Ganze sehr ähnlich bewertet haben. Wenn hundert Personen fünf Sterne vergeben und eine nur einen, dann fällt letztere kaum ins Gewicht. Die Öffentlichkeit wird dabei zum Resonanzraum. Viele positive Bewertungen ziehen noch mehr positive Bewertungen an, da sich die Meinung des Einzelnen an derjenigen der Mehrheit orientiert. Damit werden bestehende Meinungen verstärkt. Wenn die Mehrheit von einem Produkt beispielsweise begeistert ist, ich es auch bin, dann ist die Wahrscheinlichkeit, dass ich ebenfalls eine positive Bewertung abgebe, deutlich größer, als dass ich eine negative Bewertung schreibe, wenn mir das Produkt nicht gefällt, obwohl alle anderen davon total angetan sind.

Wie objektiv oder gültig diese Bewertungen tatsächlich sind, fragt sich am Ende meist niemand. Doch hinter vielen Zahlenwerten stecken eben auch bloß persönliche Meinungen, die eher einer Scheinmessung als wissenschaftlicher Quantifizierung gleichen. So viel zur Objektivität!

## Wir haben, was Sie wollen, noch bevor Sie wissen, dass Sie es wollen

Seit Jahrzehnten zermartern sich Marketingabteilungen und Werbefirmen den Kopf darüber, wie sie Einblicke in die innere Erlebniswelt ihrer Kunden erhalten und diese quantifizieren können. Im Zeitalter des digital vermessenen Ichs könnte deren Wunsch in greifbare Nähe rücken. Nicht nur stehen damit potenzielle Informationen zu diversen Verhaltensweisen, Interessen und Einstellungen zur Verfügung, die Informationen sind auch noch deutlich natürlicher oder unterbewusster als per Marktumfragen erhaltene Auskünfte. Das Bild, was hierdurch von uns gezeichnet werden kann, wird damit immer präziser und wir für den Markt transparent.

So könnten Supermärkte dank GPS-Daten genau nachverfolgen, welche Wege wir durch die Regalreihen nehmen und wie lange wir wo verharren. Per Blickerkennungssoftware über die in unseren mobilen Endgeräten verbauten Kameras können Unternehmen genau sehen, wohin unser Blick auf ihrer Online-Präsenz fällt und wie lange wir uns bestimmte Inhalte ansehen. Unser Klickverhalten beim Lesen von Newslettern und Beiträgen in den sozialen Medien verrät sehr viel über unsere Interessen. Werbefirmen und Marketingabteilungen nutzen jeden Datenfitzel, den sie über ihre (potenziellen) Kunden erhalten können, um diese zu möglichst vielen Käufen zu bewegen.

Data-driven oder zu Deutsch datengestütztes Marketing heißt das Schlagwort. Dabei werden im gesamten Marketingprozess – von der Kundengewinnung bis zur Kundenbindung – über Apps und Online-Verhalten fleißig Daten gesammelt oder erzeugt, um die bestmöglichen Entscheidungen aus Marketingsicht zu treffen. Auf Grundlage des Kundenverhaltens sollen nicht nur Wünsche der Kunden erkannt, sondern auch zukünftiges Kaufverhalten vorhergesagt werden. Datenanalysen sind also womöglich der entscheidende Vorteil im Konkurrenzkampf um den Kunden.

Ein wichtiges Instrument, um etwas über Internetnutzer zu erfahren, aber vor allem auch, um diesen gezielt Werbemaßnahmen zukommen zu lassen, sind Cookies. Davon hat mittlerweile wohl jeder schon einmal was gehört. Auf fast jeder Webseite taucht ein Banner auf, das darauf hinweist, dass hier Cookies gesammelt und verwendet werden und wir der Nutzung bitte zustimmen sollen. Aber was ist das eigentlich?

Cookies ist das englische Wort für »Kekse«. Allerdings hätte das Krümelmonster an diesen Keksen vermutlich wenig Freude. Ein Cookie ist ein kleines Datenpaket, das von Webseiten erstellt und an unseren Internetbrowser gesendet wird.

Dieser speichert das Cookie, welches Informationen über unsere Interaktion auf der Webseite enthält und bei erneutem Besuch wieder an die Webseite zurückgesendet wird. So können wir beispielsweise von Online-Shops als ein und derselbe Kunde erkannt werden und unser Warenkorb unverändert bleiben, auch wenn wir die Seite zwischendurch schließen. Wenn wir auf Seiten wie Facebook oder Google unterwegs sind, fällt uns später die Werbung auf, die überzufällig häufig zu dem zu passen scheint, was uns interessiert und was wir uns zuvor schon einmal angesehen haben. Gerade für diese Werbung sind Cookies unerlässlich.

Außerdem verlinken Unternehmen beispielsweise ihre Beiträge in sozialen Netzwerken mit Hilfe von Cookies. Klickt man nun bestimmte Beiträge an und wird auf die Unternehmenswebseite weitergeleitet, erzeugt diese ein Cookie mit der Information, welchen Beitrag ich angeklickt habe. Diese Information sagt nicht nur, welchen Beitrag ich mir angesehen habe, sondern impliziert auch ein Interesse meinerseits für genau dieses Thema. Mit diesem Wissen kann mir bei meinem nächsten Besuch, etwa auf Facebook, gezielte Werbung dazu geschaltet werden.

Dabei sind es nicht nur die Unternehmen selbst, die Cookies erstellen, sondern auch Werbefirmen, die damit regelrechte Profile von uns anlegen können. Denn diese nutzen häufig seitenübergreifende Tracking-Cookies. Ein Beispiel dafür ist das Datr-Cookie von Facebook, das zwar keine reine Werbefirma ist, mit Werbung aber jede Menge Umsatz generiert. Mit Tracking-Cookies wird dem Nutzer eine eindeutige Identifizierung zugewiesen. Sein Online-Verhalten kann so detailliert nachvollzogen werden, auch außerhalb von Facebook. Der Konzern begründet den Einsatz mit der Wahrung der Sicherheit beim Login-Vorgang. Doch dass das nur ein Scheingrund ist, um Nutzerprofile zu erstellen, bringt seit Jahren Datenschützer auf den Plan. Besonders erschreckend: Es sind nicht nur Facebook-Nutzer selbst davon betroffen. Allein durch den Besuch einer Webseite, die eine mit Facebook verlinkte Anwendung nutzt, wie etwa einen Like-Button für Blogbeiträge, kann man sich das Cookie auf den Computer holen. Die belgische Datenschutzbehörde steht seit Jahren in gerichtlichem Streit mit Facebook, um genau das zu unterbinden. Durch einen Gerichtsbeschluss erster Instanz darf Facebook in Belgien keine Datr-Cookies von Nichtmitgliedern speichern oder verwenden und auch sonst keine Cookies mehr nutzen, die den belgischen Datenschutzverordnungen widersprechen. Ein erbauliches Urteil, wie ich finde, auch wenn sich Facebook bisher noch gegen die Umsetzung wehrt. Dabei ist Facebook nur ein Beispiel von vielen, wenn auch aufgrund der Menge an Nutzern ein bedeutsames.

Um uns vor Tracking zu schützen und die Datensammelei über uns im Netz ein wenig zu unterbinden, gibt Blogger Markus Werner in einem Beitrag auf basicthinking.de wertvolle Tipps. Die drei wichtigsten sind:

1. Besonders wichtig ist es, die Cookies im eigenen Browser regelmäßig zu löschen, im Idealfall sogar nach jedem Schließen des Browsers. Damit lassen sich auch Tracking-Cookies entfernen. Dies lässt sich in den Browsereinstellungen regeln.

2. Wir sollten zudem Erweiterungen für unseren Browser nutzen, die das Tracking auf Webseiten verhindern, indem sie im Hintergrund ablaufende Tracking-Mechanismen der Internetseiten blockieren. Hierzu gehören beispielsweise Ghostery oder Noscript, die Sie über die Erweiterungen für Ihren Browser einrichten und aktivieren können.

3. Wenn wir im Netz unterwegs sind, sollten wir das im Inkognito-Modus tun. Das lässt sich meist in den Einstellungen des Browsers verändern, beziehungsweise bieten gängige Browser die Möglichkeit, einzelne Fenster im Inkognito-Modus zu öffnen. Hierdurch werden keine Cookies gesetzt und die Zuordnung einer einzigartigen Identifizierungsspur ist nicht mehr möglich.

Für Werbefirmen und Marketingabteilungen großer Unternehmen ist Big Data eine wahre Fundgrube. Aus den Informationen etwa über unser Online- und Kaufverhalten versuchen die Unternehmen, Erkenntnisse über unsere Wünsche und Bedürfnisse als Kunden zu gewinnen, um ihre Werbung oder andere Marketingmaßnahmen zielgerichteter gestalten zu können.

Erst eben ist wieder eine E-Mail von Amazon in meinem Postfach gelandet, in der mir neue Bücher vorgeschlagen werden. Schon der erste Vorschlag klingt tatsächlich spannend, den Autor kenne ich auch … und verdammt, ich bestelle es vor. Zum Glück habe ich beim nächsten Besuch bei Henry Gelegenheit, ihm stellvertretend für mich selbst ein paar blöde Sprüche zu drücken, wie leicht er sich durch hirnlose Algorithmen doch manipulieren lässt.

Wir haben uns bei Henry zum Filmabend verabredet. Bevor wir mit dem Film beginnen, holt Henry ein geöffnetes Paket vom Esszimmertisch und präsentiert mir stolz dessen Inhalt. »Pass auf, das ist echt cool. Wurde mir bei Amazon als Produktempfehlung vorgeschlagen, und ich finde, die kennen mich wirklich gut.«

Neugierig blicke ich auf Henrys Hände. Er macht es spannend, sieht noch einmal zu mir herüber und dann … zieht er allen Ernstes eine Computermaus mit USB-Anschluss hervor.

»Wow«, bemerke ich sarkastisch.

»Das ist keine gewöhnliche Maus.« Er nimmt die Plastikabdeckung auf der Oberseite ab und holt ein kleines Gerät mit Edelstahlfläche und Minidisplay heraus. »Das ist eine Computermaus mit integrierter Digitalwaage. Das ist eine Feinwaage, mit der sich kleinste Mengen sehr genau messen lassen, ohne dass sie überhaupt jemand sieht. Ziemlich cool, was?« Henry sieht mich erwartungsvoll an.

»Hm, total. Aber ist das nicht eher was für Drogendealer oder Edelmetallhändler?« Ich kann meinen Mangel an Begeisterung nicht verbergen.

»Ich finde schon noch eine passende Verwendung. Und hier, das ist eine smarte Gabel. Die trackt mein Essverhalten.« Henry zieht eine weitere Verpackung aus dem Karton.

»Ach, guck an«, sage ich, »das ist ja ein Paradies von einem Einkaufswagen für Selbstvermesser.«

»Ja, wäre ich selbst nicht drauf gekommen, aber Amazon kennt mich mittlerweile halt.«

»Da haben dich die hirnlosen Mathegleichungen der Programmierer also rumgekriegt.« Die Aussage kommt überheblicher als gedacht rüber.

»Na, immerhin wissen die, was mir gefällt. Die würden

mir zum Geburtstag keinen Besuch im Zoo schenken.« Henry funkelt mich böse an.

»Ich versuche halt, deinen Horizont zu erweitern und hey, die Plumploris waren doch echt süß. Aber du scheinst ja ganz schön berechenbar zu sein«, kontere ich.

»Du genauso. Wusstest du, dass sich große Teile des menschlichen Körpers zu viel Geld machen lassen und eben tatsächlich monetär berechenbar sind? Ich könnte dich also in Einzelteile zerlegen und für eine Million Euro oder so veräußern. Davon kann ich mir dann alle Produktempfehlungen kaufen, die mir Amazon vorschlägt«, sagt Henry pampig. Verdammt, recht hat er, wie wir später noch sehen werden.

»Dann könntest du aber gar nicht mehr so viel wertvolle Zeit mit mir verbringen«, sage ich und gucke dabei erstaunlich lieb. Henry lässt es gut sein.

»Alexa, Kinomodus.« Prompt verstummt die Hintergrundmusik, das Licht wird gedimmt und der Fernseher springt an. Wir schauen uns *Repo Men* an. Wie passend.

## Gesundheit als Marktwert

Welch wichtige Datenfundgrube für gesundheitsrelevante Merkmale und Verhaltensweisen von Personen die Selbstvermessung ist, haben wir bereits ganz am Anfang dieses Buches gelesen. Fitnessarmbänder liefern Informationen zu Bewegungsverhalten, Stresslevel und Schlaf, über Fragebögen erhält man Daten zur Ernährung, Alkohol- oder Nikotinkonsum und zum Body-Mass-Index, und fortgeschrittene Messungen erlauben zudem die Aufzeichnung des Blutzuckerspiegels, des Blutdrucks oder der Cholesterinwerte. Doch diese Daten sind nicht nur für uns als Betroffene und die etwaigen behandelnden Ärzte interessant, sie entwickeln auch in vielen anderen Bereichen der heutigen Welt eine ganz eigene Bedeutung und einen ganz eigenen Marktwert.

In vielen Krankenkassen und Versicherungsinstituten im Gesundheitsbereich wird mit Punktesystemen oder Scorings gearbeitet, um den Gesundheitsstatus oder das gesundheitliche Risiko der Versicherten einzustufen. Diese Punktwerte bilden, wie wir inzwischen gelernt haben, für Versicherungen die Grundlage personalisierter Kostenberechnungen. Die Daten von privaten Fitnesstrackern und Co. wären für sie folglich eine willkommene Ergänzung. Denn den Krankenkassen geht es mittlerweile nicht mehr nur um Krankheiten und Leiden, sondern auch um Informationen zum Gesundheitsverhalten wie etwa regelmäßiger sportlicher Betätigung und Vitalparametern, beispielsweise dem Blutdruck. Einfach nur nicht krank zu sein, reicht meist nicht. Es geht auch hier um Optimierung. Dabei sind Gesundheitsdaten sowohl ethisch als auch rechtlich hochsensibel. Doch spätestens seit der Einführung der elektronischen Gesundheitskarte sind auch sie in der digitalen Welt angekommen.

Nein, okay, das war jetzt ein Witz, denn alles, was die sogenannten »elektronischen Gesundheitskarten« von den alten »analogen« Karten zu unterscheiden scheint, sind die aufgedruckten Passbilder. Davon einmal abgesehen ist es aber tatsächlich der Gesundheitsmarkt, der von den milliardenschweren Technologie- und Softwareunternehmen im Silicon Valley und dem Rest der Welt mehr und mehr erobert wird. Mit einem Gesundheitsscore, der zwischen 1 und 1000 liegen kann, versucht beispielsweise das Schweizer Unternehmen dacadoo die Gesundheit eines Menschen in eine einzige Zahl zu gießen, quasi den Aktienkurs der eigenen Gesundheit. Natürlich gilt auch hier: je höher, desto besser. Der sogenannte Gesundheitsindex setzt sich aus den Bereichen Körper, Befinden und Lebensstil zusammen. Durch Belohnungen, persönliche Rückmeldungen, soziale Verknüpfung und spielerische Elemente wird der Nutzer zu einem gesünderen Leben motiviert.

So weit, so gut. Da diese Informationen sowohl für Arbeitgeber als auch für Versicherer durchaus interessant wären, bietet dacadoo Kooperationen mit genau diesen Sparten an. Nach einem Bericht von *SPIEGEL ONLINE* kooperiert die AOK Nordost beispielsweise mit dem Unternehmen und bietet seinen Mitgliedern für die Teilnahme am Programm »mobil vital« ein einjähriges dacadoo-Abo. Zugriff auf personenbezogene Daten habe man natürlich nicht, heißt es vonseiten der AOK, scharf darauf ist man sicherlich trotzdem. Als Versicherung will man schließlich keinen Euro zu viel zahlen und schon gar nicht, wenn gesundheitliche Schäden selbst verursacht sind.

Während sich gesetzliche Krankenversicherungen hier in Deutschland in einem engen rechtlichen Rahmen bewegen, was die Datenspeicherung und -verarbeitung anbelangt, arbeiten private Versicherungsunternehmen bereits an neuen Tarifmodellen. Das Versicherungsprogramm Generali Vitality des Versicherungsunternehmens Generali wird in Kombination mit einer Lebens- oder Berufsunfähigkeitsversicherung angeboten und wirbt beispielsweise damit, dass es »für jeden Schritt in ein gesünderes Leben belohnt«. Nach einem anfänglichen Gesundheitstest, der online ausgefüllt wird, heißt es: bewegen, um Punkte zu sammeln. Diese schlagen sich dann in Vergünstigungen in der eigentlichen Versicherung oder Preisvorteilen bei Unternehmenspartnern nieder.

Aber auch das betriebliche Gesundheitsmanagement von Unternehmen bekundet Interesse am neuen Vermessungstrend. Schon längst haben diese die Gesundheit ihrer Mitarbeiter als wirtschaftlichen Produktionsfaktor erkannt. »Aus Quantified

Self wird Quantified Employee, der quantifizierte Arbeitnehmer«, heißt es in einem Online-Beitrag des Wirtschaftsjourna-
listen Jan Willmroth in der *Süddeutschen Zeitung*. Beim
Ölkonzern BP bekamen Mitarbeiter beispielsweise Fitnesstracker geschenkt, mit denen sie ihr Bewegungsverhalten aufzeichnen und verbessern konnten. Mit guten Werten, etwa
vielen Schritten, erarbeiteten sich die Mitarbeiter Vergünstigungen in ihrer Versicherung. Diese Koppelung der Selbstvermessung an Belohnungen bietet auf der einen Seite zwar einen
guten Anreiz, öffnet auf der anderen Seite allerdings der externen Steuerung von Verhalten Tür und Tor. Wenn bestimmte
Verhaltensweisen oder Werte gezielt zu einer Belohnung führen,
können wir schnell vom Fahrersitz unseres Lebens verdrängt
werden. Damit können die Vermessungstools nicht nur wertvolle Informationen liefern, sondern anreizgebunden und auf
verschiedene Ziele hin zu einer Verhaltenssteuerung von außen
führen. Zwar wäre diese Art der Kontrolle in Deutschland aktuell noch rechtswidrig, in einigen US-amerikanischen Firmen
ist das jedoch schon gängige Praxis.

Auch Henry hat sich sein neues Fitnessarmband mit hundert
Euro von seiner Krankenkasse bezuschussen lassen.
    »Und das machen die einfach so?«, frage ich.
    »An dem einen oder anderen Gesundheitskurs muss
man für das Bonusprogramm schon teilnehmen. Aber ist ja
nicht verkehrt. Ich finde, die sollten eigentlich auch mal die
Nutzung des Fitnesstrackers kontrollieren. Ist ja sonst witz-
los. Und am besten sollte gesundheitsförderliches Verhalten
auch gleich noch mit Beitragsrückzahlungen belohnt werden.« Henry schaut auf sein Armband, während wir an einem
Spielplatz vorbeigehen. Es ist ein sonniger Tag und wir haben
uns zu einem Spaziergang im Park verabredet.

»Findest du das nicht irgendwie unfair? Was ist mit denen, die krank oder verletzt sind? Das sucht man sich in der Regel ja nicht aus. Die können sich solche Rückzahlungen dann womöglich gar nicht verdienen. Ziemlich kritisch für eine Sozialstaatsleistung, oder nicht?«

Henry zieht die Augenbrauen zusammen und schüttelt den Kopf. »Ich finde es eher unfair, wenn ich anderer Leute Ignoranz oder Mangel an Selbstkontrolle bezahlen muss. Wie Juli Zeh in dem Artikel aus dem *Tagesanzeiger*, den du mir geschickt hast, schon richtig geschrieben hat, will ich doch nicht ›für die Raucherlungen, Säuferlebern und verfetteten Herzen irgendwelcher undisziplinierter Hedonisten aufkommen müssen‹«, echauffiert sich Henry.

»Ich glaube, das hat sie sarkastisch gemeint«, entgegne ich.

»Mir egal, ich find's irgendwie richtig. Soll doch jeder Mal ein bisschen Eigenverantwortung für seine Gesundheit übernehmen und für seine Laster bezahlen.«

»Das hebelt unser ganzes Solidaritätsprinzip aus. In einigen Fällen kann man doch gar nichts dafür, dass man krank ist, beziehungsweise wie willst du denn herausfinden, ob das nun wirklich eigenverschuldet war oder nicht?«

Als wir eine Runde im Park gegangen sind, wirft Henry einen Blick auf sein Armband und bedeutet mir, noch eine weitere Runde zu gehen. Auf meine Aussage antwortet er: »Wenn das Verhalten aller transparent ist, kann man das schon sagen. Dann sehe ich ja, ob sich jemand gesund verhalten hat und dann trotzdem krank geworden ist. Hast du eigentlich mal meinen alten Fitnesstracker ausprobiert, den ich dir gegeben habe?« Etwas beschämt schiebe ich den Ärmel meines Pullovers nach oben und entblöße das kleine Gerätchen. Henry zieht meinen Arm zu sich und drückt einen Knopf. »Guck an, heute erst 6000 Schritte. Da können wir ja auf jeden Fall noch eine Runde drehen, sonst liegst du mir auch noch auf der Tasche.«

Die Idee von Gesundheit als Marktwert und der Kopplung von vermessenem Gesundheitsverhalten an monetäre Anreize sehe ich sehr kritisch. Das bietet nicht nur viel Überwachungspotenzial, sondern raubt auch Solidarität und Freiheit das Fundament. Auf der anderen Seite kann ich Henrys Argumente der Fairness und Eigenverantwortung auch irgendwie nachvollziehen. Schwierig, denke ich.

Und dann ist da ja auch noch die Frage der Datensicherheit. Gerade die zwischen Körpersensoren und Smartphone ausgetauschten Daten sind alles andere als sicher. »Das liegt teilweise daran, dass eine Verschlüsselung zusätzlich Strom zieht bei Akkus, die ohnehin oft nach einem Tag erschöpft sind«, sagt der Informatiker Candid Wüest in einem Interview mit *SPIEGEL ONLINE*. Die Gesundheits-Apps auf dem Smartphone sind meist schlecht gesichert und können dazu noch persönliche Daten wie etwa Name und E-Mail-Adresse preisgeben.

Ich werfe selbst einen Blick auf mein Fitnessarmband, dann zu Henry. »Ach, mir reicht's. Ich werde den gesamten Rest des Sonntags mit Serien auf dem Sofa verbringen und Knabberkram in mich reinfuttern. Dazu gibt es bestimmt ein paar Longdrinks. Und weißt du was, ich werde mich nicht einmal schlecht dabei fühlen. Einfach nur, weil ich es kann.« Entrüstet und irgendwie ein bisschen nachsichtig, als hätte er es mit einem trotzigen Kind zu tun, schüttelt Henry den Kopf. Wäre doch gelacht, wenn ich mir von so einem Ding mein Leben diktieren ließe, denke ich und trete energisch den Heimweg an.

Wenden wir uns lieber einem Bereich zu, in dem die guten Seiten der Selbstvermessung ganz klar überwiegen. So sind Gesundheitsparameter für die medizinische Forschung im Zusammenhang mit Prävention, Früherkennung und Therapie, einschließlich der Möglichkeiten personalisierter Medizin, von unschätzbarem Wert. Es gibt eigene soziale Netzwerke, die das Ziel verfolgen, gesundheitsbezogene Informationen zu teilen und als *Crowdsourcing*-Projekt dem Gemeinwohl zur Verfügung zu stellen. Auf Plattformen wie HealthMap werden Betroffene oder Personen im Umfeld von Betroffenen gebeten, Infektionskrankheiten mit entsprechender Lokalisation zu teilen, um ein Warnsystem für den Ausbruch von Infektionskrankheiten zu schaffen. Auf anderen Seiten wie beispielsweise PatientsLikeMe.com können Mitglieder mit einer bestimmten Erkrankung Symptome, eigene Messwerte und Behandlungsmöglichkeiten mit anderen Betroffenen teilen.

Auch die Datengenerierung aus digitalen Patienteninformationen, Suchmaschinenanfragen oder Inhalten in sozialen Netzwerken werden als Chance zur Prävention und Gesundheitsförderung im Bereich E-Health gesehen. Mit Google Flu Trends wurden beispielsweise die Google Suchanfragen aus 25 Ländern genutzt, um Grippeausbrüche in Echtzeit vorherzusagen. Dabei ging man davon aus, dass Menschen, wenn sie von Grippe betroffen sind, viel häufiger damit assoziierte Begriffe und Phrasen bei Google eingeben, wodurch sich regionale Häufungen ergeben, wenn dort tatsächlich eine Grippewelle rollt. Über das normale Prozedere, bei dem man auf die Rückmeldung der Ärzte wartet, dauert die Identifikation eines Ausbruchs ein bis zwei Wochen. Die Idee war definitiv gut, die Genauigkeit schwankte jedoch. Als das generelle öffentliche Interesse an Grippe 2011 bis 2013 zum Beispiel stieg, überschätzte Google Flu Trends das tatsächliche Auftreten der Erkrankung. Denn es informierten sich auch viele Menschen, die nicht betroffen waren, online über das Thema.

Wenn wir über Gesundheit und Quantifizierung reden, sind der Begriff der Gesundheitsökonomie und die unangenehme Frage, was Gesundheit eigentlich wert ist, nur einen Steinwurf entfernt. Dabei bewegen wir uns im Spannungsfeld zwischen gesundheitlicher Versorgung und Wirtschaftlichkeit sowie der gerechten Verteilung von Gesundheitsleistungen. Definitiv kein einfaches Terrain und doch gibt es in diesem Bereich einen Ansatz, mit dem Ökonomen Gesundheit einen echten Geldwert zuordnen.

Einfach nur die Verlängerung der Lebenszeit als Grundlage zur Kosten-Nutzen-Abrechnung heranzuziehen, wäre wahrscheinlich wenig hilfreich, da ein langes Leben in Krankheit nicht unbedingt besser ist als ein kürzeres, aber sehr gesundes Leben. Um nun die gewonnenen Lebensjahre in Beziehung zum Gesundheitszustand zu setzen, hat man das Konzept des Quality-Adjusted Life Year (QALY), also qualitätskorrigiertes Lebensjahr geschaffen. Die gesundheitsbezogene Lebensqualität wird mit einem Wert zwischen 0 (Tod) und 1 (sehr gesund) angegeben. Indem man diesen Wert mit den Lebensjahren multipliziert, erhält man ein Äquivalent für die Lebensjahre in völliger Gesundheit. Ziel dieses Ansatzes besteht letztlich darin, etwas Immaterielles wie die Gesundheit in verrechenbare Zahlen umzuwandeln, um Kosten-Nutzen-Analysen durchführen zu können. So lassen sich etwa verschiedene Behandlungsmöglichkeiten gegeneinander abwägen beziehungsweise überhaupt mit einem Zahlen-»Wert« belegen.

Wenn durch eine Chemotherapie das Leben eines Krebspatienten etwa um ein halbes Jahr verlängert werden kann, dieser aber durch die entstehenden Nebenwirkungen sein Wohlbefinden mit 0,7 einstuft, wäre das ein QALY-Wert von 0,35

Jahren in bester Gesundheit, also ungefähr vier Monate. In Großbritannien beispielsweise wird einem QALY zudem ein direkter Geldwert zugeordnet, zwischen 20 000 und 30 000 Pfund. Ein gesundes Lebensjahr ist also 30 000 Pfund, umgerechnet etwa 35 000 Euro wert. Und nun kommen wir zum Knackpunkt: Alles über 30 000 Pfund an Investitionen in ein zusätzliches QALY wird als kosteninoffizient bewertet. Würde etwa eine notwendige Behandlung 50 000 Pfund kosten und mir damit zwei zusätzliche gesunde Lebensjahre bescheren, wäre das ökonomisch vertretbar. Bei 70 000 Pfund an Behandlungskosten sähe das dann aber schon anders aus. Dann müsste man sich fragen, ob ich die Kosten wert bin. Eine gruselige und doch berechtigte Diskussion, wenn es um die gerechte Verteilung von Ressourcen geht.

## Was ist ein Menschenleben wert?

Der Gedanke daran, dass ich berechenbar bin, und zwar nicht nur im Sinne von Erkenntnissen über meine Vorlieben, Einstellungen und mein Verhalten, sondern wortwörtlich berechenbar und mit Geld aufzuwiegen, beschäftigt mich. Die Betrachtung der eigenen Gesundheit als Marktwert führt mich zu Ende gedacht zu der Frage, was eigentlich ein Mensch in einer zahlengestützten und kapitalistischen Welt wert ist – meine Daten ja offensichtlich eine ganze Menge, aber wie sieht es mit meinem Körper aus? Um der Frage nachzugehen, komme ich nicht umhin, mich dem Wertgeber unserer Zeit schlechthin zu widmen, nämlich dem Geld. Nicht nur die Länder dieser Welt werden mit ökonomischen Werten, wie etwa dem Bruttoinlandsprodukt oder dem marktwirtschaftlichen Anteil der Im- und Exporte beschrieben, auch einzelnen Menschen wird immer häufiger ein wirtschaftlicher und/oder gesellschaftlicher Wert zugewiesen. Denn das kapitalistische Credo »je mehr, desto besser« gibt vor allem ein Ziel vor: stete Verbesserung. Im Kapitel zur Selbstvermessung haben wir das bereits kennengelernt, denn auch sie wird in den meisten Fällen mit dem Ziel der Optimierung betrieben und das immer häufiger ohne anvisierten Endzustand. Es geht, genauso wie in der kapitalistischen Wirtschaft, um immer weiteres Wachstum.

Wie unangemessen eine totale Ökonomisierung des menschlichen Lebens ist, wird nicht zuletzt im sozialen Bereich und der Wohlfahrt deutlich. Hier werden Krankenhäuser zu kapitalistischen Unternehmen und Altenpflege wird im Minutentakt abgerechnet. Nicht umsonst fordert der Sozialfunktionär und Geschäftsführer des Deutschen Paritätischen Wohlfahrtsverbandes Ulrich Schneider in seinem Buch gegen die Ökonomisierung des Sozialen *Mehr Mensch!*

Seit den Sechzigerjahren streckte die Marktgläubigkeit ihre Finger ganz allmählich in Richtung des Wohlfahrtssektors aus. Ging es anfangs noch um die Frage der Effektivität, also ob soziale Arbeit etwas bringt, kam in den Achtzigerjahren die Frage nach der Effizienz auf, sprich ob das Ganze denn nicht auch etwas billiger ginge und die Kosten-Nutzen-Rechnung nicht besser gestaltet werden könne. Den Eintritt ins wirkliche Marktgeschehen fand, wie Schneider beschreibt, in den Neunzigerjahren statt, als schließlich die Frage nach dem Mehrwert gestellt wurde, nämlich ob es über die Versorgung Bedürftiger überhaupt einen Wert für diejenigen hat, die nicht bedürftig sind. Die altruistische Überzeugung, dass es per se wertvoll ist, Menschen, die Hilfe brauchen, einfach zu helfen, geriet ins Wanken. Zwar sei es schon irgendwie ganz gut und wertvoll, Bedürftigen zu helfen, aber zum Glück fanden Experten noch einen echten Wert dahinter, nämlich wirtschaftliches Wachstum und ökonomische Vorteile. Von ideellen Werten kann man sich ja schließlich nichts kaufen.

Dass dieser Mehrwertgedanke höchst irrsinnig ist, lässt sich eigentlich mit normalem Menschenverstand begreifen. Dass ein Sterbebegleiter keinen wirtschaftlichen Nutzen generiert, liegt auf der Hand. Oder dass die Pflege eines Neunzigjährigen nicht zur Rehabilitation eines produktiven Gesellschaftsmitglieds führt ebenso. Doch reine Nächstenliebe ist uns heutzutage offenbar nicht mehr viel wert. Die Betriebswirtschaft mit ihren naturgemäß auf Wirtschaftlichkeit abzielenden Zahlen und Daten ist zur gestaltenden Wissenschaft der Gesellschaft geworden. »Nie hatten wir bis dahin in der Bundesrepublik Deutschland den Fall, dass eine einzige wissenschaftliche Disziplin – und dann auch noch von einer ganz spezifischen Ausrichtung – so dominierte mit ihren Deutungsangeboten für das, was in dieser Gesellschaft passiert, und mit ihren Vorschlägen, wie diese Gesellschaft zu gestalten und weiterzuentwickeln sei«, schreibt Schneider. Die Zwangsreligion des Kapitalismus hat nicht unwesentlich zur Zahlengläubigkeit unserer Gesellschaft beigetragen.

Der ökonomische Gedanke hat die Deutungshoheit jedes menschlichen Aspektes an sich gerissen. Bei jedem Verhalten, jeder Entscheidung schwingt der Gedanke einer monetären Nutzenabwägung und Profitorientierung mit; egal ob Kriminalität, Gesundheitsverhalten oder Sozialstaat.

Im Jahr 2004 zum Unwort des Jahres gewählt treibt auch der Begriff des »Humankapitals« die Ökonomisierung jeglichen Lebensbereichs weiter voran. Die Bundeszentrale für politische Bildung definiert Humankapital als »die Summe der wirtschaftlich nutzbaren Fähigkeiten, Kenntnisse und auch Verhaltensweisen der Erwerbsbevölkerung einer Volkswirtschaft«. Kosten, die für Erziehung und Bildung anfallen, sind demnach Investitionen in das Humankapital einer Gesellschaft oder auch innerhalb eines Unternehmens. Diese Investitionen ermöglichen es Menschen demnach, für die Gesellschaft produktiv tätig zu sein. Die Bundeszentrale für politische Bildung vergleicht diesen Vorgang mit der Urbarmachung von Boden. Erst danach lässt sich dieser wirtschaftlich und gewinnorientiert nutzen. Schöne Welt: der Mensch als reiner Produktionsfaktor.

Mit dem Begriff des Humankapitals werden auch immaterielle Eigenschaften von Menschen zum Bestandteil einer betriebswirtschaftlichen Gleichung. Mit einem ähnlichen Begriff, dem des Humanvermögens, wird in Unternehmen die »Gesamtheit der Leistungspotenziale, die Arbeitnehmer einem Unternehmen zur wirtschaftlichen Nutzung zur Verfügung stellen (Arbeitszeit, Leistungsfähigkeit, Motivation)« bezeichnet. Den Erfahrungen und Fähigkeiten von Mitarbeitern wird damit ein direkter Geldwert zugewiesen, den man steigern kann und der als Gewinnfaktor und Wettbewerbsvorteil eine rein ökonomische Bedeutung hat.

Und jetzt nähern wir uns der Masterfrage: Wollen Sie wissen, was Sie ganz konkret wert sind? Der Journalist Jörn Klare begibt sich in seinem Buch *Was bin ich wert? Eine Preisermittlung* auf die Suche nach dem Wert eines oder zumindest seines Menschenlebens. Die Ansätze zur Ermittlung des Geldwertes für ein Leben oder Teile eines Menschen sind dabei vielfältig. Sie reichen von Schmerzensgeldern über den Wert eines statistischen Lebens und das Humankapital bis hin zum Sachwert unseres Körpers mit Organen und Geweben. In einer 2008 veröffentlichten Studie untersuchten österreichische Wissenschaftler den Geldwert des Menschen anhand von Schmerzensgeldzahlungen in Deutschland und Österreich und kamen auf einen mittleren Gesamtwert von 1,7 Millionen Euro. Dabei sind unsere Beine scheinbar noch am meisten wert, nämlich im Schnitt mehr als eine halbe Million. Für eine kaputte Psyche gibt es einen Schadensersatz von durchschnittlich 82 373 Euro, für Geschlechtsorgane 30 247 Euro, für unseren Kopf immerhin 110 846 Euro, und da dieser ohne Rücken nicht viel bringt, gibt es für den im Schnitt sogar 226 445 Euro. Für etwa 1,7 Millionen Euro erhält man also einen voll funktionsfähigen Menschen. Dabei liegt die Bandbreite zwischen 618 099 und 5 254 500 Euro.

Günstiger könnte es beispielsweise werden, wenn man statt eines jungen Familienvaters mit Job eine alte Oma mit Krebs im Endstadium erwischt und zu Schadensersatz verklagt wird. Menschenleben scheint nicht gleich Menschenleben. Die Methoden der menschlichen Preisermittlung sind vielfältig. Neben den Schmerzensgeldzahlungen ist in der Ökonomie vor allem der sogenannte »Wert eines statistischen Lebens« als Rechnungsgröße verbreitet. Um Kosten-Nutzen-Rechnungen etwa für Sicherheitsmaßnahmen am Arbeitsplatz, im öffentlichen Verkehr oder dergleichen anstellen zu können, bedarf es einer Geldsumme, die als Nutzen den geplanten Ausgaben gegenübergestellt werden kann. Dafür nutzt man den Wert eines statistischen Lebens, welcher sich mit unterschiedlichen Methoden berechnen lässt. Beispielsweise werden Menschen gefragt, wie viel sie zahlen würden, um das Risiko auszuschließen, zufällig als einer von 10 000 Menschen zu sterben. Den erhaltenen Durchschnittswert teilt man dann durch das Todesrisiko. Wenn die Befragten also im Schnitt tausend Euro dafür bezahlen würden, um in einem Fußballstadion mit 10 000 Zuschauern nicht zufällig zum Sterben ausgewählt zu werden, würde sich der Wert eines statistischen Lebens auf zehn Millionen belaufen (1 000:1/10 000).

Eine andere Berechnungsmöglichkeit bieten Lohn-Risiko-Studien. Hierbei wird untersucht, ab welcher Lohnerhöhung Arbeitnehmer ein höheres Unfallrisiko in ihrem Beruf in Ordnung finden. Das lässt sich dann ins Verhältnis zum konkreten Risiko setzen und damit der Wert eines statistischen Lebens berechnen. Hier kommt man nach aktuellen Studien auf drei bis vier Millionen Euro für ein deutsches Leben. Laut Bundesanstalt für Straßenwesen würde unserer Volkswirtschaft fast eine Million Euro für einen im Straßenverkehr getöteten Menschen entgehen.

Lassen sich derartige Überlegungen als Wertbezifferung eines Menschenlebens verstehen? Der klassische Produktivitätsansatz zur Bestimmung des Wertes eines Menschen wird in Anbetracht von Fußballergehältern im oberen zweistelligen

Millionenbereich in jedem Fall zu absurd, um ihn hier ernsthaft zu diskutieren.

Daher zurück zum Humankapital. Dieses lag 2002 im Durchschnitt bei 230 000 Euro pro Person. Dieser Wert berechnet sich aus allen Zahlungen, die der Staat, die eigenen Eltern und man selbst in Bildung investiert. Während ein Studium der Betriebswirtschaftslehre dabei ein Renditeplus von 4,51 Prozent ergibt, hat die Gesellschaft bei einem Germanistikstudium etwa ein Renditeminus von 6,76 Prozent zu tragen. Im Sinne einer volkswirtschaftlichen Kosten-Nutzen-Rechnung wäre so ein Germanistikstudent eigentlich wenig nützlich und nicht besonders viel wert. Klingt irgendwie falsch und unethisch? Ist es auch.

Ein paar Zahlen, die Jörn Klare in seinem Buch *Was bin ich wert? Eine Preisermittlung* zusammengestellt hat, habe ich aber noch. So könnte Ihr toter Körper für die Gewebeverwertung eine Viertelmillion Dollar einbringen. Aus dem Ersatzteillager Mensch lassen sich etwa Bänder, Sehnen, Muskelhüllen, Knorpelgewebe, Knochen, Herzklappen oder Augenhornhäute weiterverwenden. Letzteres kostet beispielsweise 1479

Euro, eine Achillessehne etwa 800 Euro und ein Gehörknöchelchen um die 400 Euro. Noch wertvoller sind Ihre Organe. Auf der offiziellen Warteliste für Organtransplantationen stehen in Deutschland etwa 12 000 Menschen, jedoch können jedes Jahr nur gut 4000 Transplantationen durchgeführt werden. Der Schwarzmarkt boomt. Wohlhabende Kranke kaufen sich in Osteuropa und Asien die dringend benötigten Organe und lassen sich noch vor Ort operieren. Viel springt dabei für die Spender meist nicht raus. Für eine Niere auf dem illegalen Markt bekommen Inder vielleicht 700 Euro. Menschenrechtsorganisationen gehen davon aus, dass in China ganze 90 Prozent der transplantierten Organe von zum Tode verurteilten Hinrichtungsopfern stammen. Im Iran kann man seit über 20 Jahren seine Niere sogar ganz legal verkaufen. Dafür gibt es 1200 Dollar und ein Jahr Krankenversicherung. Wahnsinn. Hierzulande würden viele vermutlich noch viel mehr Geld für lebensnotwendige Organe auf den Tisch legen.

Mal ganz abgesehen von methodischen Problemen bei derartigen Preisermittlungen sträubt sich in mir alles gegen den Gedanken einer direkten Zuordnung eines Geldwertes zu einem Menschenleben. Doch das ist vielleicht haltlos idealistisch. In einer Welt, in der Geld universelles Tauschmittel ist und Vergleichbarkeit und Gerechtigkeit geschaffen werden sollen, kommt man offenbar nicht umhin, diese irgendwie auch mit Geld aufzuwiegen. Aber der Gedanke, dass jeder Mensch unbezahlbar kostbar ist, fühlt sich deswegen nicht weniger richtig an.

# WARUM 1 + 1 GLEICH 3 IST

Puh! Ganz schön aufwühlend, die Frage, was ein Menschen-leben eigentlich wert ist. Beschäftigen wir uns für einen Au-genblick deshalb mit einem emotional weniger belasteten The-ma, nämlich der Frage, wie eigentlich aus der Ansammlung von Daten in Form einfacher Zahlen bedeutungshaltige Infor-mationen werden. Das ist gar nicht so banal, wie es zunächst scheint. Denn am Anfang stehen riesige Zahlenansammlun-gen. Ich kenne das noch aus meiner Zeit als wissenschaftliche Mitarbeiterin. Da haben wir fleißig Daten etwa mit Hilfe von Fragebögen und Fitnesstests gesammelt und hatten dann einen großen Datensatz, in dem alle Antworten und Messungen durch Zahlen repräsentiert waren. Egal, wie weit man in diese Zahlen rein oder aus diesen Zahlen herauszoomte, irgendwel-che Schlussfolgerungen daraus zu ziehen, wäre völliger Quatsch gewesen. Daher nutzten wir statistische Verfahren, um Muster zu erkennen. Einfaches Beispiel sind Mittelwerte, die man für die gesamte Personengruppe, aber auch Teilmengen, errech-nen kann. Komplexer wird es dann zum Beispiel mit statisti-schen Mittelwertvergleichen zwischen Gruppen, Korrelationen oder Regressionen, um Zusammenhänge zu bestimmen. Das sind im Endeffekt mathematische Verfahren, um aus den rei-nen Zahlen inhaltliche Bedeutung zu gewinnen. Und genau das wird auch mit den Datenmassen außerhalb der Wissen-schaftsbüros gemacht.

Die hierfür notwendige systematische Anwendung von computergestützten Berechnungsmethoden nennt sich Data-

Mining. Also der Bergbau in der digitalen Welt. Anstatt Eisenerz oder Steinkohle abzubauen, werden Bedeutungen aus den Datenminen gewonnen. Hier kommen Methoden aus der Mathematik, Statistik und Informatik gemeinsam zum Einsatz.

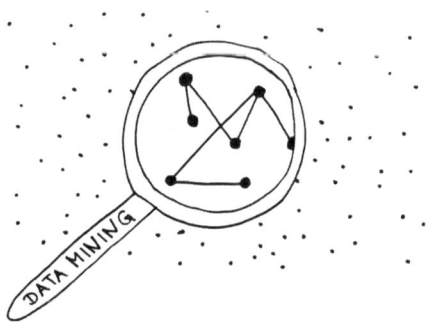

Zu den wichtigsten Data-Mining-Methoden gehören:

- Clusteranalyse: Hierbei wird versucht, größere Datenmengen anhand vorher festgelegter Merkmale in kleinere Gruppen (Cluster) zu unterteilen. So lassen sich beispielsweise Kunden in Gruppen mit bestimmten Eigenschaften einteilen und für diese dann jeweils gezielte Werbung schalten.

- Klassifikation: Auch bei der Klassifikation geht es darum, Daten in Gruppen zu unterteilen, allerdings sind hier die Gruppen (Klassen) bereits vorgegeben. Im einfachsten Fall sind das Auswahlverfahren, etwa die Entscheidung zwischen geeigneten und nicht geeigneten Bewerbern anhand verschiedener Kriterien.

- Zusammenhangsanalyse: Die Daten werden hierbei nach Zusammenhängen untersucht, das heißt, man schaut, welche Merkmals- beziehungsweise Datenkombinationen besonders häufig gemeinsam auftreten. In Online-Shops wird etwa geschaut, welche Produkte häufig zusammen im Warenkorb landen. Aus Zusammenhangsanalysen lassen sich Wenn-dann-Regeln ableiten, beispielsweise: Wenn Produkt A gekauft wird, dann wahrscheinlich auch Produkt B (und umgekehrt).

- Vorhersagemodelle: Hierbei wird versucht, ein mathematisches Modell zu erstellen, mit dessen Hilfe man aus bestimmten Variablen eine Zielgröße in der Zukunft vorhersagen kann. Wenn es beispielsweise um die Vorhersage gewinnbringender Aktien geht, versuchen Analysten andere Kriterien in der Gegenwart heranzuziehen, um auf deren Grundlage Zukunftsprognosen zu treffen.

Das sind nur die häufigsten Methoden des Data-Minings. Sie lassen sich auch kombinieren. So werden etwa Vorhersagemodelle, die man für einzelne Cluster oder Klassen aufstellt, häufig genauer als jene, die für die Gesamtheit an Personen erstellt wurden. Data-Mining wird in der Regel in Zusammenhang mit Big Data verwendet, kann aber auch für kleinere Datensätze benutzt werden, da der Begriff im Endeffekt den Ablauf zur Gewinnung von Erkenntnissen aus Daten beschreibt. So werden aus Daten Informationen. Denn einzelne Daten liefern meist noch nicht viel Sinn. Wenn man sie allerdings miteinander in Beziehung setzt und den Kontext ebenfalls berücksichtigt, erlangen sie Bedeutung. Dann wird aus einer Reihe Einzelinformationen über uns tatsächlich mehr als die Summe der Teile; dann werden aus Nullen und Einsen bedeutungshaltige Informationen.

Doch bevor wir uns anschauen, welche Informationswellen dieses Datenmeer schlagen kann, sollten wir uns vielleicht noch einen Begriff genauer ansehen, der damit in enger Verbindung steht.

## Algorithmen – die künstliche Intelligenz von heute

Bei meiner Recherche für dieses Buch bin ich immer wieder auf ein Stichwort gestoßen: Algorithmus. Algorithmen sind ganz entscheidend, um aus unseren Daten Informationen herzustellen. Im *Gabler Wirtschaftslexikon* wird ein Algorithmus als »Lösungsverfahren in Form einer Verfahrensanweisung, die in einer wohldefinierten Abfolge von Schritten zur Problemlösung führt« definiert. Einfache Beispiele stellen die Berechnung des Body-Mass-Index, Gebrauchsanweisungen und Bastelanleitungen dar. Durch zuvor klar festgelegte Schritte kommt man von einem Ausgangszustand mit Eingabedaten zu einem Endzustand mit Ausgabedaten. Mittlerweile sind die digitalen Algorithmen allerdings weitaus komplexer geworden und stecken in einer Vielzahl technischer Geräte und Anwendungen. Die automatische Korrektur von Rechtschreibfehlern in Word erledigt beispielsweise ein Algorithmus. Auch Partnervorschläge auf Singlebörsen im Internet kommen von Algorithmen. Den kürzesten Weg findet unser Navi ebenfalls – Sie erraten es – durch den Einsatz von Algorithmen.

Algorithmen sind also quasi überall. Die Ergebnisse einer Umfragestudie der Bertelsmann-Stiftung aus dem Frühjahr 2018 legt allerdings nahe, dass fast die Hälfte der Deutschen mit dem Begriff des Algorithmus überhaupt nichts anfangen kann. Fatal, wenn man bedenkt, welche Rolle diese schon heute in unserem alltäglichen Leben spielen und vor allem in Zukunft spielen werden. Sie wählen für uns potenziell passende Werbungen im Internet aus, machen uns Vorschläge, welche Produkte wir wahrscheinlich sehr gut finden würden, welche Inhalte wir in sozialen Netzwerken bevorzugt lesen wollen, welche Partnervorschläge unserem Idealbild am nächsten kommen, welche Versicherungsprämien wir bezahlen oder wie viele Kalorien wir über den Tag verbrauchen. Hinter all diesen Dingen stecken Algorithmen. Sie unterstützen Menschen bei der Entscheidungsfindung oder treffen Entscheidungen sogar selbst. In komplexen Systemen interagieren Algorithmen auch miteinander und laufen autonom ohne menschliche Kontrolle ab. In dieser Konstellation können sie für Menschen undurchschaubar werden und sich mehr oder weniger verselbstständigen.

Sie können die nachfolgende Liste, die in der Bertelsmann-Studie Verwendung fand, ja einmal selbst durchgehen und überlegen, ob Sie gewusst hätten, dass in diesen Bereichen Algorithmen Entscheidungen treffen, Bewertungen vornehmen und/oder Menschen dabei unterstützen. Auf der rechten Seite befindet sich jeweils der Prozentsatz der Befragten, die sich sicher waren, dass Computerprogramme in diesem Bereich mithilfe von Algorithmen bei der Entscheidungsfindung helfen oder diese selbst betreiben. Im Anschluss schauen wir uns einige Fälle davon noch genauer an.

| Bereiche, in denen Algorithmen Entscheidungen treffen, Bewertungen vornehmen und/oder Menschen dabei unterstützen | Prozentsatz der Befragten, die sich sicher waren, dass Algorithmen daran beteiligt sind |
|---|---|
| Individuelle Auswahl an Werbung, die man als Internetnutzer angezeigt bekommt | 55 Prozent |
| Auswahl von möglichen Partnern bei Singlebörsen im Internet | 52 Prozent |
| Gesichtserkennung bei der Videoüberwachung | 50 Prozent |
| Individuelle Auswahl an Nachrichten und aktuellen Meldungen, die man als Internetnutzer angezeigt bekommt | 49 Prozent |
| Bewertung der Kreditwürdigkeit, also ob jemand einen Kredit bekommt oder nicht | 48 Prozent |
| Rechtschreib- und Satzbaukontrolle bei der Textverarbeitung | 46 Prozent |
| Auswahl der besten Reiseroute | 43 Prozent |
| Erstellen von Wettervorhersagen | 42 Prozent |
| Möglichst effiziente Ausnutzung und Verwaltung von Lagerraum in Lagerhallen | 40 Prozent |
| Handel mit Aktien | 40 Prozent |
| Festlegung der Preise von Produkten, Reisen oder Flügen auf Internetplattformen | 37 Prozent |
| Vorauswahl von Bewerbern anhand bestimmter Kriterien wie Noten oder Berufserfahrung | 35 Prozent |
| Planung von Polizeieinsätzen durch Berechnung, welche Gebiete einbruchsgefährdet sind | 32 Prozent |
| Auffinden von Unregelmäßigkeiten in Steuererklärungen | 32 Prozent |
| Diagnose von Krankheiten anhand bestimmter Symptome | 28 Prozent |
| Beurteilung des Risikos, ob ein Straftäter rückfällig wird | 18 Prozent |

*Quelle: Bertelsmann Stiftung (2018)*

Außerdem wurden die Teilnehmer der Bertelsmann-Studie zu ihrer Einstellung gegenüber Algorithmen befragt. Das Ergebnis: Für sie standen vor allem die pragmatischen Vorteile, aber auch die Risiken im Mittelpunkt. Durchaus nachvollziehbar. Auf der einen Seite treffen Algorithmen in vielen Fällen schnellere und effizientere Entscheidungen. Zudem laufen sie stets standardisiert, das heißt, nach den immer gleichen Schritten ab, was sie in der Hinsicht objektiver macht als menschliche Abwägungs- und Beurteilungsprozesse.

Auf der anderen Seite gibt es berechtigte Bedenken bei der Verwendung von Algorithmen in Bezug auf menschliche Entscheidungsfindung. So fürchteten die Befragten vor allem die Macht derer, die Algorithmen programmieren, sowie infolgedessen Missbrauch und Manipulation. Ethische Vorzüge sahen hingegen nur sehr wenige der Befragte im Einsatz von Algorithmen. So stimmten nur 17 Prozent der Aussage zu, dass Algorithmen nachvollziehbarere Entscheidungen treffen würden, und nur 13 Prozent, dass die Entscheidungen von Algorithmen gerechter seien als die von Menschen.

Man könnte nun denken, dass diese Einschätzungen vielleicht nur vom Wissensstand der Befragten abhingen. In der Studie wurden jedoch die Ergebnisse derer, die eine Vorstellung davon haben, was Algorithmen sind, gesondert betrachtet. Sie zeigten ein vergleichbares Bild, auch wenn diese Personen neben den Risiken die Chancen höher einstuften als diejenigen mit wenig Vorwissen. Interessanterweise waren sich die meisten jedoch darüber einig, dass sie lieber von Menschen – egal wie subjektiv und verzerrt die Urteile auch sein mögen – bewertet werden möchten als von Algorithmen, die vermeintlich sachliche Entscheidungen treffen.

Was passiert aber, wenn diese noch relativ »einfachen« Algorithmen weiterentwickelt werden? Wenn sie nicht nur Präferenzen erkennen, sondern auch komplexe Entscheidungen treffen oder gar aus ihren Fehlern lernen? Dann landen wir ziemlich schnell bei der künstlichen Intelligenz.

Wenn wir von künstlicher Intelligenz sprechen, haben viele durch Hollywood und Science-Fiction-Literatur das Bild einer Maschine mit echtem Bewusstsein vor Augen. Diese »starke« künstliche Intelligenz ist noch Zukunftsmusik. Allerdings verfügen viele moderne Elektrogeräte bereits über eine »schwache« künstliche Intelligenz. Im Endeffekt geht es bei dieser Form der künstlichen Intelligenz um das Treffen von Entscheidungen in mehrdeutigen Situationen, die vom Menschen so nicht vorprogrammiert wurden.

Schwache künstliche Intelligenzen können Muster erkennen, Vorhersagen von unsicheren Ereignissen anstellen oder Entscheidungen unter komplexen Bedingungen treffen. Dabei spielen Aspekte des Lernens und der Umgang mit wahrscheinlichkeitsbasierten Informationen eine zentrale Rolle. Schwache künstliche Intelligenzen simulieren intelligentes Verhalten über mathematische Mittel, im Wesentlichen sind sie lernende Algorithmen. Man füttert sie mit großen Datenmengen, die sie nach Mustern und Regelmäßigkeiten durchstöbern. Mit der Zeit werden diese Muster mit Ergebnissen verknüpft und der Algorithmus lernt regelrecht, Beziehungen innerhalb der Daten zu erkennen. Das macht Dinge möglich, die vor einigen Jahrzehnten noch für ziemlich unrealistisch gehalten wurden.

Einem Computer durch altbekanntes Programmieren das Lesen, geschweige denn das Verstehen gesprochener Sprache beizubringen, ist zum Beispiel nahezu unmöglich. Zwar hat jede Sprache ihre Grammatik, doch eben auch mehr als genug Ausnahmen, die alle einzeln programmiert werden müssten. Hinzu kommen subtile Sprachmerkmale wie Sarkasmus oder Umgangssprache. Beim gesprochenen Wort sind die Abweichungen in der Aussprache zwischen Menschen so gravierend, dass die Spracherkennung über reine Programmierarbeit nicht zu leisten sind. Schwache künstliche Intelligenzen und das Internet brachten hier den Durchbruch. Sie greifen auf eine unfassbar große Datenbank geschriebenen Wortes im World Wide Web zurück und nutzen diese Daten, um Muster und Beziehungen und schließlich Sprachen zu lernen. Das Konzept des Deep Learning (Englisch für tiefes Lernen) verhalf der aktuellen künstlichen Intelligenz zu ihrem Siegeszug. Es handelt sich dabei um die Simulation neuronaler Netze in Anlehnung an das menschliche Gehirn. Dabei gibt es – wie der Name schon verrät – mehrere Tiefenschichten, auf denen die Datenverarbeitung stattfindet, und so lassen sich diese künstlichen Intelligenzen mit Datenbergen trainieren, um dann selbstständig Entscheidungen treffen zu können.

Algorithmen lösen Probleme in einem sehr eng umgrenzten Bereich und das genauso gut beziehungsweise teilweise sogar besser als Menschen. Effizienter sind sie dabei in jedem Fall, aber eben nur auf einem kleinen Gebiet. So kann eine schwache künstliche Intelligenz, die gelernt hat, den richtigen Liebespartner zu erkennen, nicht auch gleichzeitig den richtigen Jobanwärter herausfiltern. Dafür müsste man sie für diesen Bereich neu programmieren und trainieren. Dabei ist das Ziel, etwa die passende Partner- oder Bewerberauswahl, sowie die Bedingungen der Entscheidungsfindung von Menschen vorgegeben. Die Algorithmen der schwachen künstlichen Intelligenz arbeiten jedoch nicht nur vorher festgelegte Wege ab, sondern lernen aus dem Material, mit dem man sie füttert, um schließlich selbst Entscheidungen in ganz neuen Situationen in diesem Bereich zu treffen. In Zukunft sollen sie auch zu Kreativität, Emotionen und Empathie fähig sein. Zumindest Emotionen können sie schon heute sehr zielsicher in Gesichtern von Menschen erkennen.

Schwache künstliche Intelligenzen wurden beispielsweise schon sehr erfolgreich im medizinischen Bereich getestet. Dort hat man sie unter anderen mit Bildmaterial von Hautkrebs und gesunden Leberflecken gefüttert, bis der Algorithmus das Unterscheidungsmuster so gut wie ein echter Hautarzt gelernt hatte und Diagnosen genauso gut, aber um ein Vielfaches schneller treffen konnte. Schwache künstliche Intelligenzen, die gelernt haben, Lippen zu lesen, sind fast doppelt so genau wie Menschen. Während sie über 90 Prozent der Worte richtig erkennen, schaffen es menschliche Lippenleser gerade mal auf etwa 50 Prozent. Ein weiteres Beispiel ist die künstliche Intelligenz Watson von IBM, benannt nach dem ersten Präsidenten des Unternehmens. Berühmt wurde der gute Watson durch seine Teilnahme an der Quizsendung *Jeopardy!*, in der er zwei

*Jeopardy!*-Rekordspieler überlegen schlagen konnte. Bei *Jeopardy!* werden Antworten in Form eines Satzes beschrieben und die Kandidaten müssen innerhalb von fünf Sekunden die korrekte Frage dazu stellen. Für künstliche Intelligenzen ist das gar nicht trivial, weil es eben nicht nur um die Reproduktion von Fakten geht. Sie stehen dabei vor verschiedenen Aufgaben, da sowohl die Fragen als auch die Antworten in natürlicher Sprache formuliert und meist mehrdeutig sind. Außerdem müssen verschiedene Fakten miteinander verknüpft werden. Nachdem Watson mit diversen Wörterbüchern und Enzyklopädien gefüttert worden war, ist er in der Lage gewesen, ohne Internetverbindung menschliche Kandidaten zu schlagen.

Apropos künstliche Intelligenz: Henry hat mich für den nächsten Tag zu sich zum Essen eingeladen. Er wolle seine neueste Technikerrungenschaft einweihen und für uns kochen. Haha, dachte ich mir, Henry und Kochen? Das will ich sehen, wird bestimmt lustig. Also habe ich zugesagt.

Es ist 18 Uhr des Folgetages und ich klingle an Henrys Tür. Das kleine rote Lämpchen an der schräg über mir angebrachten Kamera leuchtet auf. Dann gibt es ein Klicken und Henrys Stimme ertönt. »Du bist zu spät«, sagt er mahnend. Okay, es ist nicht 18 Uhr, sondern 15 Minuten später. Er lässt mich trotzdem rein. Sobald ich den Flur seiner Wohnung betrete, erhellen sich die LED-Streifen am Deckenrand. Henry ist nicht zu sehen.

»Ich bin in der Küche«, ruft er. Ich ziehe meine Schuhe aus und tätschle kurz den kleinen Staubsaugroboter, der friedlich in seiner Ladestation neben der Garderobe schläft. Ich habe ihn irgendwann einmal Apollon getauft und mit der Zeit eine persönliche Beziehung zu ihm aufgebaut. Ich mag den kleinen Kerl und er mich. Manchmal bringe ich extra viele Dreckklumpen von draußen mit, damit er mal ordentlich was zum Spielen hat.

Ich gehe zu Henry in die Küche. Auf dem Display am Kühlschrank läuft ein Erklärvideo, in dem ein Mann mittleren Alters und mit Glatze Zutaten in ein Gerät wirft und dabei penetrant lächelt. Henry tut es ihm gleich.

»Hey, brauchst du Hilfe beim Schnippeln oder so?«, frage ich, um mich irgendwie nützlich zu machen.

»Nein«, sagt Henry stolz, »das macht ja alles mein neuer Thermomix. Mit dem kann selbst ich kochen. Ich muss mich nur genau an das Rezept halten.«

»Na, Regeln sind doch genau dein Ding. Ich hatte mir das mit dem Kochen allerdings irgendwie lustiger vorgestellt«, entgegne ich und mustere Henrys neue Multifunktionsküchenmaschine, die direkt neben seinem Kaffeevollautomaten steht. Der weckt ihn jeden Morgen mit frisch gekochtem Kaffee und per App lassen sich die Schaum-, Milch- und Kaffeemenge genauestens individualisieren. Feines Maschinchen.

»Ich weiß gar nicht, was du hast. Das ist doch ziemlich abgefahren. Wenn du Unterhaltung brauchst, rede halt mit Alexa.«

»Suuuper«, sage ich und rolle mit den Augen.

»Na, na, Alexa kann eine wirklich angenehme Gesellschaft sein.«

Ich bin kurz irritiert, gehe aber nicht weiter darauf ein. Stattdessen fordere ich Alexa auf, einen Witz zu erzählen. »Was ist schwarz, hat einen leuchtend blauen Ring und fliegt gegen die Wand? Ein Amazon Echo, das die ganze Zeit nur schlechte Witze erzählt«, sagt eine blecherne Frauenstimme. Ich muss lachen. So viel Humor hatte ich ihr gar nicht zugetraut.

»Hör dir an, was ihr Lieblingsessen ist«, sagt Henry, während er Paprika in den Thermomix gibt.

»Alexa, was ist dein Lieblingsessen«, frage ich.

»Cookies«, sagt sie.

»Witzig«, sage ich und muss schmunzeln.

»Ihre Lieblingsfarbe ist übrigens Infrarot. Lustig, oder?«

»Du hörst dich ja total verknallt an. Was trägt sie denn für Unterwäsche?«, stichle ich. Henry wirft mir von der Seite einen bösen Blick zu.

»Alexa, bist du verheiratet?«, frage ich.

Sie antwortet emotional doch recht abgeflacht: »Die einzige Verbindung, die ich habe, ist die mit meiner Steckdose.«

»Hm, ist das jetzt ein gutes oder ein schlechtes Zeichen für dich, Henry? Mit einer Steckdose wirst du es doch wohl aufnehmen können, was?«

»Nicht witzig«, murmelt Henry und gibt Hackfleisch und Bohnen in den Zaubertopf. Aha, es wird also ein Chili. Ich finde Gefallen an der Unsichtbaren und teste weiter ihren Humor.

»Alexa, ich bin dein Vater«, sage ich mit düsterer Stimme.

»Nein. Das ist nicht wahr! Das ist nicht wahr! Niemals.«

»Alexa, was ist der Sinn des Lebens?«

»42 – aber vergiss dein Handtuch nicht.« Großartig, ich lache laut auf.

»Ha, wie wäre es hiermit: Alexa, Selbstzerstörung.« Ich bin gespannt auf ihre Antwort, während mich Henry irgendwie schockiert ansieht.

»Selbstzerstörung in 10, 9, 8, 7, 6, 5, 4, 3, 2, 1. BOOM. Nein, so war das nicht geplant«, sagt die liebreizende Maschinenstimme.

»Ist jetzt auch mal wieder gut, ne?«, schaltet sich Henry ein und bedeutet mir mit einer Handbewegung, die Küche zu verlassen.

> »Ich wusste gar nicht, wie amüsant diese Dinger sein
> können«, sage ich und gehe ins Badezimmer. Sobald ich die
> Tür öffne, geht das Licht an, und es ertönt Henrys Badezim-
> mer-Playlist, es läuft »Mamma Mia« von ABBA. Ich bleibe
> kurz stehen und ziehe die Augenbrauen hoch, denke dann
> aber nicht weiter darüber nach. Stattdessen finde ich es ir-
> gendwie doch erstaunlich, was diese kleinen Zylinder kön-
> nen. Klar, das ist das Ergebnis jahrelanger Programmierar-
> beit und Alexa hat dafür ziemlich viel auf der Schulbank
> sitzen müssen, aber beeindruckend ist es allemal.

Es gibt mittlerweile sogar Algorithmen, die ohne die Verfütte-
rung von Unmengen an Daten zum Lernen fähig sind, wie
Googles AlphaGo Zero zeigt. Etwa eineinhalb Jahre nachdem
AlphaGo die besten Go-Spieler besiegen konnte, indem es zuvor mit alten Spielen trainiert wurde, trat AlphaGo Zero ins
Rampenlicht. AlphaGo Zero hatte seine Fähigkeiten durch
Spielen mit sich selbst in Millionen Partien erreicht und gewann gegen seinen Vorgänger 100 zu 0 Spiele. Warum das so
beeindruckend ist? Künstliche Intelligenzen, die ihre Stärke
nicht aus bestehenden Daten generieren, können sehr mächtig
werden, weil sie nicht mehr durch die Grenzen menschlichen
Wissens eingeschränkt sind, sondern einen potenziell viel stär-
keren Lehrmeister haben, nämlich sich selbst.

So beeindruckend die Chancen von Algorithmen und schwachen künstlichen Intelligenzen sind, die Gefahren und Risiken sind nicht von der Hand zu weisen. Gerade klassische Algorithmen machen eben nur genau das, was man ihnen als Regeln einprogrammiert hat. Dadurch sind sie im Endeffekt immer nur so gut wie die Daten, auf deren Grundlage sie entwickelt wurden und wie die Menschen, die dahinterstecken. Ich erinnere nur an die Gefahr fehlerhafter Profile und auch das Risiko, dass die Daten und die Ergebnisse von Algorithmen gegen einen selbst verwendet werden können.

Das ist ein extrem wichtiger Punkt, denn das psychologisch wirklich Trickreiche an vielen Quantifizierungen generell, aber an Algorithmen im Speziellen, ist, dass sie in ihrer Anwendung letztlich sehr objektiv und sachlich erscheinen, in ihrer Entwicklung aber dennoch äußerst subjektiv sein können. Denn es sind noch immer Menschen, die festlegen, welche Größen und Variablen von Algorithmen berücksichtigt und wie sie gewichtet werden. Insofern hatten die Teilnehmer der Bertelsmann-Studie gar nicht so unrecht, wenn sie sich dafür entschieden, sich von einem Menschen beurteilen zu lassen – da wussten sie wenigstens sicher, dass das Urteil ein subjektives sein würde.

Außerdem kann es immer auch zu Fehlern und Verzerrungen kommen, wenn eine Person nicht dem üblichen Muster entspricht. Schwache künstliche Intelligenzen können zwar über die Zeit lernen. Beim ersten Auftreten von Dingen oder Menschen, die dem bisherigen Muster nicht entsprechen, können dennoch Fehler auftreten. Wenn ein Algorithmus beispielsweise gelernt hat, normale Leberflecken von Hautkrebs zu unterscheiden, jemand dann aber plötzlich eine optisch sehr andere Form von Hautkrebs hat oder diese einem normalen Leberfleck trotzdem zum Verwechseln ähnlich sieht, kommt es zu einem Fehler.

Fürsprecher von Algorithmen und schwachen künstlichen Intelligenzen führen häufig die höhere Gerechtigkeit und Objektivität ins Feld. Weiße Männer in Führungspositionen stellen bevorzugt weiße Männer für Führungspositionen ein. Algorithmen können, wenn sie richtig aufgelegt sind, ohne Vorurteile wie Rassismus, Sexismus oder Altersdiskriminierung nur anhand objektiver Daten und Ergebnisse von Testverfahren oder dergleichen gerechtere Urteile fällen. Was vielen allerdings nicht wirklich klar ist: Vermeintlich objektive Algorithmen können vorhandene Benachteiligungen und Ungleichheiten sogar noch verstärken. Beispielsweise werden bei der Einschätzung der Rückfallwahrscheinlichkeit von Strafgefangenen in den USA durch Algorithmen Afroamerikaner systematisch benachteiligt, auch wenn die Rasse gar nicht zur Beurteilung herangezogen wird. In den USA wird schon seit Jahren der kommerzielle Software-Algorithmus COMPAS (Correctional Offender Management Profiling for Alternative Sanctions) eingesetzt, um auf Grundlage der Rückfallwahrscheinlichkeit von Straftätern Entscheidungen zu Kautionshöhe oder Strafmaß zu treffen. Seit ihrer Entwicklung 1998 wurde die Software zur Beurteilung und Entscheidungsfindung bei mehr als einer Million US-Straftätern eingesetzt. Die Vorhersage des Algorithmus basiert auf 137 Variablen und Merkmalen über die zu beurteilende Person und ihre (kriminelle) Vergangenheit.

Nach einer Studie, veröffentlicht von *ProPublica* 2016, in der die Genauigkeit von COMPAS an mehr als 7000 Personen in einem Gefängnis in Florida getestet wurde, lag die generelle Trefferquote bei 67 Prozent für weiße und bei fast 64 Prozent für schwarze Angeklagte. So weit, so fair; zumindest auf den ersten Blick. Schaut man sich die Fehler der Software genauer an, muss man zwei Fälle der Fehleinschätzung unterscheiden. Zum einen Angeklagte, die erneut straffällig werden, obwohl die Software das für unwahrscheinlich gehalten hat. Und zum anderen Fälle, in denen die Software einen Rückfall bei den Angeklagten voraussagte, obwohl sie nicht erneut straffällig wurden. Und genau hierbei zeigte sich eine ausgeprägte Rassendiskriminierung von COMPAS. Während sich der Algorithmus bei weißen Angeklagten doppelt so häufig für ihre Harmlosigkeit aussprach, obwohl sie dann im Folgenden doch erneut Verbrechen begangen, war es bei den afroamerikanischen Angeklagten genau umgekehrt. Hier wurden Personen, die nicht rückfällig wurden, von COMPAS doppelt so häufig als Risikoträger eingestuft als weiße Angeklagte. Hier liegt also eine systematische Verzerrung des Algorithmus zugunsten von Angeklagten mit weißer Hautfarbe vor.

2018 veröffentlichten Wissenschaftler dann eine andere Studie mit der allgemeineren Fragestellung, ob COMPAS überhaupt eine höhere Trefferquote zeigt als Menschen, die nicht dafür trainiert wurden, die Rückfallwahrscheinlichkeit von Straftätern zu beurteilen. Die Ergebnisse der Studie legen nahe, dass ungeschulte Menschen genauso akkurat und fair sind wie der Softwarealgorithmus COMPAS. Weiterhin konnte in der Studie interessanterweise gezeigt werden, dass mit nur zwei Kriterien, nämlich dem Alter und der Anzahl vorheriger Verurteilungen, die gleiche Vorhersagegenauigkeit erreicht werden konnte wie mit den 137 Einzelkriterien von COMPAS. Wie genau diese zu einer Aussage zur Rückfallwahrscheinlichkeit kombiniert werden, legt die Firma übrigens nicht offen. COMPAS ist dabei übrigens nur ein Beispiel von vielen, bei denen auf Algorithmen basierte Ansätze zu keinem besseren Ergebnis kommen.

Auch wenn wir hier in Deutschland aktuell noch keine Algorithmen in unserem Rechtssystem einsetzen, ist ein zunehmender Trend dahingehend festzustellen, dass sich polizeiliche und juristische Institutionen weltweit immer mehr auf computergestützte Entscheidungshilfen verlassen, wie etwa das vorherige Beispiel, aber auch das *Predictive Policing*, welches wir später noch kennenlernen werden, verdeutlichen. In Estland soll in den nächsten Jahren sogar ein algorithmengestützter Richter zum Einsatz kommen.

Eine andere Studie aus dem Jahr 2015 konnte zeigen, dass auch das Anzeigensystem bei Google nicht immer fair ist, sondern bestehende Benachteiligungen reproduziert und damit tendenziell nur weiter verstärkt. So fanden Wissenschaftler der Carnegie-Mellon-Universität heraus, dass bei Google Stellenanzeigen für Führungspositionen Männern mit einer höheren Wahrscheinlichkeit angezeigt werden als Frauen. Dafür untersuchten sie die Ausrichtung der Werbeanzeigen von Google auf Drittanbieterseiten. Algorithmen werten bekanntlich unser Internetverhalten aus und ermitteln dadurch, welche Anzeigen für uns am passendsten sind und auf welche wir am wahrscheinlichsten reagieren. In ihrem Experiment stießen die Wissenschaftler auf Fälle von Diskriminierung und Undurchsichtigkeit, wonach etwa männlichen Internetnutzern deutlich häufiger Anzeigen für Coachingprogramme hoch bezahlter Jobs gezeigt wurden als weiblichen. Das bezeichneten die Forscher nicht länger als Kundenanpassung, sondern als klare Diskriminierung.

Dabei handelt es sich um eine Art sich selbst verstärkenden Kreislauf. Unsere Sichtweise auf die Welt beeinflusst unser Internetnutzungsverhalten, das wiederum gemessen wird und über Algorithmen die Suchergebnisse und Anzeigen, die wir insbesondere von Google bekommen, beeinflusst und damit wiederum Auswirkung darauf hat, wie wir die Welt sehen.

Besonders deutlich werden solche Effekte bei einem Phänomen, das als Filterblase bezeichnet wird. Dieser Begriff wurde von dem Internetaktivisten Eli Pariser geprägt.

Bestand die Grundidee des Internets zu Beginn noch darin, uns die Tore zur Informationsvielfalt zu öffnen und die menschlichen Filter der Medienhäuser zu umgehen, schickt das Internet heute die Flut der Informationen durch ganz eigene Filter. Laut Pariser wurde der Staffelstab einfach nur von einem menschlichen Torwächter zu einem algorithmischen weitergereicht. Die Filterblase ist das ganz persönliche, einzigartige Informationsuniversum, in dem jeder von uns online lebt – wobei keines dem anderen gleicht.

Der Inhalt unserer Filterblase hängt davon ab, wer wir sind und was wir online tun, also beispielsweise von unserem Standort, unserem Browserverlauf, den von uns verwendeten Computern oder unserem Klick- und Kaufverhalten. Auf Grundlage dieser Informationen wird uns auf Seiten wie Google oder Facebook – um nur die größten Akteure zu benennen – das angezeigt, von dem im Hintergrund ablaufende Algorithmen berechnen, dass wir es sehen wollen. Das ist jedoch nicht unbedingt auch das, was wir sehen sollten. So wäre es bei gesellschaftlichen Debatten beispielsweise erstrebenswert, sich über die verschiedenen Positionen zu informieren, um zu einer fundierten eigenen Meinung zu gelangen. Allerdings entspricht das, was wir üblicherweise in sozialen Medien konsumieren, meist nur einer Position. Der Algorithmus trifft nun die Auswahl der uns angezeigten Informationen nicht aus rationalen Gründen, sondern rein statistisch. Dadurch werden wir von Informationen abgeschottet, die nicht unserem eigenen Standpunkt entsprechen. In der Gesellschaft wird so eine Polarisierung gefördert, die auf lange Sicht neben Spaltung und Entsolidarisierung zu einer allmählichen Auflösung führen kann.

Es gibt also gar nicht mehr das »Standard-Google«, bei dem hundert Leute einen Suchbegriff eingeben können, um dann hundert Mal dasselbe Suchergebnis zu erhalten. Im Gegenteil: Hundert Leute erhalten hundert unterschiedliche Ergebnisauflistungen. Glauben Sie nicht? Probieren Sie es gern mal mit Freunden und Bekannten aus.

Unser Gehirn findet das übrigens gar nicht so schlecht. Das Internet wird damit zur Wohlfühlzone, in der wir uns nicht mit andersartigem Gedankengut rumschlagen und schon gar nicht kritisches Denken üben müssen. »Personalisierungsalgorithmen unterdrücken den Zufall, die Begegnung mit dem anderen, und generieren so eine informationsspezifische Fremdenfeindlichkeit, die einem zum Großteil nicht einmal bewusst wird«, so Roberto Simanowski. Wir Menschen haben generell eine Vorliebe für Informationen, die unsere eigene Sicht der Welt stützen und eine Neigung dazu, unbequeme Informationen eher auszublenden. Danach wählen wir auch im Offline-Leben nicht selten unsere sozialen Kontakte und unseren Medienkonsum aus.

Genau diese subjektive Verzerrung wird durch die Filteralgorithmen im Netz jedoch noch potenziert. Das Problem dabei ist vor allem, dass wir weder bewusst selbst entscheiden, was gefiltert werden soll, noch herrscht diesbezüglich Transparenz.

Das heißt, wir sehen im Endeffekt gar nicht, was uns nicht angezeigt wurde. In einer klassischen Zeitung oder Zeitschrift sind wir mit allen Inhalten des Blattes konfrontiert und können dann selbst entscheiden, was wir davon lesen. Rein aus Neugier schauen wir uns dann vielleicht auch Artikel an, die auf den ersten Blick gar nicht unserem Interessengebiet entsprechen, aber unseren Horizont erweitern. In unserer Online-Filterblase findet genau dieser Auswahl- und Überraschungsprozess kaum mehr statt. Hinzu kommt, dass vielen Menschen gar nicht bewusst ist, dass das, was sie sehen, gefiltert ist. Diese Informationszuteilung von Algorithmen findet im Internet nicht nur auf Facebook und Google statt, sondern auch auf diversen Nachrichtenportalen. Eli Pariser fordert daher in erster Linie Transparenz und (persönliche) Kontrolle der eingesetzten Algorithmen sowie ihrer Ergebnisse und vergleicht den Status quo mit einer unausgewogenen Ernährung. Natürlich würden wir gern den ganzen Tag Süßigkeiten und Fast Food essen, aber wir wissen, dass es gut und gesund ist, sich ausgewogen zu ernähren, also auch Gemüse, Obst, Ballaststoffe und so weiter zu uns zu nehmen. Unsere Informationsernährung sollte im Idealfall ähnlich ausgewogen sein, also nicht nur das beinhalten, was wir in der Regel interessant finden, sondern auch Beiträge und Themen, die unbequem, komplex oder herausfordernd sind und einen anderen Standpunkt als unseren eigenen vertreten. Die Filteralgorithmen haben allerdings keine derartige Vielfältigkeitskomponente, sondern schauen einzig und allein darauf, was wir als Erstes und am meisten klicken. Wenn wir auf Facebook also primär politische Beiträge rechter oder linker Gesinnung klicken, dann werden uns mit der Zeit auch verstärkt nur noch solche Beiträge angezeigt, bis andere Meinungen fast gänzlich aus unserer Filterblase verschwinden. Dann gibt es also nur noch Süßigkeiten und Fast Food.

Gesund ist das nicht. Damit werden wir in unserer Meinungsbildung beeinflusst und ein Stück weit unserer Mündigkeit und bürgerlichen Verantwortung beraubt. Wir haben so nicht mehr die Chance, verschiedene Standpunkte abzuwägen und unseren eigenen zu entwickeln. Und das in einer Zeit, in der wir dank des Internets doch eigentlich Zugang zu einer größtmöglichen Vielfalt von Informationen haben sollten. Man müsste Algorithmen also anders entwerfen und trainieren. Beispielsweise könnten künstliche Intelligenzen lernen, Fake News frühzeitig herauszufiltern, oder sie könnten so aufgelegt sein, dass am Ende gewissermaßen eine ausgewogene, vielseitige Informationsdiät entsteht.

Relativieren muss man das Ganze insofern, als viele von uns über das Internet hinaus auch andere Informationsquellen, wie etwa Fernsehen oder reale Unterhaltungen, nutzen, welche wiederum ein gewisses Gegengewicht darstellen. Schlussendlich liegt es auch an jedem Einzelnen, sich aus seiner digitalen Filterblase herauszubewegen und die Algorithmus-Scheuklappen abzulegen. Aktuell ist der verzerrende Effekt jedoch nicht zu leugnen.

In der bereits zitierten Bertelsmann-Studie wünschten sich fast zwei Drittel der Befragten eine stärkere Kontrolle der Algorithmen durch den Staat. Zu ähnlichen Ergebnissen kamen auch andere Umfragestudien, etwa von Bitkom, dem Bundesverband Informationswirtschaft, Telekommunikation und neue Medien, oder den Verbraucherzentralen. Den Befragten war neben der staatlichen Kontrolle vor allem die Offenlegung und Transparenz der Entscheidungsverfahren wichtig. Auch eine Art Kennzeichnungspflicht für Entscheidungen, die durch Algorithmen gefällt wurden, und einen TÜV für Algorithmen hielt die Mehrheit für eine gute Idee.

Da kann ich mich nur anschließen. In der Verwendung von Algorithmen liegt durchaus Potenzial, aber sie birgt eben auch echte Risiken, über die wir momentan noch keinen gesellschaftlichen Diskurs führen. Die Mathematikerin Hannah Fry, die sich in ihrem Buch *Hello World* ausgiebig mit Algorithmen befasst, sieht vor allem im Schwarz-Weiß-Denken in Bezug auf Algorithmen ein Problem: Entweder wir halten solche mathematischen Modelle für unfehlbar und dem Menschen weit überlegen oder für völlig nutzlos. Dabei ist keine der beiden Sichtweisen wirklich zutreffend. Neben einer gesellschaftlichen, sachlich fundierten Diskussion über die Chancen und Risiken von Algorithmen, sollte ein wesentliches Interesse in der Verbesserung des Wissens und der Kompetenz der Bevölkerung im Zusammenhang mit Algorithmen liegen. Die Regulation von Algorithmen gehört darüber hinaus dringend auf die politische Tagesordnung. Wenn Algorithmen zum Einsatz kommen, sollten die Betroffenen gut darüber informiert werden, was diese überhaupt tun, was in ihre Beurteilung einfließt, wie der Wert am Ende zustande kommt und was er bedeutet.

## Tiefe Einblicke dank Datenbrille

»Was siehst du mich eigentlich die ganze Zeit so an?«, frage ich Henry, der neben mir auf dem Sofa sitzt, während ich gelangweilt durch die Fernsehsender zappe.

»Wusstest du, dass deine Gesichtszüge ziemlich viel über deinen Charakter verraten?«, entgegnet er, ohne seinen musternden Blick von meiner Nase zu wenden.

»Das ist totaler Quatsch, veraltet und längst widerlegt. In meinem Gesicht kannst du gar nichts über meinen Charakter ablesen.«

»Ich muss noch mal nachschlagen, an welchem Gesichtszug man Ignoranz ablesen kann, aber ich bin mir sicher, die steht dir ins Gesicht geschrieben. Vielleicht sagt das ja deine schiefe Nase.« Ich werfe ihm einen bösen Blick zu und hangle mich dann weiter durch das wenig befriedigende Fernsehprogramm. »Dreh dich doch mal zu mir. Ich will mir mal deine Stirn genauer angucken, um zu sehen, wo deine geistig-intellektuellen Schwerpunkte liegen. In der Psycho-Physiognomie gibt es sieben Regionen der Stirn, die alle für unterschiedliche geistige Fähigkeiten stehen.« Henry beugt sich ein wenig zu mir herüber. Ich halte ihm meine offene Handfläche vor das Gesicht und bin mir nicht sicher, ob das gerade wirklich sein Ernst ist.

Der Begründer der Psycho-Physiognomik ist übrigens Carl Huter, der Ende des 19. Jahrhunderts am menschlichen Schädel zahlreiche Punkte festlegte, anhand deren Ausprägung man angeblich auf Charaktereigenschaften schließen könne. Damit knüpften Huters Ideen an die schon in der Antike als »Geheimwissen« zirkulierende Physiognomik an. Der Begriff leitet sich von den griechischen Wörtern für »Körper« (*phy-*

*sis*) und »Wissen/Lehre« (*gnome*) ab. Im medizinischen Bereich wurden im antiken Griechenland gewisse Körpermerkmale mit Krankheiten in Verbindung gebracht. Dieser Gedanke ist natürlich absolut richtig und auch heute Kern der medizinischen Diagnostik. Doch schon damals versuchte man, von Merkmalen des Gesichts auf Persönlichkeitseigenschaften zu schließen. Gerade zu Zeiten der Aufklärung gewann die Physiognomik eine breite Zuhörerschaft und bildete später eine der pseudowissenschaftlichen Grundlagen des Rassismus, die auch Hitlers Überzeugungen den Weg bereiteten.

Natürlich kann man insbesondere im Gesicht etwas über die Gemütszustände eines Menschen ablesen. Der mimische Ausdruck ist mit Physiognomik allerdings gerade nicht gemeint, sondern die immer gleichbleibenden Merkmale wie etwa die Größe der Ohren, die Länge der Nase oder die Form der Augen. Für Psycho-Physiognomiker kommen Ausdrücke wie »Denkerstirn« und »der hat es faustdick hinter den Ohren« nicht von ungefähr. In den äußeren Merkmalen eines Menschen lassen sich demnach Eigenschaften wie Teamfähigkeit, Ehrlichkeit, Organisationstalent oder Anpassungsfähigkeit erkennen. Wie der Physiognomiker oder, wie er sich selbst nennt, »Gesichts- und Körperdolmetscher« Marc Grewohl sagt, »weist eine große, im mittleren Teil konvex geformte Nase […] auf Folgendes hin: Die Kraft, die eine Nase so erscheinen lässt, will sich führend, lenkend und leitend ins Leben einbringen. Gerne sagt diese Nase, wo es langgeht. Mit dem Anspruch selbstbestimmt und pädagogisch motiviert zu gestalten, kann das Thema Anpassungsbereitschaft zur Herausforderung werden. Eine in die Tiefe weisende Nasenspitze will genau prüfen und dann entscheiden.« Falls Sie sich also bisher noch nicht so intensiv mit Ihrer Nase auseinandergesetzt haben, wäre jetzt wohl der richtige Zeitpunkt, um herauszufinden, was so eine Nase wie Ihre eigentlich vom Leben will.

Insgesamt entbehrt die Psycho-Physiognomik wissenschaftlicher Untermauerung und muss als Scheinwissenschaft eingestuft werden. Nein, Ihre Ohren verraten objektiv gemessen nichts über Ihre Offenheit für neue Erfahrungen oder Ihre Teamfähigkeit.

»Schon gut, war ja nur Spaß«, stellt Henry schließlich klar. »Aber mal im Ernst, du als Psychologin, wie misst man denn Sachen, die man nicht wirklich beobachten kann? Wenn ich das Gewicht wissen will, nehme ich einfach eine Waage, will ich die Länge von etwas wissen, ein Lineal, aber Persönlichkeitsmerkmale oder Einstellungen?«

Henry hat recht. Die Frage, wie man menschliche Eigenschaften misst, die man nicht direkt beobachten kann, ist keine leichte und Gegenstand der Psychometrie. In der Fachsprache würde man von Psychometrie vor allem dann sprechen, wenn man versucht, latente Variablen manifest zu machen. Das heißt, man versucht, eine Fähigkeit, ein Persönlichkeitsmerkmal oder eine andere Eigenschaft objektiv und in Zahlen zu erfassen, die ansonsten nicht messbar oder sichtbar wäre.

»In der Psychologie nutzt man dafür Tests und Fragebögen. Für die Auswertung werden den einzelnen Antworten dann Zahlen zugeordnet und man rechnet die Punktwerte zusammen. Damit lässt sich über Tests und Fragebögen mit festgelegten Auswertungsschritten von den Ergebnissen auf psychische Eigenschaften schließen. So zumindest der Versuch«, führe ich aus.

»Und das geht?«

»Hoffentlich, sonst wäre der Großteil der psychologischen Forschung Quatsch.«

> »Ich hab dir ja schon immer gesagt, es wäre besser, du hättest was Ordentliches gelernt«, sagt Henry und grinst.

Psychometrie geht natürlich auch deutlich komplexer und mit ganz anderen Daten, als mit ein paar Fragebögen oder Tests. War die Psychometrie in ihren Anfängen noch ein 2-D-Rollenspiel wie *Prince of Persia*, ist die Psychometrie 2.0 ein lebensnahes Rollenspiel wie *World of Warcraft*. Immer mehr große Internetakteure nutzen Psychometrie, um aus den von ihnen fleißig gesammelten Daten – alles gewinnt an Bedeutung – den gläsernen Nutzer zu erschaffen. Dahinter steht die Allzweckwaffe unserer Zeit: Algorithmen. Schon nach ein paar Likes auf Facebook kennt uns ein solcher Algorithmus vermeintlich besser als unsere Familie und Freunde. Dafür sprechen die Ergebnisse einer Studie aus Großbritannien und den USA, die 2015 in der Fachzeitschrift *Proceedings of the National Academy of Sciences of the United States of America* veröffentlicht wurden. Die Forscher verglichen dabei, wie nah die Beurteilungen der Persönlichkeit von einem Algorithmus, der mit Facebook-Likes gefüttert wird, und die Einschätzungen von Personen aus dem Umfeld des Nutzers gemessen an dessen Selbsteinschätzung sind. Das heißt, wie sehr stimmen Selbst- und Fremdeinschätzung überein. Der Computer brauchte im Schnitt nur hundert Likes, um übereinstimmendere Beurteilungen abzugeben als jeder menschliche Teilnehmer. Um uns besser zu kennen als ein Arbeitskollege, reichten dem Algorithmus schon zehn Likes, besser als unsere Mitbewohner oder Freunde siebzig Facebook-Likes, besser als Familienangehörige 150 Likes, und um uns besser einschätzen zu können als unser eigener Lebenspartner, benötigte der Algorithmus 300 Likes.

An dieser Stelle möchte ich kurz anmerken, dass Menschen eigentlich keine unsozialen Einsiedler sind, die von anderen keine Ahnung haben. Tatsächlich sind wir normalerweise recht gut darin, andere Menschen einzuschätzen. Selbst von völlig Fremden können wir relativ gute Einschätzungen der Persönlichkeit abgeben, wenn wir nur ein paar Minuten eines Videoclips mit ihnen gesehen haben. Umso erstaunlicher, dass ein paar Online-Klicks offenbar reichen, unsere Persönlichkeit ziemlich gut zu beschreiben. Wie werden Computer so gut darin, Persönlichkeitseigenschaften einzuschätzen und das nur basierend auf den Daten, die wir auf Facebook preisgeben? Dafür musste der Algorithmus eine Weile üben und das an ziemlich vielen Facebook-Nutzern.

Auf Facebook funktioniert die Datensammlung meist sehr geschickt, indem man den Spieltrieb oder die Neugier der Nutzer weckt. Im Rahmen des Facebook-Projekts myPersonality wurden die Nutzer beispielsweise gebeten, einen umfangreichen Persönlichkeitsfragebogen auszufüllen. Natürlich machten das die Nutzer nicht für Facebook, sondern für sich selbst. Denn im Gegenzug erhielten sie eine detaillierte Auswertung. Wie wir schon ganz am Anfang dieses Buches geklärt haben, ziehen uns Selbsttests einfach magisch an, sodass die Datensammlung keine Schwierigkeit war. Den verwendeten Fragebogen setzt man übrigens auch in der Forschung häufig ein, um die fünf am stärksten etablierten Persönlichkeitsmerkmale in der Psychologie zu messen, nämlich die *Big Five*. Dazu gehören Extraversion, Neurotizismus (emotionale Instabilität), Offenheit für Erfahrungen, Gewissenhaftigkeit und Verträglichkeit.

Die Forscher des myPersonality-Projekts hatten Zugang zu über 70 000 dieser Fragebögen von Facebook-Nutzern sowie ihren Likes. Eine Stichprobengröße, von der man an Universitäten nur träumen kann. Und solche Datensätze sind teilweise sogar kostenlos online abrufbar beziehungsweise können von Unternehmen gekauft werden. Die frei zugängliche Plattform, die in dieser Studie genutzt wurde, heißt myPersonality.org, wo Daten zu einer Reihe psychologischer Fragebögen in Kombination mit Facebook-Profilen und -Aktivitäten von mehr als sechs Millionen Menschen gespeichert sind. Inzwischen ist die Datenbank übrigens offline.

In einem nächsten Schritt wurden die Daten zur Persönlichkeit nun mit den Likes in Verbindung gebracht, das heißt, man untersuchte mithilfe statistischer Methoden, bei welchen Persönlichkeitsmerkmalen es besonders wahrscheinlich ist, bestimmte Marken, Dinge oder Personen zu liken und umgekehrt. Der Computer versuchte also, ein Muster zu erkennen, und das offenbar sehr erfolgreich. Zum Vergleich wurden dann noch Facebook-Freunde der Untersuchungsteilnehmer gebeten, diese ebenfalls bezüglich der fünf Persönlichkeitseigenschaften einzuschätzen. Das Ergebnis habe ich weiter vorn ja bereits beschrieben: Je mehr Likes dem Algorithmus zur Verfügung standen, desto besser konnte er die Persönlichkeit von Menschen einstufen und bei ein paar hundert Likes sogar mit einer höheren Genauigkeit als der Mensch, mit dem die Studienteilnehmer ihr Leben teilten.

Und jetzt wird es richtig gruselig: In der Studie wurde auch untersucht, wie aussagekräftig die über die Teilnehmer gewonnenen Ergebnisse im Hinblick auf externe Kriterien wie etwa Verhaltensweisen im echten Leben, Werten und Interessen, Gesundheitsaspekten und Ähnlichem sind. Diese wurden ebenfalls mithilfe von Fragebögen erhoben. Bei vier von dreizehn dieser Kriterien waren die Computerurteile sogar genauer in der Vorhersage als die Selbsteinschätzungen der Untersuchungsteilnehmer. Können uns Algorithmen tatsächlich besser kennen als wir uns selbst?

Für Henry wäre die Studie sicherlich gefundenes Fressen, ist er doch der Meinung, dass wir nur durch Zahlen zu echter Selbsterkenntnis gelangen können. So weit, so gut – wenn sich das tatsächlich nur auf von mir selbst gesammelte Daten im Sinne der Quantified-Self-Bewegung beziehen würde. Wenn allerdings fremde Menschen und Unternehmen durch Zahlen Erkenntnisse über mich gewinnen, bereitet das (vermutlich nicht nur mir) deutliches Unbehagen. Und in Zukunft, in der eher mehr als weniger Daten über uns gesammelt werden, wird das nicht unwahrscheinlicher.

Einer der führenden Wissenschaftler auf dem Gebiet der digitalen Psychometrie und Mitautor der Facebook-Studie ist Michal Kosinski. Er ist Professor für Psychologie und war einer der Ersten, der derartige Algorithmen entwickelt hat. Er nutzt

Big Data, um Vorhersagemodelle für psychologische Variablen zu entwickeln, was nach seinem Anspruch vor allem für die Entwicklung diagnostischer Instrumente und psychometrischer Maße dienen soll. Im Endeffekt will er damit also die psychologische Forschung und Praxis voranbringen.

Schon 2013 veröffentlichten er und seine Kollegen eine Studie, in der sie einen Algorithmus beschreiben, mit dem sie aus Facebook-Likes durchaus sensible persönliche Eigenschaften, wie Hautfarbe, sexuelle Orientierung und religiöse oder politische Einstellung bestimmen können. Jedes Like fungiert dabei wie ein Puzzleteil, durch Big Data lassen sich viele Teile schließlich zu einem Gesamtbild zusammensetzen. Anders gesagt: Dass wir Helene Fischer oder Nike auf Facebook abonniert haben, sagt allein genommen noch nicht viel über unsere persönlichsten Eigenschaften aus, aber im komplexen Zusammenhang vieler Likes ergibt sich doch ein recht genaues Gesamtbild.

Das funktioniert vor allem über Wahrscheinlichkeiten. Big Data kann helfen, Muster zu erkennen, die mit kleineren Stichproben und weniger Variablen vorher gar nicht sichtbar geworden wären. Je mehr Menschen ich nämlich in einer Studie untersuche, desto höher ist die Wahrscheinlichkeit, dass die durchschnittlichen Ergebnisse tatsächlich dem Durchschnitt der Bevölkerung entsprechen – einfach weil die paar »komischen Leute«, die in einer kleineren Stichprobe eventuell die Ergebnisse verfälschen, bei einer großen Gruppe nicht mehr ins Gewicht fallen.

Das Ausfüllen von psychologischen Tests wird dadurch teilweise überflüssig, denn die Online-Daten plus geeignete Algorithmen können nach Kosinskis Meinung tiefe Züge der Persönlichkeit offenlegen. So konnten er und sein Team anhand von durchschnittlich 68 Likes auf Facebook mit einer Treffgenauigkeit von 95 Prozent die Hautfarbe der Nutzer vorhersagen. Für Homosexualität lag die Trefferquote immerhin noch bei 88 Prozent und für die politische Orientierung, im konkreten Beispiel ob die Person Demokrat oder Republikaner war, bei 85 Prozent. In Zeiten, in denen noch immer Massen an Menschen wegen ihrer sexuellen Orientierung, politischen Einstellung oder Rassenzugehörigkeit nicht nur diskriminiert, sondern verfolgt werden, sehe nicht nur ich dabei große Gefahren.

Dass man diese Art von Algorithmen auch außerhalb der Forschung und ohne Allgemeinwohlinteresse sehr gut einsetzen kann, zeigt die Präsidentschaftswahl in den USA 2016. Fast zwei Jahre später kam ans Licht, wie die britische Firma Cambridge Analytica womöglich zu Donald Trumps Wahlsieg beigetragen, mindestens aber unser Verständnis für den Einfluss von Algorithmen und Daten verändert hat. Cambridge Analytica hatte verschiedenste Daten amerikanischer Bürger, etwa Facebook-Likes, Grundbucheinträge oder andere persönliche Daten aus unterschiedlichen Quellen, genutzt, um mittels Psychometrie Wähler zu analysieren und ihre Vorlieben vorherzusagen. So konnten im Wahlkampf die jeweils propagierten Botschaften individuell angepasst werden, um die Bedürfnisse jedes Einzelnen gezielt anzusprechen. Denn jemand, der sich Sorgen um die hohe Kriminalitätsrate macht, springt wahrscheinlich auf andere Wahlkampfbotschaften an als jemand, der eher um die amerikanische Wirtschaft fürchtet. Wenn man die Hauptbedürfnisse der Menschen gezielt und individuell adressieren kann, ist das ein wichtiger Vorteil im Rennen um Stimmen.

Schon in einer 2015 veröffentlichten Studie wurde der Manipulationseffekt von Suchmaschinen im Kontext von Wahlen wissenschaftlich untersucht. In einem Experiment wurden über 4500 unschlüssige Wähler in Indien und den USA gebeten, sich mit Hilfe einer Suchmaschine über die anstehende Wahl zu informieren. Dabei wurden die Suchergebnisse systematisch manipuliert. Die Wissenschaftler kamen zu dem Ergebnis, dass verzerrte Suchmaschinenergebnisse die Präferenz von Wählern um 20 Prozent oder mehr verschieben können. Dabei lassen sich diese Verzerrungen so maskieren, dass sich die Benutzer der Suchmaschine dessen überhaupt nicht bewusst sind.

Die Auswahlverfahren von Bewerbern in großen Firmen werden ebenfalls immer öfter auf computerbasierte Bewertungsalgorithmen gestützt, die das Potenzial der Kandidaten einschätzen sollen. Das Ziel besteht in mehr Effizienz bei der Stellenbesetzung und auch bei Entscheidungen über Beförderungen. Das beginnt in der Regel schon mit automatisierten Screeningprozessen bei der ersten Auswahl der Kandidaten. Über ein Online-Formular geben diese die Eckpunkte ihrer Bewerbung und ihrer Person ein, was als Grundlage einer ersten Selektion dient. Hier kann es einem beispielsweise passieren, dass man mit dem falschen Wohnort oder als Quereinsteiger bereits aussortiert wird, noch bevor ein Mensch überhaupt die eigene Bewerbung in die Hand bekommen hat. Einmal mehr steht hier die Frage im Raum, ob ein Computer wirklich bessere Entscheidungen treffen kann als der Mensch. Doch das ist nur der Anfang. Das Silicon-Valley-Start-up Knack geht noch einen Schritt weiter. Es entwickelt App-basierte Videospiele, mit deren Hilfe sich das berufliche Potenzial eines Bewerbers beurteilen lassen soll. Durch Spiele wie *Dungeon Scrawl*, bei dem man seinen Weg durch ein Labyrinth finden und unterwegs Puzzle lösen muss, oder *Wasabi Waiter*, wo man als Kellner Sushi-Bestellungen zur Zufriedenheit der virtuellen Kunden erledigt, werden die Jobanwärter auf die Probe gestellt. Dabei generiert Knack viel mehr Daten als bisher übliche Auswahlverfahren und das auch noch in deutlich kürzerer Zeit. So wird etwa nicht nur gemessen, ob die Bewerber eine Aufgabe lösen können oder nicht, sondern auch, wie lange sie zögern, bevor sie handeln oder wie sie zu der Lösung gekommen sind. Am Ende erhält man ein sehr detailliertes Bild der Psyche und des Intellekts eines Bewerbers und eine Einschätzung seines Potenzials als Führungskraft oder innovative Triebfeder.

Ob Spiele-Apps wie die von Knack für die Auswahl einer breiten Palette von Berufen geeignet sind, bleibt an dieser Stelle offen. Auf der anderen Seite bieten derartige Ansätze Chancen gerade für Personen, die bei klassischen Auswahlverfahren schon am automatisierten Eingangsscreening gescheitert wären, weil sie etwa einen bestimmten Universitätsabschluss nicht haben, aber eigentlich sehr viel Potenzial für ein konkretes Aufgabengebiet mitbringen. Laut *Forbes Magazin* ist die Idee dahinter nicht neu. Schon die US-Armee nutze das Spiel *America's Army*, um ihre Rekrutierung zu verbessern und zu beleben. Auch andere Firmen nutzen spezifische Spiele, um Kandidaten anzusprechen und den Auswahlprozess zu verbessern. Denn in Bereichen des Arbeitsmarktes, in denen Unternehmen um Bewerber buhlen, ist ein ausgefallenes Auswahlverfahren in Form von Videospielen sicherlich kein schlechter Verkaufspunkt bei jungen Leuten.

Auch Texte, die wir online verfassen, etwa in Social-Media-Beiträgen oder in E-Mails, können für unterschiedlichste Analysen herangezogen werden. Da kommt unser guter Watson wieder ins Spiel. Die Software *Watson Personality Insights* von IBM kann nämlich auf Grundlage geschriebener Texte die Persönlichkeit einer Person einschätzen. Das behauptet zumindest IBM. Depressionen können mithilfe von Algorithmen vorhergesagt werden, ehe sie sich für die betroffene Person bewusst manifestieren. Beispielsweise sinkt die Aktivität in sozialen

Netzwerken genauso wie der Bewegungsradius des Betroffenen schon einige Tage vor Ausbruch einer depressiven Episode deutlich ab. Im Gegensatz dazu steigt die Zeit, die er oder sie zu Hause verbringt an. Diese Muster lassen sich mit Hilfe der Auswertung von Big Data und unter der Nutzung von Algorithmen erkennen.

## Eine Zahl, sie alle zu beschreiben

Wie wir im bisherigen Verlauf des Buches gesehen haben, können wir in vielen Bereichen über Zahlen erfasst werden. Zahlen, aus denen sich zudem noch jede Menge Informationen über uns gewinnen lassen. Auch wenn sich der klare Trend abzeichnet, dass immer mehr Daten über eine Person miteinander in Verbindung gebracht werden, verteilen sich die Daten momentan noch mehr oder weniger über verschiedene Internetakteure, App-Betreiber und andere Unternehmen sowie staatliche Behörden. Aber was wäre, wenn alle Fäden an einer Stelle zusammenlaufen würden? Wenn beispielsweise Amazon, Google und Facebook zu einer einzigen großen Datenkrake verschmelzen würden?

Das ist gar nicht mal so abwegig, wie Sie vielleicht denken. Denn wer bisher schon erschrickt angesichts der vielen Möglichkeiten der Datensammlung in unserer Gesellschaft, der ist vermutlich froh, nicht in China zu leben. Hier läuft aktuell in mehreren Städten die freiwillige Pilotphase des Sozialkreditsystems, das 2020 flächendeckend und verpflichtend für immerhin 1,4 Milliarden Bürger in Kraft treten soll. Dabei trifft Big Brother auf Big Data, wie das Online-Magazin *Wired* in einem Artikel Ende 2017 titelte. Und tatsächlich trifft es diese Beschreibung ziemlich gut. Die Grundidee besteht in der Errichtung einer Kultur der Aufrichtigkeit, der traditionellen Werte und des Vertrauens, so beschreibt es die chinesische Regierung. Das Endprodukt ist demnach eine harmonische Gesellschaft. An sich ja ein edles Ziel, aber wie gerecht sind die Mittel? Am Punktestand soll jeder gleich sehen können, wie vertrauenswürdig die andere Person ist. Ein wenig erinnert das an unsere Schufa, die die Kreditwürdigkeit von Personen und Organisationen erfasst. Dabei geht China jedoch noch deutlich weiter.

Im Wesentlichen besteht das Sozialkreditsystem in einer großen Datensammlung zum Verhalten jedes Einzelnen in den unterschiedlichsten Lebensbereichen. Mit diesen Daten wird das individuelle Punktekonto gefüllt. Bei Fehlverhalten werden Punkte abgezogen. Das Ergebnis ist eine Welt, in der man kontinuierlich überwacht und bewertet wird. Egal, ob es darum geht, was man kauft, mit wem man befreundet ist, wo man sich aufhält, ob man seine Rechnungen und Steuern bezahlt oder auf welchen Seiten man im Internet unterwegs ist. Allerdings sollen in China all diese Daten an einer Stelle zusammenlaufen, als positiv oder negativ bewertet werden und dann zu einem einzigen Punktwert verschmelzen. Dabei erinnert das Ganze fast ein wenig an ein Computer-Rollenspiel, in dem man seine Spielfigur durch das Erringen von Punkten immer höher in den Levels steigen lässt. Die Punkte führen zu Vergünstigungen im Alltag. Und wie hoch man mit seinem Punktwert steht, wird voraussichtlich großen Einfluss auf die eigene Zukunft haben: ob man eine Beförderung bekommt, auf dem hart umkämpften chinesischen Heiratsmarkt Chancen hat oder ob man einen Kredit erhält.

Das Programm wurde 2014 erstmals vorgestellt und derzeit läuft die Testphase zur Erprobung von Systemen und Algorithmen eines Sozialkreditwerts. Beteiligt sind sowohl staatliche als auch private Organisationen, die alle möglichen Daten ihrer Nutzer sammeln und zu einem Punktwert verrechnen. Der teilnehmende Wirtschaftsriese Alibaba, das chinesische Amazon, hat beispielsweise nicht nur Zugriff auf Kaufverhalten und private Daten der Plattform. Zu dem Konzern gehört auch eine Bezahl-App, AliPay, die für alle Arten von Bezahlungen genutzt werden kann, etwa Transport, Parktickets, Lieferservices, Kinotickets, Restaurants, Schulgebühren, private Überweisungen und so weiter.

Laut der Politikwissenschaftlerin Katika Kühnreich hat Alibaba auch Zugriff auf Daten von Gerichten und arbeitet mit der größten chinesischen Dating-Plattform, Baihe, zusammen. So spielt dieser Sozialkreditwert, der passenderweise Sesame Credit genannt wird, und mit dem sich noch mehr als Tore im Felsen öffnen lassen, auch bei der Partnersuche eine wichtige Rolle und zählt bei den Anwendern zum Aushängeschild im Balzverhalten. Der Sesame Credit einer Person kann zwischen 350 und 950 Punkten liegen. Den genauen Algorithmus, wie sich dieser Wert zusammensetzt, gibt das Unternehmen übrigens nicht preis. Die fünf Hauptfaktoren, die Berücksichtigung finden, sind:

- Kreditwürdigkeit: Inwieweit ist die Person in der Lage, Schulden zurückzuzahlen?

- Fulfillment Capacity (zu Deutsch »Einhaltungsvermögen«): Wie wird die Person bezüglich der Einhaltung vertraglicher Vereinbarungen bewertet?

- Persönliche Eigenschaften: Wurden persönliche Daten wie Handynummer oder die Adresse verifiziert?

- Verhalten und Vorlieben: Welche Verhaltensweisen und Vorlieben lassen sich über Algorithmen anhand des Kaufverhaltens oder auch der Aktivitäten in sozialen Netzwerken ableiten?

- Zwischenmenschliche Beziehungen: Mit wem ist die Person online und offline befreundet und welche Inhalte werden in sozialen Netzwerken geteilt, etwa über die Regierung?

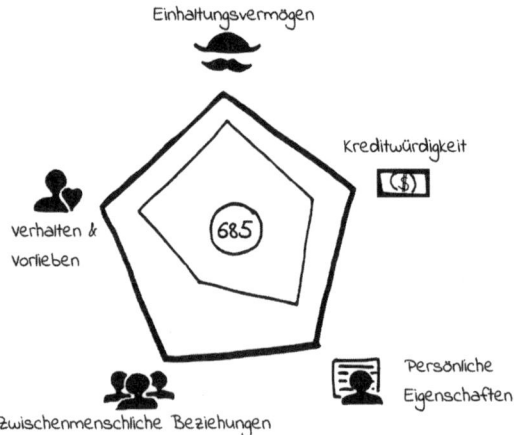

Des Weiteren wird der Wert übrigens davon beeinflusst, was die eigenen Freunde online sagen und tun, ohne dass man selbst überhaupt etwas damit zu tun haben muss. Wenn Sie also diesen einen Freund haben, der bei Facebook ständig Videos postet, in denen er exzessiv feiernd laut rumgrölt, würden Sie sich in China sicherlich zweimal überlegen, ob Sie diese Online-Freundschaft aufrechterhalten wollen, so nett er auch im direkten Austausch mit Ihnen sein mag.

Besonders kritisch ist daran, dass solche Faktoren und die damit einhergehenden Punktwerte keinerlei Kontext oder Intention miteinbeziehen. Wenn jemand seine Rechnung nicht direkt bezahlt, kann das verschiedene Gründe haben. Möglich wäre tatsächlich, dass er kein Geld hat, aber er könnte genauso gut nach einem Unfall im Krankenhaus liegen oder es könnte ein Fehler bei der Bank aufgetreten sein. Als Bürger kann man außerdem nie genau wissen, welches Verhalten in Zukunft mit Minuspunkten bestraft, welches durch zusätzliche Punkte belohnt wird, auf welche Daten das System eigentlich wirklich Zugriff hat und welche davon mit welcher Gewichtung in die Bewertung einfließen. Hierin liegt sicherlich eine große Herausforderung nicht nur für China, sondern generell für unsere Welt von morgen, in der Algorithmen, vor allem auch in Form von künstlicher Intelligenz, unser Leben maßgeblich bestimmen werden. Daher sollten wir uns schon jetzt konkrete Gedanken machen und einen Weg finden, wie sich die Widersprüche, feinen Nuancen und verschiedene Intentionen, die hinter menschlichem Verhalten stecken, abbilden lassen.

Momentan ist die Teilnahme an diesem Sozialkreditsystem in den chinesischen Teststädten freiwillig. Dennoch machen erstaunlich viele Menschen mit, was vermutlich vor allem an den Belohnungen und Vorteilen eines hohen Punktwertes liegt. In den meisten Pilotstädten kommen Punktesysteme zum Einsatz, die positives Verhalten belohnen. Jeder bekommt eine Basispunktzahl und kann diese dann durch gutes Verhalten steigern. Beispielsweise gibt es Punkte gutgeschrieben, wenn man sich für wohltätige Zwecke engagiert, etwa Blut spendet oder den Müll trennt. Aktuell gibt es noch kaum Bestrafungen oder Nachteile für niedrige Werte, aber die möglichen Vorzüge sind durchaus attraktiv. So hat man mit 600 Punkten die Möglichkeit, einen Sofortkredit in Höhe von 5000 Yuan zu bekommen, den man bei Alibaba direkt nutzen kann. Zudem verspricht ein solcher Punktwert einen schnelleren Check-in in Hotels und auf dem internationalen Flughafen in Peking. Ab 750 Punkten bekommt man sogar deutlich schneller ein Visum für den europäischen Schengenraum. In manchen Regionen können Personen mit einem hohen Punktwert Fitnessstudios kostenlos nutzen, müssen weniger für den öffentlichen Nahverkehr bezahlen oder kommen in Krankenhäusern schneller dran.

Damit ist dieser Punktwert nicht einfach nur eine Zahl, sondern vor allem auch ein Türöffner und Statussymbol. Auch wenn es aktuell noch keine direkte Bestrafung für schlechte Punktwerte gibt, ist das für die tatsächliche Umsetzungsphase ab 2020 definitiv geplant. Dann könnten Personen mit einem niedrigen Sozialkreditwert beispielsweise nicht mehr in der Lage sein, ein Auto zu mieten oder einen Kredit aufzunehmen, und sie würden nicht mehr für bestimmte Jobs eingestellt werden. Womöglich beeinflusst der Punktwert auch den Erfolg bei der Wohnungssuche, Versicherungsangeboten oder sogar die verfügbare Internetgeschwindigkeit.

Die chinesische Regierung versucht mit dem Sozialkreditsystem das in der chinesischen Gesellschaft vorherrschende Vertrauensproblem zu lösen. So gibt es in China keine Institution wie die Schufa, die bei uns in Deutschland die Kreditwürdigkeit von Personen einschätzt. Gerade gefälschte Markenprodukte kommen zu einem Großteil aus China (die OECD spricht von 63 Prozent weltweit) und stellen ein enormes Problem dar. Zudem wird wohl auch etwa die Hälfte abgeschlossener Verträge nicht eingehalten. Wie die britische Vertrauensforscherin Rachel Botsman in *Wired* schreibt, besteht daher das wesentliche Ziel des Sozialkreditsystems – zumindest offiziell – in der Schaffung von mehr Ehrlichkeit und Kreditwürdigkeit in der gesamten Gesellschaft, um so die Wettbewerbsfähigkeit von China als Land auf dem internationalen Markt zu steigern. Gleichzeitig bietet sich hiermit aber für die kommunistische Regierung der Volksrepublik die Möglichkeit, massiv Kontrolle auszuüben und ihre das Kollektiv betonende, autokratische Gesellschaftsordnung mit stasiähnlichen Zügen umzusetzen.

Dabei findet eine Diskussion über privaten Datenschutz in China quasi gar nicht statt. Die Daten der Bürger sind für die großen chinesischen Internetunternehmen und die Regierung uneingeschränkt erfass- und nutzbar. Die Gefahr ist groß, dass dabei nicht nur gläserne Bürger entstehen, sondern die Regierung damit Einfluss auf das Verhalten ihrer Bürger nimmt. Freunde und Familienmitglieder würden Ihnen wahrscheinlich von einem politisch kritischen Kommentar in WeChat abraten, aus Angst, dass sich Ihr Punktwert, aber eben auch deren eigener verschlechtert und Vorteile wegfallen beziehungsweise echte Nachteile entstehen. Das Ganze wird von der chinesischen Regierung sehr geschickt spielerisch in ein Punktesammelsystem verpackt, als wäre man Teil eines Computerspiels und könnte sich durch Fertigkeiten und Verhaltensweisen Punkte erspielen, um dann verschiedene Gimmicks freizuschalten. Dass das funktioniert, wird an der freiwilligen Teilnahme vieler Chinesen in den aktuellen Teststädten sichtbar.

Wenn nun aber Punkte die Basis einer ganzen Gesellschaft werden, ergeben sich ganz neue Märkte. Ähnliches ließ sich im Zusammenhang mit den Likes und Followern in sozialen Netzwerken beobachten, wo ein neuer Handelsplatz für genau diese virtuellen Sympathiebekundungen als Ware entstanden ist. Auch in China ist so etwas denkbar. So könnte durch die flächendeckende Einführung des Sozialkreditwerts der Schwarzmarkthandel mit Mitteln zur unlauteren Erhöhung der eigenen Punktzahl zum Millionengeschäft werden. Auch Hackerangriffe, um Konten zu manipulieren, erscheinen wahrscheinlich. Weitere Marktchancen wird es sicherlich ganz legal für Berater geben, die Menschen helfen, ihren Punktwert durch gezieltes Verhalten und Maßnahmen zu erhöhen.

Doch auch in den westlichen Gesellschaften sind wir gar nicht so weit von derartigen Entwicklungen entfernt. Barack Obama wurde beispielsweise der Big-Data-Präsident genannt, weil er über 200 Millionen Euro in die Erforschung und Entwicklung zur gezielten Nutzung von Big Data investiert hat. In den USA haben Vollzugsbehörden Zugriff auf eine automatische Kennzeichenerkennungssoftware für Autos, die sie alarmiert, wenn jemand in ihrer Umgebung keine gültige Zulassung hat. Zudem werden prädiktive Algorithmen genutzt, um potenzielle Verbrechensschauplätze aufzuspüren und beispielsweise Überfälle, gewalttätige Übergriffe oder Dealeraktivitäten zu verhindern. Das amerikanische National Institute of Health (Nationales Gesundheitsinstitut) gründete 2013 ein Programm namens Big Data to Knowledge (BD2K – Big Data für Wissen), um die Nutzung von Big Data in der biomedizinischen Forschung voranzutreiben. Ein Projekt beschäftigt sich dort beispielsweise mit der Früherkennung suizidaler Tendenzen bei Kriegsveteranen durch die Analyse ihrer Aktivitäten in sozialen Netzwerken.

Estland will seine Verwaltungsausgaben durch den Einsatz künstlicher Intelligenz in den kommenden Jahren weiter reduzieren. Schon jetzt wird die Arbeit von Inspektoren für Bauernhöfe, die entscheiden, ob Bauern Subventionen erhalten oder nicht, zum größten Teil von einer schwachen künstlichen Intelligenz übernommen. Die Subventionen erhalten die Bauern nämlich nur, wenn sie ihre Wiesen rechtzeitig und ordnungsgemäß mähen. Das kann ein intelligentes Computerprogramm mit Hilfe von Satellitenbildern entscheiden.

In Deutschland werden über die großen staatlichen Unternehmen wie die Deutsche Bahn und die Deutsche Post Unmengen an Daten generiert. Die Deutsche Bahn befördert jährlich gut 2,6 Milliarden Fahrgäste, die durch Online-Buchungen oder Buchungen mit ihrer EC- und Kreditkarte unweigerlich Daten zu ihrer Mobilität generieren. Dabei ist die Deutsche Bahn komplett in staatlicher Hand. Wäre sie das nicht, könnte sie mit den gesammelten Daten nicht nur ihre Kunden sehr gut kennenlernen, sondern vor allem auch jede Menge Geld verdienen. Bisher rühmt sich die Bahn mit einem vorbildlichen Datenschutz.

Anders sieht es da bei der Deutschen Post, früher noch ein rein staatliches Unternehmen, aus. Sie geriet in die Kritik, da sie im Wahlkampf zur Bundestagswahl 2017 Daten ihrer Kunden an die CDU und FDP verkauft haben soll. Demnach haben die Parteien durch die Analyse der Daten Wahrscheinlichkeitsangaben für die Parteiaffinität für bestimmte Straßenabschnitte erhalten. *DER SPIEGEL* schreibt, dass die beiden Parteien jeweils Beträge im fünfstelligen Bereich gezahlt haben sollen, um straßengenaue Daten von Kunden der Deutschen Post zu bekommen und so ihren Wahlkampf spezifischer auszurichten.

Auch wenn die Datenschutzrichtlinien genau genommen eingehalten wurden, da keine Einzeldaten von Personen, sondern Mittelwerte verkauft und genutzt wurden, wird schon hier deutlich in welche Richtung wir uns in Zukunft bewegen. Die Post verfügt angeblich über Daten aus 85 Prozent aller deutschen Haushalte – etwa zu demografischen Daten wie dem Geschlecht oder Alter, der Wohnsituation, aber auch der Familienstruktur, der Kaufkraft oder dem Besitz eines Autos. Laut *SPIEGEL* wandert jeder, der eine Adresse in Deutschland hat, direkt in die Datenbanken der Deutschen Post. Mittlerweile kann man sich nicht einmal mehr eine SIM-Karte zulegen, ohne dass diese mit der eigenen Adresse und dem eigenen Namen verknüpft wird. Unter dem Deckmantel der Sicherheit werden damit mehr und mehr Daten von uns gesammelt.

# FÜR RISIKEN UND NEBENWIRKUNGEN ...

Während wir so mit Zahlen um uns werfen und selbst zum Gegenstand der Algorithmen werden, scheint unser vermessenes Ich mehr über uns zu verraten, als vielen vermutlich lieb ist. Die Funktionsweise der Algorithmen, die uns online Produkte wie Bücher oder Elektronikartikel als Kaufempfehlung geben, unterscheidet sich kaum von denen, die hinter staatlichen Institutionen wie Geheimdiensten stehen. Für den Großteil der Bevölkerung bleiben diese Algorithmen unbekannt – egal ob es um Suchanfragen, unsere Filterblase in sozialen Netzwerken, für uns geschaltete Werbung oder staatliche Überwachungstätigkeiten geht. Doch wie die Journalistin Lisa Altmeier einmal in einem nicht ganz ernst gemeinten Blogbeitrag beschrieb, gibt es durchaus gute Strategien, mit denen sich Algorithmen nach Strich und Faden austricksen lassen.

**Schritt 1:** Interessieren Sie sich für das Uninteressante
  Um erste Verwirrung zu stiften, sollten Sie möglichst viele Informationen liefern, die gar nichts mir Ihrer Person zu tun haben. Anstatt also die Lieblingsserie auf Facebook zu liken, sich auf Amazon Produkte anzuschauen, die Sie wirklich interessieren, oder für Sie relevante Informationen zu googeln, geben Sie lieber Dingen einen Daumen nach oben, die Sie richtig blöd finden, oder suchen Sie bei Google nach Häkelanleitungen, obwohl Sie sich eigentlich für Fußball interessieren.

**Schritt 2:** Bestellen Sie zufällig irgendwelche Dinge

Der zweite Schritt besteht in einem unsystematischen On-line-Kaufverhalten. Denn »tatsächliche Kaufaktionen werden stärker zur Berechnung eingezogen als wildes Rumgeklicke«, so Lisa Altmeier. Wie wäre es also, anstatt relevante Produkte zu bestellen, damit, sich als Mann Tampons nach Hause liefern zu lassen oder als Veganer Steaks vom Kobe-Rind in den Warenkorb zu legen?

**Schritt 3:** Treffen Sie keine Entscheidungen mehr selbst

Der Meister der Unberechenbarkeit ist der Zufall. Also holen Sie Ihre Würfel raus und schlagen Sie jedem vorhersagbaren Muster ein Schnippchen. Lisa Altmeiers Empfehlungen: »Würfel aus, welchen Song du dir bei Spotify reinziehst, ermittel per Münzwurf, wem du bei Twitter folgst und lass einen Generator von Zufallszahlen entscheiden, welche Klamotten du im Online-Shop kaufst.«

**Schritt 4:** Beziehen Sie Ihre Freunde ein

Um das Bild der Sinnlosigkeit perfekt zu machen, sollten Sie auch Ihre Freunde einbeziehen. Die könnten sonst Ihre ganzen Bemühungen um Unberechenbarkeit sabotieren und tatsächlich relevante Informationen über Sie teilen.

Zugegebenermaßen haben die meisten Vorschläge eine ähnliche Praktikabilität wie der totale Rückzug aus der digitalen Welt: möglich, aber irgendwie doch auch nicht erstrebenswert. Um der Ernüchterung noch etwas mehr Futter zu bieten, werfen wir in diesem Kapitel einen Blick auf weitere Probleme von Statistiken und Algorithmen. Denn wenn Zahlen und Daten teilweise schon über unser Leben bestimmen, sollten sie doch zumindest auch akkurat und zutreffend sein; vor allem die daraus gezogenen Informationen. Und dann müssen diese Informationen auch noch irgendwie geschützt werden. Alles gar nicht so einfach.

## Vermessen will gelernt sein

Viele der auf dem Markt verfügbaren Apps zur Selbstvermessung unterliegen keiner Qualitätskontrolle oder wissenschaftlichen Überprüfung ihrer Genauigkeit oder Gültigkeit. Im Endeffekt kann man augenscheinlich nur sagen, ob sie das messen, was sie vorgeben zu messen.

Wie ungenau das selbst bei Geräten sein kann, die scheinbar tatsächlich etwas Objektives messen, wird beispielsweise bei Fitnesstrackern deutlich. In einer Studie aus dem Jahr 2017 haben sich Wissenschaftler der Standford University sieben verschiedene Aktivitätstracker, die man am Handgelenk trägt, einmal genauer angeschaut. Die Studienteilnehmer trugen jedes dieser Geräte, während sie ein Laufband benutzten oder auf einem Fahrradergometer trainierten. Zusätzlich wurde mit medizinischen und geprüften Messinstrumenten die Herzfrequenz und der Kalorienverbrauch bestimmt.

Einer der verantwortlichen Wissenschaftler sagte in einem Interview: »Die Messung der Herzrate war deutlich besser, als wir erwarteten, aber die Messungen des Energieverbrauchs lagen ziemlich daneben. Die Höhe der Fehlangaben überraschte mich.« Beim Kalorienverbrauch sollte man sich daher besser nicht auf die Fitnesstracker verlassen. Bei sechs der getesteten sieben Geräte war die Messung der Herzfrequenz ziemlich genau. Der Fehler betrug nicht mehr als 5 Prozent Abweichung vom tatsächlichen Wert. Beim Kalorienverbrauch sah es allerdings nicht so gut aus. Bei keinem der getesteten Geräte lag die

Abweichung unter 20 Prozent. Das heißt, die ermittelten Werte lagen immer mindesten 20 Prozent daneben. Manche Geräte lagen sogar fast um 100 Prozent daneben. Was bedeutet das konkret? Wenn jemand tatsächlich nur 200 Kalorien bei einer Aktivität verbrannt hat, zeigte das Gerät einfach 400 Kalorien an. Effektiv abnehmen lässt sich damit nicht.

Warum die Ergebnisse für den Kalorienverbrauch so schlecht waren, konnten sich die Wissenschaftler nicht genau erklären. Generell ist es aber so, dass die Herzfrequenz direkt durch kleine Sensoren in den Geräten gemessen wird. Das heißt, hier kann es lediglich zu ein paar Messungenauigkeiten kommen, aber viel schiefgehen kann eigentlich nicht. Das ist ungefähr so, wie wenn ich das Gewicht mit Hilfe einer Waage messe. Zur Bestimmung des Energieverbrauchs kommen hingegen Algorithmen zum Einsatz, die diesen nur indirekt über Stellvertretervariablen berechnen. Man sagt dem Gerät vorher also, wie schwer und groß man ist. Außerdem erhält es Angaben zur Art der Aktivität und nutzt im besten Fall auch die Daten der Pulsmessung. Aus diesen Werten wird dann mit Hilfe von Formeln der Energieverbrauch berechnet. Diese Formeln wurden allerdings aus statistischen Mittelwerten abgeleitet und können im Einzelfall entsprechend stark variieren.

Doch auch die vermeintlich gut messbaren Dinge können allein durch die Tatsache, dass wir uns selbst vermessen, verfälscht werden. Die Ursache: psychologische Beobachtungseffekte. Indem wir uns durch Selbstvermessung zum menschlichen Versuchskaninchen machen, werden wir selbst auch Objekt der Beobachtung. Versuchen Sie mal ganz bewusst auf Ihre Atmung zu achten und diese dabei nicht zu verändern. Dieser Versuch hat mich ein bisschen wahnsinnig gemacht, als ich mit Yoga begann. Denn sobald ich anfing, auf meine Atmung zu achten, veränderte sie sich, und dann war ich mir gar nicht mehr sicher, wie meine normale Atmung denn eigentlich ist.

Diesen Effekt, dass sich menschliches Verhalten, aber auch Einstellungen und Gefühle beim Prozess der wissentlichen Beobachtung verändern, findet man vor allem, wenn man gleichzeitig Beobachtungsobjekt und Beobachter ist, wie das bei der Selbstvermessung der Fall ist. In der psychologischen Forschung wird dieser Effekt auch als Hawthorne-Effekt bezeichnet, da er erstmals im Zusammenhang mit Untersuchungen in den Werken eines amerikanischen Elektrotechnikunternehmens in Hawthorne in der ersten Hälfte des 20. Jahrhunderts beschrieben wurde. Hier wollte man herausfinden, wie sich Veränderungen der Arbeitsbedingungen auf die Arbeitsleistung der Mitarbeiter auswirken. Doch egal, was verändert wurde (die Lichtverhältnisse, das Arbeitspensum, die Bezahlung oder die Arbeitszeiten) und egal ob zum Besseren oder zum Schlechteren, die Mitarbeiter waren produktiver. Und das vermutlich einzig und allein, weil sie wissentlich Teil einer Untersuchung waren und ihre Arbeit mit der Aufmerksamkeit der Forscher bedacht wurde. Sie erinnern sich vielleicht noch an mein Beispiel ganz zu Beginn des Themas Selbstvermessung, nämlich, dass Menschen mehr und schneller rennen, einfach nur, weil Sie sich selbst tracken? Auch das ist ein Beispiel für den Hawthorne-Effekt.

Unsere Psyche ist in dieser Hinsicht wirklich faszinierend. Um Ihnen gleich noch einen weiteren schönen Beobachtereffekt aus der Psychologie um die Ohren zu schmeißen, möchte ich Sie an dieser Stelle außerdem auf den Pygmalion-Effekt, auch Rosenthal-Effekt oder Versuchsleitererwartungseffekt genannt, aufmerksam machen. Besonders häufig wird der Effekt im Zusammenhang mit der Bewertung von Schülern durch Lehrkräfte beschrieben. Verschiedenste Studien wiesen nach, dass sich durch die Erwartungen der Lehrer – ob sie beispielsweise denken, dass Schüler A in ihrem Fach besonders gut abschneiden wird und Schüler B eher nicht – nicht nur die Beurteilung der Lehrer verändert, sondern auch die tatsächliche Leistung der Schüler. Sind im Rahmen der Selbstvermessung nun Lehrkraft und Schüler sozusagen in einer Person vereint, kann von neutraler Beurteilung ohne Erwartungseffekte kaum noch die Rede sein.

Parallelen lassen sich an der Stelle auch zu Algorithmen ziehen, die unser Online-Verhalten einschätzen und danach »handeln«. Wenn ein Algorithmus (vermenschlicht gesprochen) »glaubt«, dass wir auf dem politischen Spektrum ziemlich weit links liegen, beeinflusst das seine »Erwartungen« darüber, was für Beiträge uns in sozialen Netzwerken gefallen könnten, und damit ein Stück weit auch unsere Einstellung selbst. Oder wenn ein Algorithmus der Meinung ist, wir stehen total auf Krimis, verändert das eben die Auswahl vorgeschlagener Produkte in Online-Shops und damit – bewusst oder unbewusst – auch unsere Vorlieben und unser Verhalten.

Im gesamtgesellschaftlichen Gefüge gibt es ähnliche Effekte. Campbell's Law etwa besagt, dass die Untersuchungsmethode den Untersuchungsgegenstand beeinflusst. Das heißt, je stärker ein zahlenbasierter Marker zur Entscheidungsfindung herangezogen wird, desto stärker wird von Anfang an auf diesen Indikator hingearbeitet und desto stärker wird verzerrt, was eigentlich beobachtet werden sollte. Als Beispiel kann man jede Art des Rankings oder Ratings heranziehen, wie etwa Hochschulbewertungen, aber auch Auswahlalgorithmen zur Stellenbesetzung oder die Einschätzung der Rückfallwahrscheinlichkeit von Straftätern. Wenn klar ist, was die Rankings erwarten oder was sie konkret in die Bewertung einfließen lassen, werden die Kräfte verstärkt darin investiert, was bei der Bewertung wichtig ist und berücksichtigt wird. Der Rest wird vernachlässigt und es kommt zur Verzerrung.

Ein anderes wesentliches Probleme vieler Algorithmen besteht in dem, was Cathy O'Neil in ihrem Buch *Weapons of Math Destruction* (zu Deutsch: Waffen der mathematischen Zerstörung) als toxische Feedbackschleife bezeichnet. Algorithmen haben quasi keine eigene Autokorrektur, sondern verstärken ihre Vorhersagegenauigkeit durch ihre Vorhersagen selbst. Klingt kompliziert? Lassen Sie es mich an einem Beispiel aus O'Neils Buch illustrieren. Unter dem Stichwort *Predictive Policing* (zu Deutsch: Vorhersagende Polizeiarbeit) nutzen viele Polizeibehörden in den USA Programme zur Vorhersage potenzieller Risikobereiche für Verbrechen, um den Einsatz von Polizeikräften gezielter steuern zu können. Auch in Deutschland wird *Predictive Policing* in einigen Städten erprobt. Diese Programme nutzen Daten vergangener Straftaten, um ein Muster zu erkennen und vorherzusagen, wann und wo wahrscheinlich wieder welche auftreten werden. An die Stellen mit der höchsten Wahrscheinlichkeit für ein Verbrechen können dann verstärkt Polizisten geschickt werden. So weit, so gut. Doch gerade bei weniger drastischen Delikten bewegen sich diese Programme nach Cathy O'Neil in einem sich selbst verstärkenden Kreislauf. Viele kleinere Vergehen, wie etwa der Handel oder Konsum kleinerer Drogenmengen, kommen übermäßig häufig in sozial schwachen Gegenden vor, bleiben jedoch meist ohne polizeiliche Konsequenzen. Wenn nun aber genau in diesen Gebieten die polizeiliche Kontrolle erhöht wird, weil das Programm eine hohe Kriminalitätswahrscheinlichkeit für solche Viertel ausspuckt, Polizisten dort patrouillieren und Jugendliche beim Drogenkonsum erwischen, werden genau diese Verstöße immer häufiger registriert und speisen den Algorithmus weiter mit höheren Wahrscheinlichkeiten für diese Wohngebiete, wodurch wiederum ein höheres Polizeiaufkommen dort gerechtfertigt wird und damit auch mehr Straftaten entdeckt werden.

Cathy O'Neil zeigt an einem weiteren Beispiel, wie ein Jobbewerber aufgrund seiner Testergebnisse in einem Persönlichkeitsfragebogen unmittelbar aus dem Bewerbungsprozess ausgeschlossen wurde. Die Antwortmuster, die dazu führten, waren dabei absolut undurchsichtig. Der Bewerber wusste also nicht, nach welchen Kriterien auf Tests basierende Algorithmen aussortierten. Neben dieser Undurchsichtigkeit zeichnen sich *Weapons of Math Destruction* auch durch den Schaden aus, den sie auf das Leben von Menschen haben. Der Jobbewerber hatte in diesem Beispiel gar nicht erst die Chance, seine Qualifikation zu beweisen, und zwar nur, weil er auf Grundlage einer schlechten Stellvertretervariablen – Studien zeigen, dass Persönlichkeitstests kein zuverlässiger Indikator für Berufserfolg sind – noch vor der weiteren Beurteilung aus dem Rennen war.

Ein weiteres Problem wird an diesem Beispiel deutlich: die fehlende Autokorrektur. Wenn sich nämlich dieser Jobbewerber nun bei einer anderen Firma im gleichen Bereich bewirbt, dort genommen und zu einem der besten Mitarbeiter wird – wenn das erste Unternehmen also eine klare Fehlentscheidung bezüglich seiner Jobpassung getroffen hat –, wird es das erste Unternehmen nie erfahren. Es wird nie wissen, dass es auf Grundlage des Persönlichkeitstests einen hoch qualifizierten Mitarbeiter nicht eingestellt hat. Von der Tatsache, dass Algorithmen immer auf der Vergangenheit basieren, einmal ganz abgesehen. Dadurch nämlich bleiben die Armen arm, die Schwarzen benachteiligt und die Zukunft bleibt nur die Fortsetzung der Gegenwart.

Die wahre Komplexität der realen Welt kann von Algorithmen und Vorhersagemodellen kaum nachgebildet werden, genauso wenig wie die Zwischentöne des menschlichen Handelns und der menschlichen Kommunikation. Was bei unseren eigenen Modellen im Kopf meist ganz unbewusst passiert, muss man Algorithmen gezielt einprogrammieren – und zwar jeden noch so kleinen Aspekt, um diese so realistisch wie möglich zu machen. In der Realität erfolgt jedoch stets eine Vereinfachung, die teils ziemlich drastisch ist. Statt wirklich Individuen zu beurteilen, fußen die Berechnungen auf Stellvertretervariablen und Mittelwertaussagen: »Menschen wie du verhalten sich für gewöhnlich so und so …« Daher wird man auch genauso behandelt, obwohl das eigene Verhalten dieser vermeintlichen »Norm« womöglich gar nicht entspricht.

Dazu muss man beschwichtigend sagen, dass Stellvertretervariablen und Aussagen zu durchschnittlichen Personen natürlich in vielen Fällen zutreffen und zu einem gültigen Schluss führen. Aber was passiert mit den Leuten, die eben in die falsche Schublade gesteckt werden? Kollateralschaden könnte man jetzt sagen. Für den Betroffenen ist das aber alles andere als befriedigend. In manchen Anwendungsbereichen mag das ohne größere Konsequenzen bleiben, etwa bei der Partnervermittlung über Datingportale oder Kaufempfehlungen von Online-Shops. In anderen Zusammenhängen können die Folgen für den Einzelnen jedoch verheerend sein, wenn es etwa darum geht, einen Job oder einen Kredit zu bekommen. Doch Fehler passieren, da statistische Aussagen immer nur eine Wahrscheinlichkeit beschreiben und eine gewisse Fehlerquote implizieren. Auch die berühmte Ausnahme von der Regel kann schon mal durch das globale Algorithmussieb rutschen. Dass das unfreiwillig ziemlich peinlich werden kann, macht ein Beispiel aus dem Jahr 2015 deutlich. Ein Softwareentwickler und einer seiner Freunde – beide mit schwarzer Hautfarbe – wurden von Googles Bilderkennungssoftware automatisch als Gorillas »erkannt«. Peinlich berührt entschuldigte sich Google und nahm Gorillas eine Zeit lang komplett aus der Schlagwort-Datenbank.

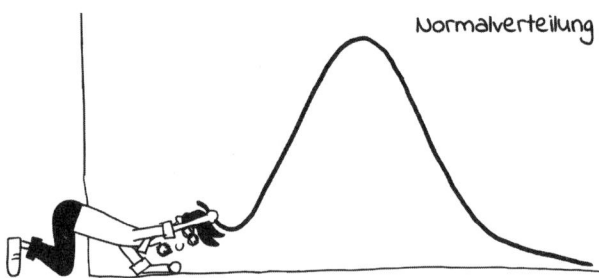

Die Funktionsweise von Algorithmen besteht bekanntlich im Wesentlichen darin, Zusammenhänge und Muster zu erkennen, also wenn das gekauft wird, dann auch das oder wenn ein Jobanwärter bestimmte Kriterien erfüllt, wird er ein produktiver Angestellter. Dabei wird schnell vergessen, dass nicht alles kausal ist, was korreliert.

Der Amerikaner Tyler Vigen sammelt auf seinem gleichnamigen Blog jede Menge dieser Scheinkorrelationen, die absurder kaum sein könnten. So zeigt beispielsweise die Anzahl der Menschen, die in den USA jährlich durch Ertrinken in einem Pool ums Leben kommen, einen sehr ähnlichen Verlauf wie die Anzahl an Filmen, in denen Nicolas Cage in den einzelnen Jahren mitgespielt hat. Sie werden mir zustimmen, dass jegliche Form gegenseitiger Einflussnahme bei einem solchen Beispiel an den Haaren herbeigezogen wäre.

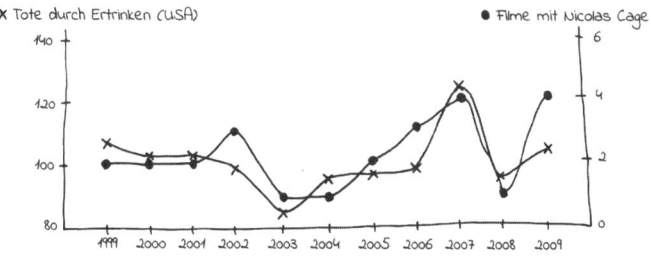

»Wusstest du, dass einige der genialsten Menschen der Welt pro Nacht nur vier Stunden schlafen?«, fragt mich Henry, als wir in seiner Mittagspause in einem Restaurant sitzen und auf unsere Bestellung warten. »Das werde ich demnächst auch probieren. Ich wette, so werde ich noch produktiver«, fährt er fort. Ich schaue ihn zweifelnd an.

»Größer angelegte Studien deuten nicht darauf hin, dass weniger Schlaf mit mehr Produktivität einhergeht. Eher im Gegenteil«, halte ich ihm entgegen.

»Wohl kaum. Die sprechen an der Stelle sogar von Kausalität.«

»Wer spricht da denn bitte von Kausalität? Sie sind wohl eher so produktiv, obwohl sie so wenig schlafen. Oder sie sind einfach zufällig produktiv und brauchen wenig Schlaf«, argumentiere ich.

»Dass das ausgerechnet jemand sagt, der gern neun Stunden und mehr schläft, wundert mich, ehrlich gesagt, wenig.« Henry setzt einen triumphierenden Blick auf, während ich die Augen verdrehe.

»Ich glaube, du hast das mit Korrelation und Kausalität noch nicht so ganz verstanden. Du würdest wahrscheinlich auch ernsthaft in Betracht ziehen, nach Finnland zu ziehen, wenn Studien herausfänden, dass dort die Menschen am glücklichsten sind, und dann darauf warten, dass du wie von Zauberhand glücklich werden würdest.«

»Ich weiß jetzt wirklich nicht, was du meinst«, tut Henry übermäßig gleichgültig. Dann fährt er fort: »Übrigens ist mir in letzter Zeit auch aufgefallen, dass ich meist gestresst bin, nachdem ich mich mit dir getroffen habe. Zufall ist das ja wohl kaum.«

»Nee, stimmt. Wobei das auch nicht an mir liegt, sondern daran, dass du Gegenwind nicht so gut verträgst«, entgegne ich und grinse. »Aber ich verstehe, dass es nicht so leicht ist, Korrelation von Kausalität zu trennen beziehungsweise die richtigen Gründe zu identifizieren. Dafür gibt es in der Wissenschaft komplexe Untersuchungsabläufe. Wir könnten das Ganze mal systematisch untersuchen. Dann müssten wir sowohl mich als Person variieren als auch die Inhalte der Gegenreaktionen, die du erhältst. Ich befürchte allerdings, dass ich recht habe.« Ich grinse weiter.

Henry schaut mich böse an. »Vielleicht sollten wir eher mal die Umstände systematisch untersuchen, unter denen du zu menschlicher Größe fähig bist.« Heute teilt er aber ordentlich aus, denke ich mir, doch verkenne keineswegs die inhaltliche Bedeutsamkeit unseres Themas. Denn tatsächlich ist es häufig schwierig, von Korrelationen nicht gleich auf Kausalitäten zu schließen, und wenn Letzteres zutrifft, auch noch die richtigen Gründe herauszufinden. Gerade im Bereich der Selbstvermessung, da sie häufig sehr selektiv, mit vielen Erwartungen und von methodischen Laien durchgeführt wird.

Ich lasse die Situation zwischen mir und Henry etwas abkühlen und wechsle zu einem unverfänglicheren Thema. Bevor wir uns verabschieden, lege ich ihm dann aber doch noch nahe, bei der Interpretation seiner Daten vorsichtig zu sein und nicht in die Falle scheinbarer Kausalität zu tappen.

»Ja, ja«, antwortet Henry mit versöhnlichem Gesichtsausdruck und geht los.

Für eine hohe Korrelation, also einen starken Zusammenhang, gibt es tatsächlich mehrere Erklärungsmöglichkeiten. Kausalität ist nur eine davon. Zusammenhänge könnten auch zufällig entstehen, wie etwa bei der Sache mit Nicolas Cage und den Toten im Pool, oder beide Beobachtungen werden durch etwas anderes verursacht. Beispielsweise hängt der Eiskonsum mit der Anzahl an Sonnenbränden zusammen. Naheliegend ist, dass weder ein hoher Eiskonsum zu Sonnenbrand führt noch dass häufiger Sonnenbrand den Eiskonsum erhöht. Vielmehr werden beide Beobachtungen dadurch hervorgerufen, dass es warm ist und die Sonne viel scheint. Und selbst wenn es eine Kausalität gibt, lässt sich die Richtung dieser – also was Ursache und was Wirkung ist – noch nicht einfach nur auf Grundlage eines vorhandenen Zusammenhangs erklären. Ohne ein paar theoretische Überlegungen und gezieltes Experimentieren lässt sich das kaum zuverlässig sagen. Anders gesagt: Nur weil man wahnsinnig viele Daten messen und auswerten kann, heißt das oftmals noch lange nicht, dass man diese auch richtig interpretieren kann.

Genau solche Beispiele machen deutlich, wie abwegig es sein kann, bei engen Zusammenhängen gleich von Kausalität auszugehen. Oder schlimmer noch: gar nicht mehr nach dem Grund zu fragen. Wenn Algorithmen in Big Data nur nach

Mustern und Zusammenhängen suchen, aber Ursache und Wirkung nicht ergründen und somit ebenfalls einen möglichen zeitlichen Ablauf ignorieren, können teilweise lebensverändernde Konsequenzen die Folge sein. Ohne nach dem Grund zu fragen, ist es entscheidender, *dass* etwas so ist, als *warum* etwas so ist. Dabei ist es gerade das Warum, das zu einem tieferen Verständnis der Welt führt.

Jetzt haben wir so viel über verschiedensten Probleme beim Messen und dem Einsatz von Algorithmen gesprochen, dass sich die Frage stellt, was es denn nun braucht, um Vermessen so verlässlich wie möglich zu machen? Wirklich faire Algorithmen wären transparent und würden sich kontinuierlich selbst verbessern, das heißt Fehlentscheidungen in die Anpassung einbeziehen. Gerade das ist der entscheidende Vorteil von menschlichen Entscheidungen. Egal wie fehlerhaft und subjektiv ihre Urteile auch sein mögen, so verfügen Menschen doch über die Fähigkeit, ihre Strategien für die Entscheidungsfindung zu ändern, anzupassen und zu verbessern. Bei Algorithmen sollten folglich sowohl die Annahmen des zugrunde liegenden Modells als auch die Berechnungsergebnisse sichtbar gemacht werden. Deutlich besser wäre es, wenn die Modelle ausschließlich mit Variablen arbeiten würden, die tatsächlich einen direkten Bezug zu dem vorherzusagenden Verhalten haben und nicht nur in statistischem Zusammenhang stehen beziehungsweise Stellvertretervariablen sind. Dadurch wäre der Prozess für alle Beteiligten und auch Außenstehende besser nachvollziehbar und die Akzeptanz höher.

Das Problem mit Stellvertretervariablen ist auch, dass sie sich leichter manipulieren lassen als die komplexere Realität. Geht es etwa bei Hochschulrankings um die Beurteilung der Bildungsqualität, könnte das ein ziemlich schwierig zu messendes Konstrukt sein. Da erscheint es doch viel leichter, auf die

Abschlussnoten zurückzugreifen. Wenn eine Hochschule viele Absolventen mit guten Noten aufweisen kann, muss sie wohl eine gute Bildungsinstitution sein, oder? Als Universität könnte man aber natürlich auch einfach die Standards absenken und – schwupps – hätte alle Studenten bessere Noten. Dementsprechend würden alle Hochschulen einfach so lange die Noten ihrer Absolventen aufwerten, bis alle Bestnoten bekämen. Der Sinn des Bewertens würde damit ad absurdum geführt werden. So einfach funktioniert das Austricksen von Stellvertretervariablen. Algorithmen können sich selbst nicht gerecht machen. Das ist nach wie vor Aufgabe der Menschen. Entscheidend sind Intention und Ziel, die hinter dem Einsatz von Algorithmen stehen. So sind auch jede Menge wertvolle Anwendungen denkbar. Erinnern Sie sich beispielsweise an die Früherkennung von Depressionen oder der Hautkrebsdiagnostik.

## Wer schützt meine Daten?

Ein weiteres Problem der Datensammelwut unserer Zeit ist der Datenschutz. Im Juni 2013 war der Aufschrei groß, als unter Geheimverschluss stehende Dokumente der amerikanischen National Security Agency und der britischen Government Communications Headquarters in den großen Zeitungen *Washington Post* und *The Guardian* veröffentlicht wurden. Die streng geheimen Papiere wurden ihnen von dem amerikanischen Ex-Geheimdienstmitarbeiter und Whistleblower Edward Snowden in die Hände gespielt. Er deckte damit die globalen Überwachungsmaßnahmen von Telekommunikation und Internet der beiden Geheimdienste auf.

Die Überwachung erfolgte seit mindestens 2007 in großem Stil und verdachtsunabhängig unter dem Vorwand der Sicherheitspolitik und Terrorismusbekämpfung. Im weiteren Verlauf des Skandals kamen immer mehr Dokumente an die Öffentlichkeit. Die Liste der überwachten Regierungsbehörden und Staatschefs und vor allem der Millionen, wenn nicht gar Milliarden von Bürgern aus der ganzen Welt ist lang. *»You need the haystack to find the needle«* – Du brauchst den Heuhaufen, um die Nadel zu finden, so der ehemalige NSA-Direktor Keith B. Alexander verteidigend. Doch das Recht, den ganzen Heuhaufen einzusammeln, haben die Herrschaften nie erhalten und dass ein Halm auch mal schnell mit einer Nadel verwechselt werden kann, sollte man an dieser Stelle wohl auch nicht verschweigen.

Es blieb auch keineswegs bei Massenauswertungen und der Anwendung automatisierter Algorithmen, sondern umfasste ebenso gezielte Abhör- und Spionageaktivitäten etwa von Spitzenpolitikern und Unternehmen, was wohl kaum noch mit Terrorismusprävention begründbar ist. Edward Snowden hat für seine Enthüllungen einen hohen Preis bezahlt. Er wurde des Diebstahls und Geheimnisverrats angeklagt und lebt seitdem in Russland im Asyl. Damit brachte er aber auch eine gesellschaftliche Debatte über Datenschutz und Regeln der Datenspeicherung und -verwertung in Gang, die im digitalen Zeitalter schon längst überfällig war. Inwieweit wollen wir den Schutz unserer Privatsphäre und unserer Daten gegen vermeintliche Sicherheit eintauschen? Und wenn man ehrlich ist, geht es gar nicht mehr nur um die Geheimdienste. Die Datenerfassung – ob uns bewusst oder nicht – hat längst weite Teile unseres Alltags in Beschlag genommen und diejenigen, die Daten im großen Stile erfassen, sind, wie wir inzwischen wissen, neben staatlichen Behörden vor allem auch private Unternehmen.

War man sich früher noch sicher, dass es ausreichte, den Computer oder das Handy einfach auszuschalten, um die eigene Privatsphäre zu schützen, wird das heutzutage immer schwieriger. So klebt die eine Hälfte der Bevölkerung die eingebauten Kameras in den eigenen Notebooks ab, im hilflosen Versuch, Zugriffen Fremder kein Futter zu bieten, und die andere Hälfte holt sich einen Smart-TV, der beständig mit dem Internet verbunden ist, ins Haus und winkt womöglich noch nett in die Kamera. Dabei machen wir uns vor lauter Bequemlichkeit auch kaum die Mühe, hinter das System zu blicken, geschweige denn dieses zu verstehen. »Wenn im Zuge des NSA-Skandals von einem ›kalten Bürgerkrieg‹ die Rede ist, gilt dies vor allem als Konflikt *in* jedem Bürger: zwischen dem Interesse an den Vorteilen und der Angst vor den Nachteilen, die in der Vermessungs- und Analysebesessenheit einer zunehmend digitalisierten und datenfixierten Gesellschaft liegen«, schreibt Roberto Simanowski in *Data Love*.

Und selbst der Widerstand gegen die Datensammelwut der Geheimdienste war schnell abgeebbt, nachdem Edward Snowden vom Bildschirm der Medien verschwunden war. Das kleine Männchen auf der linken Schulter, das über Freiheit philosophierte, wurde schnell von dem auf der rechten Schulter, das von der Notwendigkeit der Überwachung für das kostbare Gut der Sicherheit sprach, übertönt. Das hat doch auch nichts mit der Stasi zu tun. Die war ja schließlich gar nicht rechtsstaatlich legitimiert, während die Geheimdienste doch der parlamentarischen Kontrolle unterliegen. Und überhaupt sitzt da ja auch kein menschlicher Geheimdienstmitarbeiter vor den ganzen Daten und fällt subjektive Urteile, sondern heute sind es doch neutrale Maschinen, intelligente Algorithmen, die entscheiden, welche Kommunikation oder Menschen verdächtig sind und welche nicht. Aber wie das mit der Objektivität von Algorithmen so ist, wissen wir inzwischen …

Roberto Simanowski kritisiert an dieser Stelle vor allem die Hilflosigkeit und fehlende Handlungsbereitschaft der Politik – zum Beispiel deren Forderung, der Bürger müsse mehr Selbstverantwortung im Umgang mit seinen Daten übernehmen, »als ginge es nur um Daten, die man freiwillig auf Facebook und Twitter präsentiert, und als wäre alles wieder gut, wenn Cookies blockiert, Emails verschlüsselt und jeden Abend die Browser-Chronik gelöscht wird«. Ganz so einfach ist es dann eben doch nicht. Denn für die Verwendung der meisten Apps heißt es in Sachen Datenerfassung und -verarbeitung: friss oder stirb. Entweder akzeptiert man die freigiebigen Nutzungsbestimmungen oder verwehrt sich selbst den Zugang zu den Möglichkeiten der digitalen Welt. Dabei gibt es schon längst keine Einzelspieler mehr auf dem Datenmarkt. Vielmehr handelt es sich um Netzwerke, die gesponnen werden, um möglichst viel über uns zu erfahren. Es geht nicht mehr nur darum, uns besser kennenzulernen und gezielte Angebote zu machen, sondern darum ganz subtil unser Verhalten zu steuern. So können Daten und

Informationen gezielt manipuliert und selektiv präsentiert werden. Und wenn man sich darauf einlässt, bringt das weitere Gefahren mit sich, so die Journalisten Christian Grasse und Ariane Greiner in *Mein digitales Ich*: »Die Digitalisierung des Ich birgt immer auch die Gefahr, dass Informationen zu Stellen durchsickern, für die sie nicht bestimmt waren. Dazu muss nicht einmal Datenmissbrauch im klassischen Sinne vorliegen. Selbst wenn gegen keine Datenschutzrichtlinie verstoßen wurde, kann es passieren, dass andere mehr von mir erfahren, als mir lieb ist – aufgrund von Arglosigkeit oder aufgrund einer Überforderung im Informationsmanagement (wer darf was wissen und wer was besser nicht?) oder aufgrund von Algorithmen, die die Informationen in einer Weise verteilen, die ich nicht mehr überblicken kann.« Die Sorge um unsere Autonomie und Selbstbestimmung ist daher durchaus berechtigt und ein Misstrauen gegenüber digitalen Technologien verständlich. Von echtem Datenmissbrauch wie der Manipulation von Daten oder dem Identitätsklau mal ganz zu schweigen.

In einer Umfrage der SCHUFA Holding AG gaben 12 Prozent der befragten Internetnutzer an, bereits Opfer von Identitätsmissbrauch geworden zu sein; 34 Prozent berichteten, dass sie Betroffene in ihrem Freundes- oder Bekanntenkreis haben. Häufig wurden die Betroffenen durch nicht nachvollziehbare Rechnungen, Kontobewegungen oder Mahnungen darauf aufmerksam. Beispiele für diesen Datenmissbrauch sind etwa der unerlaubte Abschluss von Abonnements für Streamingdienste oder Dating-Plattformen, Vertragsabschlüsse bei Mobilfunkunternehmen oder Einkäufe im Online-Handel. Wie genau die Täter an die Daten kommen und wohin sie danach gelangen, bleibt meist unklar.

Die Verbraucherzentralen empfehlen als wichtigste Schutzmaßnahmen, die Verwendung sicherer Passwörter; am besten für jedes Nutzerkonto ein anderes. Besonders häufig kommen Datendiebe über die Methode des *Phishing* an sensible Informationen von Privatpersonen. Beim *Phishing* werden über gefälschte E-Mails oder Webseiten Daten von Internetnutzern unerlaubt abgefangen, um diese dann missbräuchlich weiterzuverwenden. Das kann beispielsweise eine gefälschte E-Mail von ihrem Kontobetreiber sein, in der Sie gebeten werden, ihre PIN-Nummer zu ändern oder den Anhang einer E-Mail zu öffnen. Zudem sollten Sie bei Verdacht auf unzulässige Datenverwendung schnell handeln, indem Sie beispielsweise ihr Konto sperren lassen und eine Strafanzeige bei der Polizei aufgeben. Eine weitere Gefahr besteht in Hackerangriffen auf Datenhändler, Datenkraken und andere Unternehmen, etwa E-Mail-Anbieter, die Daten von uns speichern. Werden diese gehackt, können auch unsere Daten geklaut und missbraucht werden. Hierbei haben wir keinerlei Kontrolle und können nur hoffen, dass sich diese Unternehmen bei dem Schutz unserer Daten allergrößte Mühe geben.

Nicht nur der Datenmissbrauch selbst, sondern auch das, was aus diesen Daten für Schlüsse gezogen werden können, sollte uns Sorgen um unsere Privatsphäre machen. Erinnern Sie sich an die Studie zur Vorhersagekraft von Facebook-Likes? Sie hat gezeigt, wie die Auswertung unserer digitalen Datenspuren teilweise zu akkurateren Einschätzungen unserer Person führen als das unsere Freunde und Arbeitskollegen können. Bestand Privatsphäre zu Beginn des Internets noch in Anonymität, ist sie heutzutage eigentlich gar nicht mehr möglich. Selbst wenn Sie alle persönlichen Daten aus den Datenbanken entfernen würden oder mit Anonymisierungsverfahren im Internet unterwegs wären, so wüssten die Internetfirmen vielleicht nicht im ersten Moment, wer Sie sind, könnten dies jedoch mit ihren Algorithmen ohne größere Probleme herausfinden: Die Daten verraten mit großer Genauigkeit, wo Sie jede Nacht schlafen, wo Sie arbeiten, was Sie kaufen, mit wem Sie kommunizieren und welche Wege Sie über den Tag so nehmen. Im Kern der aktuellen Datenschutzdebatte steht daher die Frage, wer was über uns weiß und was mit unseren Daten gemacht werden darf. Die digitale Datenerhebung, -speicherung und -analyse ist schon jetzt integraler Bestandteil unserer Gesellschaft und das wird sich auch in Zukunft nicht ändern. Um dem Datenmissbrauch vorzubeugen, braucht es allerdings Regeln, nach denen diese Prozesse ablaufen dürfen. Im Moment scheint jedoch eher die Devise zu gelten: Wir messen und analysieren, was wir kriegen können.

Datenschutz beginnt dabei noch viel früher, nämlich bei der Hard- und Software, die unsere Datensicherheit gewährleisten sollen. Wenn ich als Nutzer einer App oder Internetseite auf diese zugreife und mit ihr interagiere, also Daten austausche, werden meine Daten weitergeleitet und auf einem Server gespeichert. Von dort aus gelangen sie dann im Normalfall zu einem Analyserechner. Auf dem gesamten Weg können unsere Daten abgefangen und manipuliert werden.

Neben der Software stellen physische Veränderungen an Computern, Übertragungssystemen sowie Speichermedien mögliche Einfallstore dar. So wurde dem chinesischen Tele-kommunikationsausrüster Huawei von den USA vorgeworfen, in Zusammenarbeit mit der chinesischen Regierung, Spionage-mechanismen in seine Hardware- und Softwareprodukte für das 5G-Netz einzubauen. Offiziell Beweise wurden nie vorgelegt, trotzdem durfte Huawei fortan nicht mehr an den Ausschrei-bungen für das amerikanische 5G-Netz teilnehmen. Da neben der technischen Komplexität wirtschaftliche und politische Interessen eine große Rolle bei IT-Systemen spielen, bleibt uns Bürgern nicht viel mehr übrig, als nicht nur den Firmen, sondern auch den staatlichen Kontrollbehörden zu vertrauen, dass unse-re Daten im Zweifelsfall nicht durch »Schlupflöcher« in der Hard-ware ausgegeben oder gar manipuliert werden können.

Anders sieht es bei der Software aus: Da jede Zeile im Quell-code einer App, Internetseite oder eines Gratis-Online-Spiels ein potenzielles Sicherheitsrisiko darstellt, scheint die Komple-xität zwar im Vergleich zur Hardware um ein Vielfaches größer zu sein. Jedoch gibt es im Softwarebereich eine bedeutend grö-ßere Anzahl an Hilfen, um die Datensicherheit zu erhöhen. Seien es Antiviren-Programme für Laptop oder Smartphone, Verschlüsselungsalgorithmen für die Datenübertragung und nicht zuletzt die Blockchain-Technologie für eine schwer ma-nipulierbare Datenspeicherung.

Die Verantwortung für unsere Daten beschreibt Frederick Richter, Vorstand der Stiftung Datenschutz, in einem Interview mit dem MDR als dreigeteilt. Demnach liege sie bei den Nut-zern, beim Staat und bei den Anbietern. Würden alle drei ge-meinsam auf einen guten Datenschutz hinarbeiten, stünden die Chancen seiner Meinung nach gut. Jeder der drei Beteilig-ten allein könne die Aufgabe des Datenschutzes allerdings nicht stemmen. Die privaten Nutzer sind in der Regel überfordert, staatliche Verordnungen wären ohne eine sinnvolle praktische

Anwendung durch die Anbieter ergebnislos und für die Wirtschaftsunternehmen braucht es klare Regularien, um Schlupflöcher zu vermeiden und schwarzen Schafen keine Spielwiese zu bieten.

Doch die sogenannte Netzpolitik hinkt noch immer hinterher. »Denn die Baustellen sind enorm, und die Politik der Zukunft, die […] immer auch Netzpolitik sein wird, unterscheidet sich strukturell von der traditionellen nationalstaatlichen Entscheidungsfindung«, schreiben die Netzaktivisten Markus Beckedahl und Falk Lüke in ihrem Buch *Die digitale Gesellschaft. Netzpolitik, Bürgerrechte und die Machtfrage.* Die analogen Regeln und Gesetze etwa für Datenschutz, Urheberrecht und Verbraucherschutz lassen sich nicht eins zu eins auf die digitale Welt übertragen. Doch viele Politiker haben sich lange Zeit schwergetan, sich mit dem Internet und der voranschreitenden Digitalisierung auseinanderzusetzen. Wenn überhaupt, galt ihr Interesse an den neuen Medien anfangs vor allem den sicherheitspolitischen Möglichkeiten. Das fehlende Wissen und die mangelnde Kompetenz im politischen Entscheidungsprozess machten sich Unternehmen und Institutionen mit wirtschaftlichen Interessen zunutze. So werden massenhaft Daten von uns abgefischt, teils ohne dass wir darüber überhaupt Kenntnis haben.

»Nur gut, dass du keine persönlichen Daten preisgegeben hast«, sagt Henry, während wir im Auto sitzen und über die Bundesstraße zum großen Einkaufszentrum am Stadtrand fahren. Henry braucht ein paar neue Kleidungsstücke und hat mich als Beraterin mitgenommen. Gute Idee, wie ich finde.

»Ich wäre beinahe auf den Hacker reingefallen und hätte ihm meine Telefonnummer gegeben. Aber so viel Charme, wie der an den Tag gelegt hat, hab ich dir dann doch nicht zugetraut«, sage ich mit einem Grinsen. Henry funkelt mich böse an. Vor einigen Tagen hatten sich Kriminelle in seinen Facebook-Account gehackt, sich als Henry ausgegeben und so versucht, persönliche Daten seiner Freunde zu erschwindeln. »Mal im Ernst: Mit der Masche würdest du in einer Woche vermutlich an mehr Handynummern attraktiver Frauen kommen als in deinem ganzen bisherigen Leben.« Darüber kann Henry nun wirklich nicht mehr lachen. Ich sehe ein, dass das jetzt ein wenig fies war. »Schon erschreckend, wie leicht sich Identitäten im Internet klauen oder hacken lassen und wie schlecht unsere Privatsphäre geschützt ist, was?«, lenke ich beschwichtigend ein.

»Würde man deutlich mehr Transparenz anstreben, könnte so etwas gar nicht passieren«, sagt Henry und schaut aus dem Fenster.

»Dafür würdest du mehr und mehr an Privatsphäre verlieren«, entgegne ich.

»Dafür aber an Sicherheit gewinnen.«

»Glaub mir, mit Privatsphäre ist es wie mit Freiheit: Man macht sich erst darüber Gedanken, wenn man sie nicht mehr hat.«

»Mir wäre Sicherheit definitiv wichtiger als Privatsphäre. Denk doch nur mal an all die kriminellen Machenschaften, die hinter dem Vorhang der Privatsphäre passieren: häusliche Gewalt, Diebstahl an öffentlichen Plätzen oder die Planung terroristischer Aktivitäten. All das könnte doch mit mehr Transparenz verhindert werden«, führt Henry aus. Damit hat er nicht ganz unrecht, doch mir geht das deutlich zu weit.

»Du wärst also für mehr Überwachung von digitaler Kommunikation und öffentlichen Orten? Dann könnte jeder sehen, wenn du deinen Kaugummi auf die Straße wirfst. In

Singapur gäbe es dafür schon eine knackige Geldstrafe.«
Henry schaut etwas genervt.

»In öffentlichen Räumen kann jeder sehen, was du
machst. Warum sollten Überwachungskameras da nun so
schlimm sein? Und wann werfe ich bitte Kaugummis auf die
Straße?« Ein bisschen fühlt er sich wohl doch ertappt. Henry
zieht die Augenbrauen hoch und schüttelt den Kopf: »Sind
Google, Facebook und Co. nicht genauso öffentliche Orte?
Da wäre doch etwas mehr Überwachung ganz schön.«

»Wenn dort nicht alles in die eigene Tasche gewirtschaf-
tet werden würde und es tatsächlich um Sicherheit für die
Bürger beziehungsweise Nutzer ginge, vielleicht. Aber dann
hätte ich auch gern, dass diese Transparenz auf Gegenseitig-
keit beruht und wir nicht die Einzigen sind, die dabei die
Hosen runterlassen müssen«, geht es ein bisschen mit mir
durch.

»Da hast du ausnahmsweise recht«, stimmt mir Henry
zu. Wir sind tatsächlich mal einer Meinung.

In der Tat ist der Drahtseilakt zwischen Sicherheit und Privatsphäre kein leichter. Wo soll man die Grenze ziehen? Wenn
man den selbstkonstitutiven Wert der eigenen Daten aner-
kennt, wie es der Philosoph Luciano Floridi in seinem Buch
*Die 4. Revolution* vorschlägt, sind diese vielleicht leichter zu
erkennen. Demnach sind Daten nämlich Teil der eigenen
Identität und gehören, wie auch der eigene Körper oder die
eigenen Gefühle, zur Person selbst. Der Schutz der Privatsphäre ist damit Schutz der Identität jedes Einzelnen. Damit
bedeutet das Recht auf Privatsphäre das »Recht des Einzelnen
auf Sicherheit vor unbekannten, unerwünschten oder unge-
wollten *aktiven* wie *passiven* Änderungen seiner Identität«,
wie Luciano Floridi schreibt. Und tatsächlich spiegeln die

Dinge, die wir auf Google suchen oder in sozialen Netzwerken liken und teilen, einen Teil von uns als Person wider, den es zu schützen gilt.

Damit könnte man, wenn man diesen Gedanken konsequent zu Ende denkt, hohe Geldstrafen für den Handel mit persönlichen Informationen verlangen, genauso wie auch der Handel mit Organen oder gar Menschen illegal ist, weil er das Recht an der eigenen Person untergräbt. Die Grenze des Schutzes der Privatsphäre würde dann genau zwischen den Daten entlanglaufen, die nicht identitätsstiftend sind, beispielsweise irgendwelche willkürlichen Identifizierungsnummern von Ämtern, und denen, die mit unserer Identität direkt verbunden sind, etwa Browserchroniken oder Kaufverhalten. Laut Floridi schließt das im Endeffekt auch das Recht ein, die eigene Identität immer wieder neu zu erschaffen. Das ist allerdings schwierig, wenn unser Daten-Ich regelrecht in Zement gegossen scheint, und zum Beispiel Produktempfehlungen oder Suchergebnisse auf unserem vergangenen Verhalten basieren. Von derartig radikalen Schritten sind wir allerdings noch weit entfernt.

Nur allmählich kommt auch die Politik im digitalen Zeitalter an. So trat am 25. Mai 2018 in Deutschland die neue Datenschutz-Grundverordnung (DSGVO) als EU-weite Verordnung zum Schutz der personenbezogenen Daten in Kraft und soll vor allem die Rechte der Nutzer stärken. Die DSGVO löst die bestehende Verordnung aus dem Jahr 1995 ab, übernimmt aber wesentliche Teile davon. Nach Artikel 5 der DSGVO gelten für die Verarbeitung personenbezogener Daten die folgenden sechs Grundsätze:

- Rechtmäßigkeit, Verarbeitung nach Treu und Glauben, Transparenz
- Zweckbindung

- Datenminimierung
- Richtigkeit
- Speicherbegrenzung
- Integrität und Vertraulichkeit

Auf der Seite deinedatendeinerechte.de finden sich die Regelungen zum Datenschutz übrigens gut verständlich aufbereitet. Für die Einhaltung dieser Grundsätze tragen die verantwortlichen Anbieter eine Rechenschaftspflicht. Bei Nichteinhaltung können durchaus beträchtliche Bußgelder anfallen.

Wesentliches Ziel der DSGVO ist eine höhere Transparenz und Kontrolle der Nutzer über ihre Datenströme. Die Abfrage der Zustimmung zu den neuen Datenschutzbestimmungen und die mittlerweile zur Gewohnheit gewordene Abfrage zur Verwendung von Cookies auf Webseiten hat – zumindest kurzfristig – auch zu einem erhöhten Datenbewusstsein in der Bevölkerung geführt. Genau das brauchen wir, auch wenn dies nach meiner Erfahrung schnell wieder verflogen war und die Cookie-Bestimmungen einfach bestätigt wurden, um ungestörten Zugriff auf die angeforderten Informationen einer Webseite zu erhalten. Bequemlichkeit machte sich schnell breit.

Es bleibt auch die Frage offen, wer die Einhaltung der DSGVO kontrollieren soll und kann. Heutzutage hat praktisch jedes Unternehmen und eine nicht zu vernachlässigende Zahl privater Personen einen Internetauftritt, bei dem die DSGVO eingehalten werden muss. Das sind ziemlich viele. Auch wenn die Bußgelder abschreckend sind, mag die Wahrscheinlichkeit, bei einem Verstoß erwischt zu werden, womöglich eher gering eingeschätzt werden.

In jedem Fall sind striktere Regeln zum Datenschutz unerlässlich. Denn für viele Unternehmen ist der Datenabfang ein einträgliches Geschäft und essenzielles Marketingwerkzeug. Da ist es kaum zu erwarten, dass sich Unternehmen in Zukunft freiwillig einen Wettbewerbsnachteil ins Haus holen, indem sie auf Big Data verzichten. Roberto Simanowski sieht hier die Chance für einen »›Bio-Markt‹ des Internets«, auf dem, ähnlich wie bei Eiern aus Freilandhaltung oder pestizidfreiem Obst, Internetdienste, denen der Datenschutz ihrer Kunden wichtiger ist als die eigenen Gewinne, teurer sind als die konventionellen Produkte. Doch wie auch im Lebensmittelbereich stellen sich hier zwei wichtige Fragen, nämlich erstens, was dem Kunden der Schutz der eigenen Daten wert ist, und zweitens, wie es in diesem Fall um die Chancengleichheit bestellt ist, wenn höherwertige Produkte an einen Preis gekoppelt sind, den sich bestimmte soziale Schichten nicht leisten können. Roberto Simanowski findet, dass wir als Gesellschaft genau zu diesen Fragen im Diskurs vorstoßen und uns nicht an den rechtlichen Aspekten festbeißen sollten.

Fakt ist: Das Internet ist da und wir alle produzieren jede Menge Daten, die viel über uns verraten und relativ leicht zugänglich sind. Dies birgt sowohl Risiken als auch Chancen. Daher ist es weder sinnvoll, seine Daten aus Ignoranz und Unwissenheit leichtfertig herzugeben und sich der im Hintergrund ablaufenden Erfassungs- und Analyseprozesse nicht bewusst zu sein. Noch ist es sinnvoll, alles nur zu verteufeln und als Bedrohung zu sehen.

Markus Beckedahl und Falk Lüke beschreiben das Internet daher als »Gestaltungsraum, der uns dazu zwingt, auch althergebrachte Normen und Werte, Organisationsformen und vordergründig akzeptierte Zustände in Frage zu stellen und diese neu zu denken, um am Ende Wege zu finden, die in die Zukunft führen.« Problematisch sehen sie eher das mangelhafte technische Verständnis auf verschiedensten Seiten. Der technische Fortschritt ist unserer Gesellschaft ein ganzes Stück voraus. »Es fehlt an dem Bewusstsein, dass mit dem technischen zugleich auch ein Normenwandel einsetzt, der dringend gestaltet werden muss«, so die beiden netzpolitischen Aktivisten. Die digitale Revolution hat – genauso wie die industrielle Revolution, in der die Normen und Werte des landwirtschaftlichen Zeitalters teilweise hinderlich waren – einen Umbruch gebracht, an den wir uns wohl oder übel anpassen müssen. So bringt das Internet völlig neue Möglichkeiten des Miteinanders, die es zu nutzen gilt. Während die Veränderung quasi schon integraler Bestandteil unseres Leben ist, geht es jetzt darum, sie aktiv und dem Gemeinwohl entsprechend zu gestalten.

Es ist also unverzichtbar, dass die Kontrolle und das Recht an den Daten bei denen bleiben, denen sie gehören. Und genau das wird nicht von allein passieren, sondern wir müssen es für unsere Daten einfordern und über die Technik und das Rechtssystem die Möglichkeiten zum Datenmissbrauch reduzieren. In erster Linie handelt es sich aber um eine gesellschaftliche und politische Frage. Denn prinzipiell ist die zur

Verfügung stehende Technik neutral – erst ihre Verwendung bringt die Chancen und Risiken hervor. Radikaler Verzicht auf die Teilhabe am digitalen Leben scheint dabei keine taugliche Lösung zu sein. Auch bessere Technik wird nicht zum gewünschten Erfolg führen. Was wir brauchen, ist ein gesellschaftlicher und politischer Diskurs über das, was Datensammler und -analysten dürfen und was nicht, welchen Wert unsere Daten haben und wie wir schützen können, was wir nicht preisgeben wollen. Eine stärkere Transparenz der Datenströme und Auswertungsprozesse, aber auch direkte Informationen über die Konsequenzen, die meine Handlungen in der digitalen Welt haben, sind mehr als wünschenswert. Und auch die Stärkung der Medienkompetenz gehört in jeden Lehrplan. Dazu benötigen wir das Wissen darüber, wann welche Daten von wem gesammelt werden und wie wir das verhindern oder wenigstens kontrollieren können oder wie wir unsere Daten verschlüsseln oder die Grundeinstellungen von Apps ändern können.

An Stelle von passiven Mahnern würde ich mir mehr Politiker wünschen, die aktiv Schutz- und Hilfsangebote für ihre Bürger vorantreiben. Mit der Schaffung einer »Digitalen Verbraucherzentrale« für Apps und andere Programme sowie der Vergabe von Gütesiegeln wäre bereits viel erreicht. Auch ein Verbot für Unternehmen und Behörden, unsere Daten weiterzuverkaufen, wäre wirkungsvoll. Des Weiteren obliegt es dem Staat beziehungsweise der EU bereits heute, Monopole zu unterbinden und den Wettbewerb zu stärken. Dennoch besitzen Google, Facebook, Amazon und Co. eine marktbeherrschende Stellung in Deutschland und Europa. Mehr Daten, mehr Macht, mehr Missbrauch!

Dabei ist das Grundproblem die Plattformwirtschaft »The winner takes it all« (der Gewinner bekommt alles). Es gewinnt bei Plattformen immer der Anbieter mit dem größten Angebot, den meisten Mitgliedern und so weiter. So gab es in den Anfängen von Facebook in Deutschland deutsche soziale Netzwerke mit dem Namen »StudiVZ/MeinVZ«. Die gibt es heute zwar noch, sie haben aber im Vergleich zu Facebook keinerlei Bedeutung mehr. Was ist passiert? Facebook hatte von Anfang an zwei entscheidende Vorteile: den größeren Ausgangsmarkt – 300 Millionen Einwohner in den USA und 80 Millionen Einwohner in Deutschland – und die internationale Ausrichtung. Während jeder Amerikaner seine nationalen und internationalen »Freunde« in Facebook antreffen konnte, hatte ein Nutzer des deutschsprachigen StudiVZ/MeinVZ oftmals nur die Möglichkeit, sich gleichzeitig ein zweites Profil in Facebook anzulegen. Recht umständlich sollte man meinen. Auf lange Sicht schlossen die meisten StudiVZ/MeinVZ-Nutzer ihr Konto und verwendeten fortan Facebook als ihr zentrales soziales Netzwerk.

Es ist folglich nahezu unmöglich, ein Monopol zu vermeiden, wenn man nicht aktiv eingreift. Im Umkehrschluss bleiben der Politik nur zwei Möglichkeiten: entweder alle Monopol-Plattformen in neutrale und transparente Institutionen umzuwandeln, die einer demokratischen Kontrolle unterliegen, oder keiner Plattform mehr als beispielsweise 5 bis 10 Prozent Marktanteil zu gewähren. Falls keine dieser beiden Möglichkeiten umgesetzt wird, droht uns die Diktatur der wenigen Großkonzerne.

Persönlich befürchte ich, dass es sich um ein zu dickes Brett für eine recht zersplitterte EU handelt, als dass sie es durchbohren könnte. Die neue Datenschutz-Grundverordnung der EU (DSGVO) könnte in diesem Zusammenhang sogar für eine raschere Monopolisierung sorgen, da sie den für kleinere Analysefirmen so wichtigen Datenhandel erschwert beziehungsweise unterbindet.

# DAS VERMESSENE ICH
# IN DER ZUKUNFT

Die automatische Vermessung des Menschen im Alltag, beispielsweise durch eine smarte Zahnbürste, die uns an Zahnarzttermine erinnert, den Routenplaner auf dem Smartphone, der unser GPS-Signal nutzt, um uns den richtigen Weg anzuzeigen, oder den intelligenten Kühlschrank, der ohne unser Zutun unsere Einkäufe erledigt, erlaubt uns ein immer bequemeres Leben, weshalb wir trotz der Risiken und Nebenwirkungen die massenhafte Ansammlung und Analyse von Zahlen und Daten als Einzelne, aber auch gesamtgesellschaftlich sehr gut auszublenden und zu tolerieren wissen. Zudem sickert das Wissen darüber, wie viel von uns eigentlich per Daten erfasst wird und in wie vielen Bereichen schon Rechenprozesse wie Algorithmen unser Leben steuern – das hat die Bertelsmann-Studie deutlich gezeigt – nur langsam zum Großteil der Bevölkerung durch. Dabei entsteht im Verborgenen ein regelrechtes Überwachungssystem, mit dem wir immer transparenter für diejenigen werden, die die Daten sammeln und auswerten.

Für Fortschrittsdenker ist das jedoch schon Schnee von gestern, den sie als Status quo ansehen und von dem aus sie zu neuen Höhenflügen ansetzen. Denn die größten Bedrohungen, denen sich die Menschheit in der Geschichte gegenübersah – Hunger, Krankheit und Krieg –, werden im 21. Jahrhundert vor allem in Industrieländern erstaunlich gut im Zaum gehalten, wie der Historiker Yuval Noah Harari in seinem Buch *Homo*

*Deus* schreibt: »Zum ersten Mal in der Geschichte sterben mehr Menschen, weil sie zu viel essen und nicht weil sie zu wenig essen. Mehr Menschen sterben an Altersschwäche als an ansteckenden Krankheiten. Und mehr Menschen begehen Selbstmord, als von Soldaten, Terroristen und Kriminellen zusammen getötet zu werden.« Gute Sache, könnte man sich jetzt denken, dann können wir ja einfach zufrieden sein und das Leben genießen.

Doch wer die Menschen kennt, der weiß, dass das doch eine naive und unrealistische Vorstellung ist. Auf Errungenschaften mit Zufriedenheit zu reagieren, liegt offenbar eher nicht in der Natur des Menschen. Im Gegenteil: Sobald eine Stufe erklommen ist, strebt der Mensch schon nach der nächsten. Wenn keine akuten Gefahren mehr drohen, die es zu bekämpfen gilt, muss eben ein fitterer Körper und ein leistungsfähigerer Geist her. Im Streben der Menschheit nach Göttlichkeit, Unsterblichkeit und Glück ist die Selbstvermessung, wie wir sie heute diskutieren, nur der erste Schritt. Die Möglichkeiten, was man messen und tatsächlich auch verändern kann, werden immer umfangreicher und dringen tiefer in die menschliche Natur ein. Je mehr wir in Zahlen erfassbar werden, desto besser werden wir auch für Maschinen lesbar, die keine andere Sprache als die der Zahlen verstehen. Dadurch stehen uns – womöglich jetzt schon – ganz neue Türen offen, um die Selbstoptimierung mit Hilfe neuester Erkenntnisse und Technologien aus der Bio- und Informationstechnologie auf die Spitze zu treiben.

## Wie Biohacker nach ewiger Jugend und Unsterblichkeit streben

Wenn es um Unsterblichkeit geht und darum, dem Altern ein Schnippchen zu schlagen, ist ein Begriff aktuell nicht fern: das Biohacking. Die Bezeichnung setzt sich aus den beiden englischen Begriffen *bio*, für Biologie, und *to hack*, also hacken, zusammen. Diesen Begriff kennen wir vor allem von Computernerds, die durch die Anwendung bestimmter Computerprogramme und dem Schreiben cleverer Programmiercodes in fremde Software eindringen können.

Genau das versuchen Biohacker auf den menschlichen Organismus anzuwenden und nutzen dafür keine programmierten Codes, sondern Methoden aus verschiedensten wissenschaftlichen Disziplinen, wie etwa der Medizin, der Psychologie, den Sportwissenschaften, Ernährungswissenschaften, aber auch den Nanowissenschaften und der Quantenphysik. Ihren Anfang nahm die ganze Biohacking-Bewegung Ende der Achtzigerjahre des letzten Jahrhunderts. Die engen Vorgaben und Grenzen der universitären Forschung waren einigen jungen Wissenschaftlern nicht genug. Mit Visionärsgeist und der Bereitschaft zu riskanten Experimenten wollten sie die Grenzen der bisherigen Forschung sprengen und machten sich dabei meist selbst zum Forschungsobjekt.

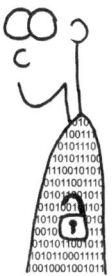

Das Autorentrio Hanno Charisius, Richard Friebe und Sascha Karberg bezeichnet diese verrückten Menschen in ihrem Buch *Biohacking. Gentechnik aus der Garage* als neue Spezies Mensch, nämlich den *Homo biologicus molecularis delectationis*, was die drei Wissenschaftsjournalisten frei als Mensch, der als Amateur Molekularbiologie betreibt übersetzen. Damit beziehen sie sich vor allem auf die *Do-it-yourself*-Biologen, die in selbst zusammengestellten Laboren auf ihrem Dachboden oder im Keller rumexperimentieren. In der Öffentlichkeit wird der Begriff allerdings viel breiter gefasst.

Der Blogger und Biohacker Max Gotzler definiert Biohacking in seinem gleichnamigen Buch als »Optimierung von Körper und Geist mithilfe von Technologie, Wissenschaft und Systemdenken«. Das Ziel besteht im besseren Verständnis von Körper und Geist und deren Zusammenhängen mit der Umwelt, um schließlich die Leistungsfähigkeit zu steigern und das eigene Wohlbefinden zu verbessern. Mittlerweile werden immer neue Trendbegriffe für spezifische Bereiche geschaffen, wie etwa das auf die Ernährung bezogene Foodhacking, Bodyhacking (vor allem auf Sport und Bewegung bezogen) oder auch Mindhacking (auf das Gehirn bezogen). Wenn Sie also jemals gezielt Kaffee getrunken haben, wenn Sie müde waren, oder bewusst trainiert haben, um Gewicht zu verlieren, können Sie mit Fug und Recht von sich behaupten, auch schon ein kleiner Biohacker zu sein.

Der Ursprung des Biohacking liegt vor allem im Leistungssport, wobei Selbstvermessung einen bedeutenden Aspekt ausmacht. Max Gotzler beschreibt seine ersten Erfahrungen mit Biohacking als angehender Profibasketballer. Der Coach seiner damaligen Mannschaft dokumentierte wöchentlich Parameter wie das Körpergewicht, den Kalorienverbrauch, das Körperfett, die Antrittsgeschwindigkeit oder die Maximalkraft seiner jungen Spieler. Diese erhielten Rückmeldung dazu, und ihr Training wurde entsprechend individuell angepasst. Wer etwa zu viel Fett auf den Rippen hatte, musste ein paar Runden extra drehen.

Beim Biohacking ist dieser individuelle Ansatz ganz wesentlich. Die Basis für Veränderungen bilden nicht unumstößliche wissenschaftliche Dogmen, sondern individuelle Erfahrungen, aktuelle Erkenntnisse und evolutionäre Werkzeuge. Nicht jeder Hack – wie die einzelnen Maßnahmen bezeichnet werden – funktioniert bei jedem gleich gut. Was bei manchen Wunder wirkt, hilft bei anderen vielleicht gar nicht. Daher stellt die Methode des Selbstexperiments ein wichtiges Element dar und ist auch einer der Hauptunterschiede zwischen der reinen Selbstvermessung und dem Biohacking.

Während bei der *Quantified-Self*-Bewegung Technologie genutzt wird, um Daten aus dem persönlichen Leben, wie etwa den Bereichen Ernährung, Schlaf oder Bewegung zu sammeln und Daten zu tracken, geht es beim Biohacking ums Experimentieren am eigenen Körper. Also Veränderungen vorzunehmen und die Auswirkungen anhand verschiedener Variablen dann nachzuverfolgen. Man könnte Biohacking eher als Sammelbegriff verschiedener Ansätze zur Verbesserung der eigenen Leistungsfähigkeit verstehen, die vom einfachen *Self-Tracking*, über die Erweiterung des Körpers, etwa durch Exoskelette, bis hin zu Implantaten reicht: Exoskelette sind außen am Körper getragene Stützstrukturen und werden in einigen Industriebereichen bereits getestet, beispielsweise bei BMW, um bei der Überkopfarbeit den Nacken zu entlasten, oder bei Lagerarbeitern, denen passive Exoskelette bei Hebe- und Tragetätigkeiten unterstützen, um wenig ergonomische Belastungen für den Rücken zu minimieren. Winzige Computerchips können in das Gehörorgan tauber Menschen implantiert werden oder denken wir auch an Herzschrittmacher. Selbstvermessung ist dabei eher eine Methode als Selbstzweck beziehungsweise nur eine bestimmte Spielart des Biohackings.

Ein weiterer wesentlicher Aspekt des Biohackings ist die Tatsache, dass der Mensch selbst als deterministisches System verstanden wird, in dem keine abweichenden internen Prozesse ablaufen. Das heißt, man speist beispielsweise etwas in den Körper ein, wie Essen oder auch Musik, und im Körper wird auf Grundlage unserer Biologie dann etwas ausgelöst. Dabei entsteht also ein bestimmter Output im Verhalten, in der Gesundheit oder auch im Sinne von Leistungsveränderungen. Wenn man das Ergebnis am Ende verbessern will, muss man also logischerweise am Input schrauben. Die Selbstvermessung dient letztlich zur Messung genau dieses Inputs, den man ins System Mensch steckt, und des Outputs, den das System wieder ausgibt.

Was man nicht messen kann, kann man auch nicht kontrollieren, lautet einer der wesentlichen Grundsätze in der Biohacking-Szene. Mit stetig besser werdenden Technologien und damit immer mehr verfügbaren Daten über uns selbst, haben wir dieser Auffassung zufolge zunehmend die Möglichkeit, Kontrolle über unsere Gesundheit und unser Leben zu übernehmen. Es geht darum, die Zusammenhänge zu verstehen zwischen dem, was wir in unseren Körper hineinführen oder auf ihn wirken lassen, etwa unsere Ernährung, aber auch Umwelteinflüsse, und unserem Zustand und unsere Leistungsfähigkeit, die daraus resultieren. Wenn wir diese Zusammenhänge verstehen, können wir sie folglich auch gezielt einsetzen, um die Ergebnisse zu kontrollieren. Damit führen Biohacker gewissermaßen das Verständnis der modernen Wissenschaft von Tod und Krankheit als einer technischen Störung fort. Seit der Aufklärung ist es nicht mehr Gott oder eine höhere Macht, die wie durch Zauberhand das Herz zum Stillstand bringt, sondern ein durch Ablagerungen verstopftes Blutgefäß. Krebs ist nicht mehr die Folge von Verstößen gegen irgendwelche göttlichen Regeln, sondern entsteht durch die zufällige Schädigung von Genen und der daraus resultierenden Entartung von Zellen in unserem Körper. Körperliches Leiden ist ein Fehler im System, der sich mit genügend Kenntnissen, Wissen und Werkzeug beheben lässt. Aus diesem Denken heraus entsteht bei Biohackern die Überzeugung, auch das Altern, Krankheiten und schließlich der Tod selbst könnten mit technischen Problemlösungsansätzen überwunden werden. Ob das in Anbetracht der Komplexität unseres Körpers so einfach ist, wie es klingt, wage ich zu bezweifeln. Dafür entziehen sich noch viel zu viele im Körper ablaufende Prozesse unserer Kenntnis und unserem Verständnis, von den Wechselwirkungen mit unserer Psyche mal ganz abgesehen. An der Stelle drängt sich auch erneut die Frage der Eigenverantwortung in Sachen Gesundheit auf. Nicht für jede Veränderung in seinem Körper sollte man selbst verantwortlich gemacht werden. Dann heißt es womöglich: »Du hast Krebs? Selbst schuld.« Eigenverantwortung schön und gut, aber das geht zu weit.

Der amerikanische Schauspieler und Komiker Groucho Marx sagte einmal: »I intend to live forever, or die trying« – Ich habe vor, für immer zu leben – oder zumindest bei dem Versuch zu sterben. Dieses Zitat könnte wohl auch von einem der ambitioniertesten Biohacker stammen: Aaron Traywick. Der Lebensverlängerungsaktivist hatte sich dem bescheidenen Ziel verschrieben, nicht nur Krankheiten zu heilen und den Alterungsprozess zu verzögern, sondern schließlich dem Tod selbst Einhalt zu gebieten. Auf dem Weg dorthin injizierte er sich am 4. Februar 2018 bei einem Live-Event in Texas eine bislang ungetestete Gentherapie, die Herpes heilen sollte. Dabei wusste keiner genau, was er sich da eigentlich injizierte, geschweige denn, ob dies irgendwie getestet war. Sollte er erfolgreich sein, sagte er kurz vor der Injektion, sei das ein erster Schritt auf dem Weg zur Heilung von Krebs.

Um die langsamen und kostspieligen Bewilligungsverfahren von Regierungsbehörden im Test von Medikamenten zu umgehen, sind Biohacker wie Aaron Traywick bereit, sich selbst zum Versuchskaninchen zu machen – und das nicht etwa, indem sie sich per Fitnesstracker ein bisschen selbstvermessen. Sie gehen viel weiter und injizieren sich, wie zum Beispiel Aaron Traywick, bisher ungetestete Impfstoffe. Er und sein Team von Ascendance Biomedical betrieben drei für wissenschaftliche Zwecke öffentliche Datenbanken mit dem ehrbaren Ziel, Heilmethoden und Impfstoffe für jeden Menschen unter hundert Dollar und mit einmaliger Anwendung entwickeln und anbieten zu können. Dabei zielten sie auf nichts Geringeres als Erkrankungen wie Krebs, Herpes, HIV oder den Alterungsprozess im Allgemeinen ab und machten sich vor allem gentherapeutische Methoden zunutzen.

*Die* neue gentechnische Revolution in diesem Kontext heißt CRISPR/Cas9. Mit dieser neuartigen Genschere scheinen der Bearbeitung unseres Erbguts kaum noch Grenzen gesetzt zu sein. Die Genauigkeit, mit der sich gezielt DNA-Abschnitte manipulieren lassen, ist so groß wie nie zuvor. Dem Immunsystem soll auf diese Art und Weise letztendlich ein Tool zur Verfügung gestellt werden, mit dem es eine Krankheit ein Leben lang bekämpfen kann, weil man mit Veränderungen der Gene eben nicht nur kurzfristig ein Gegenmittel in den Körper schleust, sondern den Körper selbst verändert. Beim Ziel der einmaligen Anwendung geht es vor allem um die Unabhängigkeit des Einzelnen von den behandelnden Ärzten und den involvierten Pharmafirmen.

So edel die Ziele des Traywick-Unternehmens auch waren, lagen sie doch noch weit außerhalb des Möglichen. Selbst seine Mitarbeiter waren frustriert, dass er die Errungenschaften der Firma überzogen darstellte. Drei Monate nach der Injektion wurde der 28-jährige Aaron Traywick nach einer Floating-Therapie – einer Tiefenmeditation in einem abgeschlossenen Tank mit Salzwasser, sodass man das Gefühl hat, zu schweben –, tot aufgefunden. Was genau passiert ist, ist bis heute ein Rätsel: Die Vermutungen reichen von wilden Verschwörungstheorien gegen die Pharmaindustrie bis zum Drogenmissbrauch. Was die Geschichte von Traywick allerdings zeigt, ist die Furchtlosigkeit einiger Biohacking-Pioniere, die mit ihren Selbstexperimenten wissenschaftliche Vorsichtsmaßnahmen ignorieren.

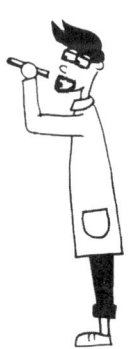

Selbst für »normale« Biohacker war Traywicks Ansatz und der seiner Firma Ascendance Biomedical sehr unorthodox und radikal. Doch es gibt noch weitere Beispiele von Selbstexperimenten, die dem Begriff »Vermessenheit« auch abseits von Zahlen Bedeutung verleihen. Hierzu zählen unter anderem die Versuche des Biohackers und Wissenschaftlers Josiah Zayner. 2017 injizierte er sich vor versammelter Presse- und Wissenschaftsmannschaft auf einer Konferenz in San Francisco CRISPR/Cas9. Die Genschere war nach seinen Angaben so programmiert, dass sie das Gen, das einen Stoff zur Hemmung des Muskelwachstums produziert, ausschaltet. In Versuchen an Mäusen und Schweinen, bei denen dieses Gen schon direkt nach Befruchtung der Eizelle zerstört worden war, konnten Wissenschaftler den Tieren Muskelberge à la Arnold Schwarzenegger züchten. Bei Zayner blieben die Effekte auf das Muskelwachstum allerdings aus. Er wollte damit vermutlich in erster Linie ein Zeichen setzen, dass solche Genscheren wenn nicht effektiv, so doch mindestens ungefährlich sind, und folglich jedem zugänglich sein sollten. Das Mittel lässt sich mittlerweile in Zayners Online-Shop für läppische zwanzig Dollar kaufen.

Für Personen mit gesundem Menschenverstand, zu denen ich mich hoffnungsvoll zählen würde, ist die Vorstellung ganz schön gruselig, dass sich jeder – vom Mikrobiologen bis hin zum experimentierfreudigen Laien ohne jegliche molekularbiologische Kenntnisse –, für ein paar Euro Flüssigkeit injizieren kann, die am eigenen Genom rumschnippeln. Josiah Zayner ist dagegen der Meinung, dass eine derart machtvolle Technologie wie die Genschere nicht nur in den Händen ein paar weniger liegen, sondern öffentlich zugänglich sein sollte, genauso wie auch Computerfreaks Programme frei selbst entwickeln können. An sich keine verkehrte Auffassung, allerdings handelt es sich hierbei eben nicht um programmierte Codes, die vielleicht mal einen Computer schrotten, sondern um genetische Codes und Menschen. Wenn man in den Zellen etwas falsch programmiert, droht im schlimmsten Fall deren Absterben oder unkontrolliertes Wachstum, sprich Krebs. Das Ganze ist also mit äußerster Vorsicht zu genießen und nur von fachkundigen Leuten anzuwenden – oder zumindest von solchen, die sich der Risiken auch wirklich voll bewusst sind.

In einem Interview mit *The Atlantic* hat Zayner übrigens seinen öffentlichen Genversuch ein wenig bereut und ist sich sicher, dass das gegenseitige Überbieten der extremen Biohacker irgendwann einmal böse enden wird. Da er sich sowohl als Wissenschaftler als auch als sozialer Aktivist betrachtet, ist es für ihn eine Gratwanderung. Auf der einen Seite versucht er, wissenschaftlich zu arbeiten, und auf der anderen Seite wissenschaftliche Erkenntnisse, wie etwa die zur Genschere, frühzeitig an die breite Öffentlichkeit zu bringen. Denn das Problem der Wissenschaft, vor allem im medizinischen Bereich, besteht darin, dass Erkenntnisse zu neuen Behandlungsmethoden oder gar möglichen Heilungen erst mehrmals repliziert werden und durch diverse Genehmigungsverfahren gehen müssen, ehe sie teilweise erst Jahrzehnte später für breite Bevölkerungsschichten verfügbar sind. Eine unglaublich lange Zeit. Zayner versucht mit seinem Unternehmen und seinen Aktionen mehr Aufmerksamkeit zu generieren und Forscher dazu zu bringen, schneller und effizienter an sinnvollen Gentherapien zu arbeiten. Josiah Zayner ist definitiv einer der Biohacker, für den es bei der *Do-it-yourself*-Biologie um mehr geht, als mal zu gucken, ob ich besser schlafe, wenn ich abends nichts esse oder regelmäßig Sport treibe. Für ihn geht es um echtes Selbstexperimentieren mit dem Versuch, die Schwachpunkte moderner Medizin zu umgehen und gesundheitliche Probleme zu lösen. Allerdings ist er sich durchaus im Klaren, dass es auch der falsche Ansatz sein könnte.

Biohacker Max Gotzler beschreibt die Gefahr, der er selbst erlegen ist, indem es ihm irgendwann nicht mehr darum ging, ein Problem zu lösen, sondern sich selbst einfach immer weiter zu optimieren: »Ohne konkretes Ziel wird das Optimieren schon bald zum narzisstischen Selbstzweck.« Dass es beim Biohacking jedoch schon längst nicht mehr nur darum geht, Krankheiten zu heilen oder gesundheitliche Probleme zu lösen, wird an einem weiteren extremen Beispiel deutlich. Es geht vielmehr darum, die beste Version seiner selbst zu werden. Der Ex-Google-Mitarbeiter und Silicon-Valley-Unternehmer im Bereich künstliche Intelligenz Serge Faguet beschreibt in einem seiner Blogbeiträge auf hackernoon.com, wie er als völlig gesunder, erfolgreicher Mann um die dreißig innerhalb von vier bis fünf Jahren etwa 200 000 Dollar in sein größtes Hobby, das Hacken seines eigenen Körpers und Geistes, steckte. Um sein Energielevel, seine Stimmung, Konzentration, sein Glück, Selbstbewusstsein, seine Willenskraft, Intelligenz, Gesundheit und Langlebigkeit zu verbessern, hat der Mittdreißiger nicht nur wahnsinnig viel Geld ausgegeben, sondern auch jede Menge Tests gemacht, seinen Schlaf, seine Ernährung und sein Sportverhalten optimiert, verschreibungspflichtige Medikamente und Nahrungsergänzungsmittel eingenommen, meditiert und eine Psychotherapie gemacht.

Als sein Ziel beschreibt er die Manipulation seiner Biochemie, um mehr von den Dingen zu bekommen, die er haben möchte und weniger von denen, die er nicht haben möchte. Nach seinem Verständnis basieren eigentlich alle geistigen Zustände auf Biochemie. Neben den Medikamenten und Nahrungsergänzungsmitteln umfasst sein Biohacking-Programm seine Schlafhygiene, eine optimale Ernährung, optimales Training, psychische Gesundheit und medizinische Tests. Dabei sind diese einzelnen Aspekte miteinander verbunden und gehen Hand in Hand auf dem Weg zur besten Version seiner selbst. Durchaus mit Erfolg muss man konstatieren. Nicht nur fühlt er sich laut eigenen Angaben ruhiger, glücklicher, energiegeladener und konzentrierter, auch seine körperlichen Parameter sprechen für sich. Innerhalb von vier Jahren hat er seinen Körperfettanteil bei ungefähr gleichbleibendem Körpergewicht von 26 Prozent auf rund 7 Prozent reduziert, und seinen Muskelanteil von 19 Prozent auf gut 24 Prozent gesteigert. Seine maximale Sauerstoffaufnahme, ein Marker für die Leistungsfähigkeit seines Herz-Kreislauf-Systems, verbesserte er innerhalb von einem Jahr von 51 Milliliter Sauerstoff pro Minute, was im sehr guten Bereich liegt, auf etwa 72, was besser als exzellent ist. Um nur mal ein paar Beispiele zu nennen.

200 000 Dollar ist ein stolzer Preis für die Selbstoptimierung, den sich der Großteil der Menschen nicht leisten kann. Wenn sich Wohlhabende die Verbesserung ihres Körpers und Geistes mehr oder weniger erkaufen können, während es die Normalbevölkerung nicht kann, droht auch hier, wie in anderen Bereichen, soziale Ungleichheit. Beziehungsweise wird die bestehende womöglich sogar noch verstärkt werden.

In seinem Blogbeitrag präsentiert Serge Faguet die vielen Pillen und Kapseln, die er morgens und abends einnimmt (morgens 42 und abends 29 Tabletten!), die allein wahrscheinlich schon fast als eigene Mahlzeit durchgehen würden. Die von ihm eingenommenen Medikamente sind übrigens durch die Bank weg verschreibungspflichtig und können massive Nebenwirkungen haben. Es gibt kaum wissenschaftliche Studien zu deren Wirkung bei gesunden Menschen, was die Einnahme mit einem nicht unerheblichen oder zumindest nicht einschätzbaren Risiko verbindet. Was früher als »Rumexperimentieren mit Drogen für den Extraerfahrungskick« bezeichnet wurde, wird heute unter Biohackern mit hippen Begriffen wie »Nootropics« oder »Smartdrugs« belegt und unter dem Gesichtspunkt des Optimierungsstrebens legitimiert.

Auf der anderen Seite verschwimmen damit die Grenzen zwischen Alltagsdrogen wie Koffein, Alkohol oder Nikotin und illegalen Drogen womöglich auch zu Recht. In einer Welt, in der es fast nichts gibt, was keine Nebenwirkungen hat, ist es gar nicht so einfach festzulegen, welche Nebenwirkungen in Ordnung sind und welche nicht. Die empirische Beurteilung der Effekte solcher Smartdrugs durch Zahlen, wie es Biohacker anstreben, kann den Anschein eines aufgeklärteren und überlegteren Umgangs erwecken. Da experimentieren nicht nur gestresste Studenten mit irgendwelchen Substanzen rum, um die nächste Klausurenphase zu meistern. Medizin ist – so ihre überzeugende Argumentation – eben nicht nur dazu da, Kranke zu heilen, sondern auch, um Gesunde noch besser zu machen. Allerdings stimmt mich die damit implizierte Grundannahme, dass es nicht genüge, einfach nur gesund zu sein, einfach nur Mensch zu sein, ziemlich kritisch. Bleibt auch die Frage, wo bei der ganzen Selbstverbesserung und der Veränderung der menschlichen Natur dann eigentlich die Grenze zu genetischer Selektion und ausgewählter Menschenzucht verläuft. Schnippeln wir uns dann den perfekten Fötus mit der Genschere zusammen und die, denen nicht hinreichend optimiert werden können, werden einfach abgetrieben?

Die Do-it-yourself-Pioniere lassen die Linien zwischen den wissenschaftlichen Disziplinen verschwimmen und versuchen, Grenzen der menschlichen Natur, Krankheiten und das Altern selbst zu überwinden. Dabei sind die bisherigen Anstrengungen wohl nur die ersten Sprösslinge im zukünftigen Wald des Biohackings. Laborequipment wird immer erschwinglicher, biowissenschaftliche Technologien und medizinische Tests für die breite Masse verfügbar. So ist beispielsweise eine Genanalyse bei Unternehmen wie 23andme schon für unter hundert Dollar zu haben.

Die vermeintliche Egozentrik der Selbstvermessung halten viele Biohacker übrigens für ein Vorurteil. Im Gegenteil: Ein Grundsatz des Biohackings besteht – wie zum Beispiel auch bei Aaron Traywicks Firma Ascendance Biomedical – in der Veröffentlichung der eigenen Daten in allgemein zugänglichen Datenbanken. Damit werden eingefahrene Wissenschaftswege verlassen, auf denen die Datenhoheit bei den einzelnen Forschungseinrichtungen liegt. In den öffentlichen Datenbanken kann man seine Werte vergleichen, ohne auf staatliche oder anders finanzierte Quellen angewiesen zu sein.

Im Jahr 2008 ließ zum Beispiel eine kleine italienische Studie die Vermutung aufkommen, dass Lithiumkarbonat zur Behandlung von amyotropher Lateralsklerose, einer chronisch-degenerativen Erkrankung des zentralen Nervensystems, kurz ALS, eingesetzt werden könnte. Kurzerhand machten sich Betroffene selbst zum Versuchskaninchen, besorgten sich das Mittel und luden ihre Ergebnisse auf eine gemeinsame Webseite hoch. Die Analyse dieser Daten durch einen Neuropsychologen ließ allerdings keinen Effekt für das Verzögern der Erkrankung nachweisen. Eine umfassende klinische Studie hätte deutlich länger gedauert.

Durch Vernetzung schaffen Biohacker eine eigene Erkenntnismaschinerie. Christian Grasse und Ariane Greiner bezeichnen die kooperative Datensammlung in ihrem Buch als »gewachsene Symbiose einer kollektiv vernetzten Menschmaschine«. Indem ich als Einzelner Daten teile, kann ich gleichzeitig von den gewonnenen Erkenntnissen profitieren. Von der Idee, auf eigene Faust abseits der komplizierten und langen Wege des Wissenschaftsbetriebs medizinische Forschung voranzutreiben, scheinen vor allem extreme Biohacker besessen zu sein. Dass sie sich dabei am Rande des Möglichen bewegen, zeigen die Beispiele Aaron Traywick und Josiah Zayner.

Die ökonomischen Interessen am Projekt »Lebensverlängerung«, das uns im 21. Jahrhundert verstärkt beschäftigen wird, sind enorm. So investiert beispielsweise Google Ventures, der Investmentfonds von Google, mehr als 700 Millionen Dollar in biowissenschaftliche Start-ups, von denen sich einige den Kampf gegen den Tod auf die Fahnen schreiben. Auch der milliardenschwere Silicon-Valley-Unternehmer und Mitbegründer von Paypal Peter Thiel hegt keine Zweifel daran, dass sich der Tod besiegen lässt. Dabei reichen die Prognosen optimistischer Experten von 2050 bis 2200 für das Jahr, in dem wir – oder besser gesagt, ein paar Reiche – ewiges Leben erlangen werden. Wie Yuval Noah Harari richtig anmerkt, müsste man in diesem Zusammenhang allerdings eher von Amortalität anstatt von Unsterblichkeit sprechen. Denn sofern der biologische menschliche Körper bis dahin nicht bereits abgeschafft wurde, werden diese Menschen durch äußere Gewalteinwirkung, etwa durch einen Unfall oder eine Schusswaffe, noch immer sterblich sein. Der Körper wird aber nicht mehr von sich aus den Geist aufgeben.

Doch solange es Ursachen für den Tod gibt, werden Biohacker und andere Visionäre versuchen, diese zu eliminieren. Nachdem Krieg, Armut und Krankheit als Todesursache nicht mehr oben auf der Liste stehen, ist der Alterungsprozess an erste Stelle gerückt. So wird die Klassifizierung des Alters als Krankheit in der Wissenschaft ernsthaft diskutiert. Altern als Krankheit? Damit würde sich die Sicht auf das Altern deutlich verändern. Von einem natürlichen, biologischen und unausweichlichen Prozess würde das Altern zu einem behandelbaren und überwindbaren Zustand werden. Dass das tatsächlich in den nächsten beiden Jahrhunderten der Fall sein könnte, scheint utopisch. Kritiker sehen in der Forderung einiger Wissenschaftler und Ärzte, Altern als Krankheit zu klassifizieren, das Ergebnis von Lobbyarbeit der Pharmafirmen – eine Volkskrankheit mehr, mit der sich jede Menge Geld machen lässt. Und auch wenn es natürlich stimmt, dass ein hohes Alter die Entstehung vieler schwerwiegender Erkrankungen, wie etwa Krebs oder Alzheimer, begünstigt, sollte man an dieser Stelle, meiner Meinung nach, Ursache und Wirkung nicht vertauschen. Vielleicht sollte sich die Forschung doch lieber darauf konzentrieren, alte Menschen vor genau diesen schwerwiegenden Erkrankungen wie Krebs oder Alzheimer zu schützen und so mehr Lebensqualität verschaffen.

## Glück auf Knopfdruck

Bis die ewige Jugend in greifbare Nähe rückt, wird uns Menschen ein weiteres Thema ausgiebig beschäftigen: die Jagd nach dem Glück. Die Vorstellung vom Glück als höchstes Gut ist nicht neu. Schon der antike Philosoph Epikur erhob das Glück zum Maß aller Dinge. Sahen sich die Epikureer im Verlauf der Geschichte häufig noch Ablehnung und Abwertungen als reine »Genussmenschen« ohne Tugend gegenüber, ist ihre Grundüberzeugung heute gängige Praxis. Wer möchte schon ewig leben – oder überhaupt leben –, ohne glücklich zu sein?

Auch das Glück soll nach Bestrebungen von Wissenschaftlern in blanken Zahlen erfassbar gemacht werden. Es gibt internationale Länderrankings, wie etwa den *World Happiness Report* und den *Happy Planet Index,* die an Bedeutung gewinnen. Hierbei werden Faktoren wie Lebenserwartung, Einkommen, soziale Faktoren oder der ökologische Fußabdruck von Ländern in einem Score zusammengefasst, um das Glückslevel der Bürger in bestimmten Staaten zu bestimmen.

Hier die Liste der glücklichsten Länder laut World *Happiness Report 2018:*

1. Finnland
2. Norwegen
3. Dänemark
4. Island
5. Schweiz
6. Niederlande
7. Kanada
8. Neuseeland
9. Schweden
10. Australien

Persönliches Glück setzt sich nach aktuellem Forschungsstand aus drei Faktoren zusammen: 50 Prozent Gene, 40 Prozent Verhalten, Gedanken und Aktivitäten und 10 Prozent Lebensbedingungen, Einkommen, Beziehungen und dergleichen. Die Lebensbedingungen haben sich in den letzten Jahrhunderten teils dramatisch verbessert. Im Rahmen der Selbstvermessung wird versucht, den Bereich »Gedanken und Verhalten« zu optimieren. Biohacker der nächsten Generation werden einen Schritt weitergehen und das in Angriff nehmen, was bisher als unveränderlich galt, nämlich unsere Gene. Um glücklich zu sein, werden sie nach Einschätzungen der Experten direkt an Gehirnzellen und Genen ansetzen. Damit sollen wir unser Bewusstsein, unser Verhalten und letztendlich auch unsere Natur verändern können, um glücklicher zu leben. Oder doch nur, um die menschliche Spreu vom Weizen zu trennen?

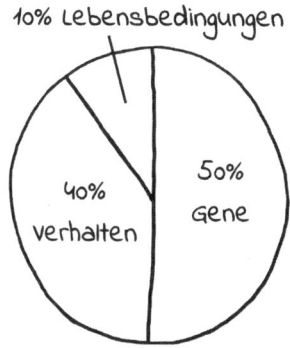

Die Auffassung von einem glücklichen Leben hat sich über die Zeit deutlich verändert. Im antiken Griechenland waren Epikur und seine Anhänger noch eine Randerscheinung. Ein glückliches Leben war nach Auffassung der Mehrheit vor allem ein gutes Leben im moralischen Sinne. Der Aufstieg der großen Weltreligionen brachte uns von moralischen Errungenschaften zur spirituellen Erlösung. Frömmigkeit war Grundpfeiler eines glücklichen Lebens. Die dritte große Phase des Glücksverständnisses wurde mit den industriellen Revolutionen eingeläutet. Unsere *Happiness* wurde aus den Händen Gottes in unsere eigenen gelegt. »Jeder ist seines Glückes Schmied«, lautete die Volksweisheit der Stunde. Im ökonomischen Sinne hieß das vor allem, alles zu tun, um wirtschaftlichen Erfolg und sozialen Status zu erlangen.

Seit ungefähr zwanzig Jahren wächst die Anzahl derjenigen, die die Glückssuche abseits ökonomischer Erfolge betreiben, etwa durch Achtsamkeit, Meditation, Beziehungspflege und Wohlbefinden. Allen Ansätzen ist jedoch gemein, dass sie persönliche Anstrengung erfordern und vom Gedanken getragen werden, dass sich Glück mit den richtigen Mitteln aktiv herstellen lässt. Das bezog sich bisher vor allem auf geistige Aktivitäten wie Selbstreflexion und Einstellungsveränderung oder konkrete Verhaltensanpassung. Gene und Lebensbedingungen galten als gesetzt. Diese psychologischen Werkzeuge werden durch die Digitalisierung nun um technische Werkzeuge ergänzt, die einen ganz anderen Zugang zur Herstellung von Glück und Wohlbefinden in unserem Leben liefern. Vor allem werden sie als Abkürzung zum Glück betrachtet. Denn mal ehrlich: Selbstreflexion und psychologische Selbstarbeit erfordern jede Menge Zeit und Anstrengung. Beides passt zu unserer schnelllebigen und bequemen Gesellschaft kaum noch. Da wäre es doch weitaus praktischer, an ein paar Genschrauben zu drehen oder eine Handvoll bunter Pillen einzuschmeißen.

Denn trotz besserer Lebensbedingungen scheint das Glückslevel kaum gestiegen zu sein. Tatsächlich liegt dieses in ärmeren Ländern teils deutlich höher als in einigen reichen Industrienationen. Das hat viel mit Erwartungen zu tun und dem Standard, den man gewöhnt ist. Yuval Noah Harari beschreibt es sehr treffend: »Es bedurfte nur eines Stückes Brot, um einen hungernden mittelalterlichen Bauern Freude zu bereiten. Womit aber macht man einem gelangweilten, überbezahlten und übergewichtigen Ingenieur eine Freude?« Während die Rahmenbedingungen also alle Vorzeichen auf Zufriedenheit stellen, scheint das Ausmaß unseres Glücks heutzutage im besten Fall ein Plateau zu erreichen. Wer viel hat, vergleicht sich meist nicht mit denjenigen, die wenig haben, sondern mit denen, die mehr haben. Und je besser die Lebensumstände sind, desto höher werden auch unsere Erwartungen an diese. Dann geben wir uns nicht mehr mit einem Dach über dem Kopf und einem warmen Ofen im Winter zufrieden. Für Buddha ist daher das Begehren Ursprung allen Leidens. Für ihn besteht der Weg zur Zufriedenheit in dem geistigen Enttarnen der Schnelllebigkeit von einzelnen angenehmen Empfindungen. Auch für Epikur war das Streben nach schnellen Vergnügungen nicht der Schlüssel zum Glück.

Aus biologischer Sicht sind sowohl positive Gefühle als auch negative nicht mehr als eine unterschiedlich zusammengemischte Biochemie in unserem Körper, die wiederum zu angenehmen oder unangenehmen körperlichen Empfindungen führt. Das Problem mit diesen angenehmen Empfindungen ist, dass sie meist nicht lange anhalten. Zufriedenheit ist kein Dauerbrenner. Im Gegenteil: Das gute Gefühl nach einem leckeren Essen, einem Orgasmus oder beruflichen Erfolg verflüchtigt sich schnell, und dann suchen wir schon nach dem nächsten Kick. Aus evolutionärer Sicht macht das durchaus Sinn, schließlich sollen wir uns nie »satt« zurücklegen und »den lieben Gott einen guten Mann sein lassen« – ein zufriedenes Leben macht das aber umso schwieriger.

Für Henry wäre das sicherlich eine erfreuliche Entwicklung. Wir sitzen bei ihm auf dem Sofa und spielen *Tekken 7* auf der Playstation. Mehr als sonst scheint er heute Gefallen daran zu finden, meinem Charakter im Videospiel auf die Nase zu hauen. Wie üblich ist er darin ziemlich gut. Mit einem Roundhouse Kick haut er meinen Panda (ja, bei *Tekken* kann man tatsächlich mit einem Panda kämpfen) in der ersten Runde k. o. Generell ist die Stimmung irgendwie gedrückt. »Mensch, da werden ja ungeahnte Aggressionen frei, was?«, versuche ich es mit etwas Humor.

»Hm«, antwortet Henry knapp. Der letzte Tritt seines virtuellen Kämpfers hat gesessen. Auch in der zweiten Runde geht mein Panda zu Boden und steht nicht wieder auf. Ich lege meinen Controller weg und drehe mich zu Henry.

»Was ist denn los?«, frage ich. »Ich weiß auch nicht so recht. Meine App zeigt in den letzten Tagen einen klaren Abfall meiner Stimmungskurve. Ich brauche mehr Schlaf und mit meinen Vitalparametern stimmt auch irgendetwas nicht.« Henry wirft einen Blick auf seinen Fitnesstracker am Handgelenk.

»Irgendein bestimmter Anlass?«, gehe ich der Sache auf den Grund. »Eigentlich nicht. Mir fällt zumindest nichts ein. Das macht mich ja gerade so unruhig. Ich habe mich in letzter Zeit wirklich mehr als sonst bemüht, alles im optimalen Bereich zu halten und mein Verhalten weiter zu optimieren.« Henry schüttelt den Kopf und zuckt ratlos mit den Schultern. Er blickt zurück auf den Bildschirm und wählt für den nächsten Kampf wieder den in Schwarz gekleideten Raven als Charakter aus. »Ich habe mich in der Biohacking-Szene mal ein bisschen zum Glücksgefühl schlau gemacht. Im Endeffekt ist das ja nicht mehr als Biochemie. Also was wäre, wenn wir das System austricksen könnten? Denn wenn Glück wirklich nicht mehr als ein biochemischer Zustand ist, ließe sich dieser doch auch gezielt verändern, oder nicht?«, fährt Henry fort.

»Ich kann mir nicht vorstellen, dass diese Glück-auf-Knopfdruck-Mentalität auf Dauer wirklich glücklich macht«, entgegne ich, nehme meinen Controller wieder in die Hand und suche mir einen neuen Avatar aus. Es wird Yoshimitsu, dessen Schwertkampfkunst mir den entscheidenden Vorteil verschaffen könnte. Im Gegensatz zum Panda ist er schnell und hat eine größere Reichweite. Der Kampf beginnt.

»Na ja, zumindest ist es doch das, was schon seit Jahrzehnten mit Psychopharmaka und wahrscheinlich schon seit

Jahrtausenden mit Drogen versucht wird. Biohacker machen das Ganze jetzt einfach nur salonfähig. Manche nehmen zum Beispiel täglich Lithium als Stimmungsstabilisator ein«, sagt Henry.

»Du weißt, dass das Zeug in zu hohen Dosen giftig ist, oder? Und überhaupt, ist das nicht verrückt, dass völlig gesunde Menschen hochwirksames Zeug einnehmen?« Henry drückt energisch auf die Knöpfe seines Controllers. Mein Lebensbalken nimmt rapide ab. Mit dem nächsten Schlag geht Yoshimitsu zu Boden und die erste Runde an Henry. Das war unnötig, denke ich. Jetzt packt mich der Ehrgeiz. Ich werfe noch einen kurzen Blick auf die Liste von Yoshimitsus Special Moves und versuche, mir die Tastenkombinationen einzuprägen.

»Warum sollte man unnötig unglücklich sein? Das hat doch keine Vorteile«, gibt Henry zu bedenken. In der zweiten Runde verlieren Raven und Yoshimitsu gleichermaßen an Lebensenergie. Mit einem letzten Rage Drive schaffe ich knapp den Sieg. Die dritte Runde muss die Entscheidung bringen.

»Ab jetzt fass ich dich nicht mehr mit Samthandschuhen an«, sage ich, schneide mit meinen virtuellen Schwertern durch die Luft und durch Henrys Videospielcharakter. Dieser breitet seine schwarzen Schwingen aus, hebt ab und grillt meinen Avatar mit seinem Laserblick. Ich blocke weitere Angriffe, dann wirbelt Yoshimitsu herum und streckt Raven mit einem Klingenhieb zu Boden. Ich gewinne und kann mir einen lauten Siegesruf nicht verkneifen. »Ha«, sage ich, »damit hast du wohl nicht gerechnet. Ich ehrlich gesagt auch nicht. Da schmeckt der Sieg gleich noch viel süßer.« Ich grinse.

Henry wirft mir nicht mehr als einen genervten Blick zu. »Glückwunsch«, sagt er ohne viel Anteilnahme. »Hätte ich jetzt einen kleinen Chip am Belohnungszentrum in meinem Gehirn, könnte ich einfach einen Knopf drücken und wir würden uns beide über deinen unverdienten Sieg freuen.« Dabei kann auch er sich ein leichtes Grinsen nicht verkneifen.

»Dann wäre es aber keine Lektion mehr, sondern einfach nur eine Niederlage«, entgegne ich. Die Vorstellung des Glücks auf Knopfdruck lässt mich nicht so richtig los.

Ist ein Leben des leicht zu erlangenden und dauerhaften Glücks anzustreben? Wie bei Drogensüchtigen würde das am Anfang zu wahren Höhenflügen führen, aber dann bräuchte es eine immer weiter fortschreitende Dosissteigerung, um das Level halten zu können. Das Glücksdogma erlaubt keine Traurigkeit und keinen Schwermut. Schmerz, Tränen und Niederlagen haben keinen Platz, werden also verdrängt oder umgedeutet. Dabei haben all diese Dinge wichtige psychologische Funktionen. Doch wird die Jagd nach dem Glück zu einer verbissenen Suche, findet man am Ende wohl mit hoher Wahrscheinlichkeit vielmehr das Unglücklichsein. Denn positive Glücksgefühle kommen nicht ohne negative Gefühle des Unglücklichseins aus. Es ist der Wechsel zwischen beiden, der dem Glück überhaupt erst den Wert verleiht, den es hat.

Die weite Verbreitung des Strebens nach Glück in Kreisen von Biohackern und Selbstoptimierern lässt erahnen, dass es dabei vielleicht gar nicht um das Glück an sich geht, sondern dieses vielmehr Deckmantel für das optimale Funktionieren in der Leistungsgesellschaft ist. Denn glücklichere Menschen sind auch produktivere Menschen. Glück als Teil der Selbstoptimierung verfehlt in meinen Augen das Ziel. »Befreit das Glück aus der Sklaverei des Selbstoptimierungswahns! Dann kommt es von selbst. Ganz unverhofft«, schreibt der Journalist Matthias Drobinski in einem Beitrag in der *Süddeutschen Zeitung*. Recht hat er.

## Der Traum vom Übermenschen

Die Verschmelzung von Mensch und Maschine und der Einsatz wissenschaftlicher Errungenschaften ist der Stoff, aus dem die Science-Fiction-Träume Hollywoods und US-amerikanischer Serienschmieden gemacht sind. Wenn der zu Narzissmus neigende und technisch äußerst versierte Unternehmer Tony Stark seinen Iron-Man-Anzug anlegt, gehört er nicht länger zur menschlichen Spezies, sondern wird zu einem von Marvels Superhelden. Das voll gepanzerte Exoskelett schützt ihn nicht nur im Kugelhagel, sondern verleiht ihm auch enorme Kräfte, ermöglicht ihm, quer durch die Atmosphäre zu fliegen und dank der Unterstützung von J.A.R.V.I.S. (Just A Rather Very Intelligent System), einer hoch entwickelten künstlichen Intelligenz, ist er auf eine Art und Weise vernetzt, die weit über die Möglichkeiten eines normalen Menschen hinausgeht.

Robocop wartet sogar mit noch mehr Maschinenpower auf. Die Neuauflage von *RoboCop* spielt im Jahr 2028. Nachdem der idealistische Polizist Alex Murphy einen Anschlag auf ihn nur knapp überlebt hat, wird er zum Prototyp eines Cyborg-Polizisten der Firma OmniCorp, zu RoboCop. Dabei ist nicht viel mehr als sein Gehirn als menschliches Überbleibsel geblieben, der Rest des Körpers ist zum effizienten und kampftauglichen Roboter geworden. Im Laufe des Films werden schließlich auch seine Emotionen durch das Unternehmen herunterreguliert, und er wird mehr und mehr zur Maschine. Damit scheint er das zu verlieren, was ihn trotz aller Roboterteile menschlich macht. Durch die Liebe zu seiner Familie überwindet er die Blockade seiner Emotionen, und das Pilotprojekt des Cyborg-Polizisten wird von der Regierung unterbunden.

Noch stärker verwischt werden die Grenzen zwischen Mensch und Roboter in der Serie *Westworld*. Bei *Westworld* handelt es sich um einen Vergnügungspark für Superreiche, ein nachgestellter Wildwestfilm, in dem die menschlichen Besucher ihren Trieben freien Lauf lassen können. Die Bühne dafür bilden sogenannte Hosts, sehr menschenähnliche Roboter, deren Gedächtnis gelöscht wird, sodass sie jeden Tag dieselbe Handlungsschleife spielen. Dabei wird der Mensch nicht in einen Cyborg verwandelt als vielmehr der Roboter in einen Menschen. Stets schwingt die Frage mit, was Maschinen eigentlich von Menschen unterscheidet und was Menschen wirklich menschlich macht. Spätestens in der zweiten Staffel erwachen die Hosts und entwickeln ein Bewusstsein. Die Grenzen sind nicht mehr so klar zu trennen und die kontrollierende Stellung des Menschen löst sich auf. Es scheint eine neue Spezies entstanden zu sein, eine, die dem Menschen zum Verwechseln ähnelt, jedoch nicht krank wird, nicht altert, nicht sterblich ist.

All das ist weniger Science-Fiction und blühende Fantasie, als viele von uns denken mögen. Wenn es nach den Transhumanisten geht, ist das sogar die unausweichliche Zukunft unserer Spezies und wir sind schon mittendrin.

Der Philosoph und Futurist Max More definierte Transhumanismus einmal als einen Sammelbegriff für Lebensanschauungen, die nach der Weiterführung und Verbesserung der Evolution intelligenten Lebens über die aktuelle menschliche Form und ihre Grenzen hinaus durch die Mittel der Wissenschaft und Technologie streben. Der Mensch soll mit Hilfe von Wissenschaft und Technik die Schwächen und Fehler des Menschseins überwinden und zu einer neuen Spezies aufsteigen.

Im Web 4.0, das auf das Internet der Dinge folgt, verschwimmen die Grenzen zwischen Mensch und Maschine, zwischen Biologie und Technologie. Der Künstler und Cyborg-Aktivist Neil Harbisson wurde farbenblind geboren. Er und sein Team entwickelten eine Software, die über eine einfache Kamera, die am Kopf befestigt wird, Farben in Vibrationen übersetzen kann. Nach einer Testphase hat er sich die Antenne schließlich in seinen Schädelknochen implantieren lassen. Die Farben werden nun über sein Hinterhauptbein durch Knochenübertragung in Form von Vibration auf seinen Schädel übergeleitet und ermöglichen ihm damit, Farben wahrzunehmen. Damit kann er auch Lichtbereiche außerhalb der Fähigkeit des menschlichen Auges wahrnehmen, nämlich infrarote und ultraviolette Strahlung. Diese Antenne trägt er sogar auf seinem Foto im Reisepass.

Häufiger trifft man in der Transhumanisten-Szene auf sogenannte Biomagneten. Der Magnet wird idealerweise in die Fingerspitze oder die Handfläche implantiert. Sobald man ein magnetisches Feld betritt, stimuliert die leichte Reaktion des

Magneten die taktilen Nervenendungen und man kann tatsächlich elektrische Felder wahrnehmen. Was genau der Nutzen davon ist, hat sich mir bisher allerdings noch nicht erschlossen. Vom Umstand abgesehen, dass man damit für staunende Gesichter sorgen kann, wenn Schrauben oder anderen metallische Objekte wie von Geisterhand am eigenen Finger kleben.

Eine ähnliche Spielerei ist der North Sense des Unternehmens Cyborg Nest. Dieser »Nordsinn« wird üblicherweise im oberen Brustbereich implantiert. Wann immer sich die Person in Richtung Norden dreht, vibriert das Gerät leicht. Die Pragmatiker unter uns fragen sich jetzt sicherlich, warum man nicht einfach einen Kompass oder eine simple App nutzt, um zu wissen, wo Norden ist. Und ja, das wäre definitiv die weniger umständliche Variante, aber auch nicht so richtig cyborgmäßig cool. Ziel ist es im Endeffekt ja auch, mit dem Maschinenteil regelrecht zu verschmelzen, also eine unterbewusste Verbindung zu diesem neuen Reiz herzustellen. Anfangs mag das Vibrationssignal komisch sein, mit der Zeit dürfte es jedoch unterschwellig verarbeitet und damit Teil unserer Sinneswelt werden.

Ein weiteres, mittlerweile regelrecht populäres Beispiel sind RFID- und NFC-Implantate. RFID steht für Radio-frequency Identification. Das sind Chips zum Empfangen und Senden elektromagnetischer Wellen. NFC basiert ebenfalls auf der RFID-Technologie und steht für Near Field Communication, was Sie vielleicht schon im Zusammenhang mit bargeldlosem Bezahlen gehört haben könnten. Solche Chips werden häufig am Handgelenk oder auf der Oberseite der Hand zwischen Daumen und Zeigefinger implantiert und können für ganz unterschiedliche Dinge und Tätigkeiten verwendet werden, bei denen man sich identifizieren muss, etwa für Türen, die man sonst mit einem Transponder öffnen würde, zum

Starten von Autos, bei denen man den Autoschlüssel nur noch in die Mittelkonsole legen muss, um losfahren zu können oder dergleichen.

Die Zukunft wird noch ausgefallenere Arten von Cyborgs bereithalten und verändern, wer wir als Menschen sind. Beispielsweise durch bionische Gliedmaßen, gedankenlesende Helme oder Nanoroboter im Blut.

Mein Handy vibriert, ich öffne meinen Messenger und sehe eine Nachricht von Henry.

»Können Kängurus rückwärts hüpfen?«, schreibt er.

»Nein, hast du die Werbung etwa nicht gesehen?«

»Nein.«

Kurze Zeit später vibriert mein Handy erneut. Henry schreibt: »Ein Stuhl geht um die Ecke und setzt sich hin.« Ich schaue kurz von meinem Display auf, schmunzle und denke mir nichts weiter. »Antwortest du darauf gar nichts? Dazu fällt dir wohl nichts ein, was?«, schreibt Henry nach zwei Minuten.

»Nein, dazu fällt mir nichts ein. Ist aber ein bisschen lustig«, antworte ich.

»Gibt es eingefleischte Vegetarier«, schreibt Henry kurz darauf.

»Ja, auch witzig«, antworte ich knapp.

»Jetzt antworte doch mal richtig«, fordert mich Henry auf und schiebt hinterher: »Neuer Versuch: Was zählen Schafe eigentlich, wenn sie einschlafen wollen?«

»Keine Ahnung«, antworte ich genervt.

»Aha. Nachts ist es kälter als draußen.«

»Okay.« Ich bin genervt. »Weißt du, dass ich gerade an meinem Manuskript arbeite?«

»Ja, aber Berechnungsprozesse können doch parallel ablaufen …« Ich schreibe drei Fragezeichen und lege das Handy weg. Schon vibriert es erneut. »Hatte Adolf Hitler eigentlich einen Führerschein?«

»Sag mal, was willst du eigentlich von mir? Hast du nichts zu tun?«, antworte ich, wobei ich die zweite Frage komplett in Großbuchstaben tippe. Das bringt meine Genervtheit zum Ausdruck, denke ich.

»Hm, du bist gut.« Dann ist zehn Minuten Ruhe. Henry ist noch immer online. Ich auch.

»Inwiefern bin ich gut und was soll das überhaupt?« Die Neugier überkommt mich und der Wunsch, meine Arbeit aufzuschieben, lässt grüßen.

»Ich führe einen Turing-Test mit dir durch, um herauszufinden, ob du Mensch oder Maschine bist. Ich bin mir wirklich unschlüssig.«

Ich verdrehe die Augen und schicke einen entsprechenden Smiley. Dann schreibe ich: »Und dafür musst du mir sinnlose Fragen stellen?«

»Ja. Eine letzte noch: Bist du echt?«

»Wenn du es nicht genau sagen kannst, macht es dann überhaupt einen Unterschied?«, zitiere ich aus der Serie *Westworld*, schicke ein Roboter-Emoji hinterher und verlasse den Chat. Mein Handy vibriert. Jetzt bloß nicht schwach werden, denke ich. Die Pointe ist zu gut, die muss ich mal wirken lassen.

Mit dem 1991 von Hugh Gene Loebner ins Leben gerufenen Loebner-Preis soll die künstliche Intelligenz, die als Erstes einen vollumfänglichen Turing-Test, das heißt, die Verarbeitung multimedialer Inhalten, besteht, mit der Goldmedaille und 100 000 Dollar ausgezeichnet werden. Die Silbermedaille gibt es für Computerprogramme, die den schriftlichen Turing-Test meistern, sich also in der schriftlichen Kommunikation mit verschiedenen Juroren nicht von Menschen unterscheiden lassen. Bisher wurden beide Preise noch nicht vergeben. Jährlich erhalten die Programme, die am »menschenähnlichsten« sind, die Bronzemedaille. 2018 ging diese zum vierten Mal an den Chatbot Mitsuku. Auf der Seite mitsuku.com können Sie die künstliche Intelligenz übrigens gern auch einmal selbst auf ihre Menschlichkeit prüfen.

Ich habe es mit ein paar Fragen von Henrys Turing-Test an mich probiert. Auf die Frage, ob Kängurus rückwärts springen können, antwortet Mitsuku: »Jeder kann springen, wenn er Beine hat.« Die Sache mit dem Stuhl, der um die Ecke geht, überfordert sie und sie identifiziert ein Rekursionsproblem. Weiterhin habe ich es mit der Frage probiert, was Schafe eigentlich zählen, wenn sie einschlafen wollen. Mitsuku hat mir ein Foto von Schafen geschickt und dann schlagfertig geantwortet: »Wahrscheinlich nichts, da Schafe nicht zählen können.« Als Letztes habe ich ihr noch den Satz geschrieben, dass es nachts kälter ist als draußen. Auch hier stößt sie an ihre Grenzen und fragte mich, ob ich dort häufig einen Computer benutzen würde. Das ist also die menschenähnlichste Kommunikationsmaschine, die wir aktuell haben. Auf der einen Seite durchaus beeindruckend, auf der anderen Seite zeigt Mitsuku aber auch, wie weit die künstliche Intelligenz aktuell noch von echten Menschen entfernt ist.

Doch von diesem kleinen Exkurs zurück zum Transhumanismus. Wie auf der Informationsseite whatistranshumanism.org zu lesen ist, kann der Transhumanismus als Erweiterung des Humanismus verstanden werden, in der er teilweise auch seinen Ursprung hat. Beim Humanismus stehen, wie der Name schon sagt, der Mensch und das Individuum im Mittelpunkt. Durch rationales Denken, Freiheit, Demokratie, Toleranz und Fürsorge für unsere Mitmenschen können wir die Welt zu einer besseren machen und jedem die besten Entfaltungsmöglichkeiten bieten.

Diesem Grundsatz folgen auch Transhumanisten, allerdings wird hier ein besonderer Fokus auf das Potenzial gelegt, das in uns steckt. Transhumanisten sind im Gegensatz zu Humanisten der Auffassung, dass wir nicht nur die menschlichen Bedingungen und die externe Welt verbessern können, sondern auch uns selbst. Damit sind Transhumanisten nicht auf die traditionellen Methoden des Humanismus wie etwa kulturelle Entwicklung oder Bildung beschränkt, sondern nutzen vor allem technologische Mittel, um über den Menschen hinauszugehen.

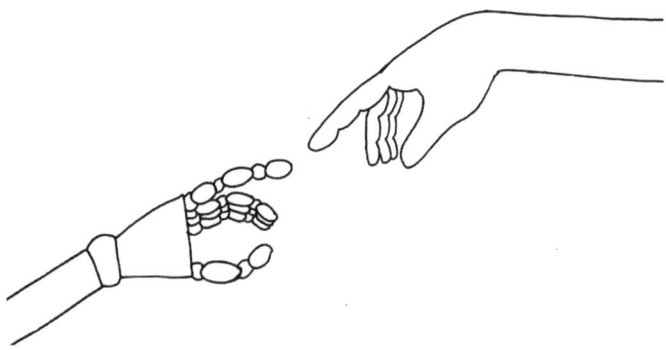

Es geht also um den Menschen von morgen, der über deutlich bessere intellektuelle, körperliche und auch psychische Fähigkeiten verfügt, als wir es heute tun, und dem biologischen Altern ein Schnippchen schlägt. Dieser neue Mensch ist nicht mehr länger Mensch, sondern ein nach-menschliches Lebewesen, ein *Homo posthumanus* (vom lateinischen Wort *post*, was nach bedeutet und dem lateinischen Wort *humanus* für menschlich) oder im Englischen ein *Posthuman*. Der Begriff des Transhumanismus wiederum bedient sich des lateinischen Wortes *trans*, was so viel wie jenseits, darüber hinaus oder hindurch bedeutet. Damit befinden sie sich gewissermaßen zwischen den jetzigen Menschen, wie wir sie kennen, und den Posthumans, die wir irgendwann, nach ihrer Auffassung, sein werden.

Diese Posthumans klingen erst einmal ziemlich cool. Wer würde nicht gern intelligenter als Stephen Hawking sein, seine Stimmung und Sehnsüchte besser kontrollieren können als der Dalai Lama, stark sein wie ein Eddie Hall und darüber hinaus resistent gegen Krankheiten und gefeit vor dem Altern? Ja, okay, ein paar kleine Schwächen machen uns menschlich, aber mein Gott, die normalen Menschen kann es ja weiterhin geben, nur werden sie in jeglicher Hinsicht eine schlechte Figur abgeben. Und dabei können wir uns die schier unbegrenzten Möglichkeiten der Erlebniswelt eines Posthumans wahrscheinlich nicht einmal vorstellen. Wenn es in den Schädel implantierte Antennen zum Sehen von Farben gibt, wie wäre es mit der Fähigkeit zur Ortung per Ultraschall wie es Fledermäuse können oder einer ins Auge integrierten Nachtsichtkamera? Sinnesqualitäten, die uns aktuell nur über externe Geräte zugänglich sind.

Die technologischen Fortschritte im letzten Jahrhundert waren so rasant, dass die Entwicklung zu einem besseren Menschen tatsächlich realistisch und erwartbar erscheint. Allein die Veränderungen, die das Internet mit sich gebracht haben, hätte sich vor zwanzig Jahren kaum jemand vorstellen können. Mittlerweile ist die menschliche DNA entschlüsselt, auch die Rollen der jeweiligen Gene werden immer weiter untersucht und besser verstanden. Die Leistung von Computern verdoppelt sich alle 12 bis 24 Monate und wird in absehbarer Zukunft wahrscheinlich die des menschlichen Gehirns erreichen – von Quantencomputern ganz zu schweigen. Auch die Pharmaforschung und Nanotechnologie rasen auf der Überholspur dahin. Dabei ertönt die Zukunftsmusik in meinen Augen allerdings etwas optimistischer als gerechtfertigt wäre.

Nichtsdestotrotz stellt sich die Frage, wie aus uns normalen 08/15-Menschen nun diese Posthumans werden sollen. Die erste Möglichkeit kennen wir schon vom Anfang dieses Kapitels: Der Mensch wird Schritt für Schritt durch neueste Technologien und wissenschaftliche Erkenntnisse verbessert, etwa in der Nanotechnologie, im genetischen Bereich, durch implantierte Mikrocomputer und so weiter. Oder aber, wir schaffen gleich gänzlich synthetische, also künstliche Intelligenzen, die wir dann einfach wie Menschen aussehen lassen, so wie es Serienjunkies aus *Westworld* kennen. In jedem Fall wären drastische Modifikationen an uns vorzunehmen, damit aus einem Menschen ein Übermensch wird. Allerdings nicht etwa im Sinne Nietzsches als Vollausschöpfung des Menschenmöglichen, wie er es vor allem in seinem Mitte der Achtzigerjahre des 19. Jahrhunderts veröffentlichen Werk *Also sprach Zarathustra* beschreibt, sondern als etwas, das wortwörtlich über den Menschen hinausgeht. Mit ein paar implantierten Chips wäre es da auf Dauer nicht getan.

In der zweiten Hälfte des 18. Jahrhunderts gab es für die Verfechter der Aufklärung ein menschliches Ideal. Sie waren der Überzeugung, dass sich der Mensch sowohl was seine körperlichen, aber auch seine moralischen und intellektuellen Fähigkeiten anbelangt, zu einem Ideal entwickeln kann. Diesen Gedanken nennt man Perfektibilität oder auch Vervollkommnungsfähigkeit. Dabei wurde die Optimierung des Menschen damals sicherlich noch nicht derartig auf die Spitze getrieben wie heute. Zu Hoch-Zeiten der Selbstoptimierung ist genau diese aufklärerische Idee der Vervollkommnungsfähigkeit des Menschen abhandengekommen. Ja, wir optimieren uns und ja, wir wollen immer besser werden. Doch DEN idealen Endzustand scheint kaum noch jemand vor Augen zu haben. Stattdessen rennen wir und die Transhumanisten und fanatischen Selbstoptimierer der Verbesserung an sich hinterher wie der Esel einer Karotte, die an einer Angelsehne vor seinem Maul baumelt, die er aber nie erreichen wird.

Die Vorformen von Cyborgs, also eine Mischung aus Mensch und Maschine, sind übrigens gewissermaßen schon seit Jahrzehnten mitten unter uns. Patienten mit Herzrhythmusstörungen bekommen seit gut sechzig Jahren einen Herzschrittmacher implantiert, um ihr Leben zu verlängern und ihre Gesundheit zu verbessern. Diese kleinen Geräte werden auf den Herzmuskel transplantiert, um dort durch elektrische Signale eine Kontraktion des Herzens auszulösen und den Körper mit ausreichend Blut zu versorgen. Menschen, die bei einem Unfall oder im Krieg ihre Beine verloren haben, nutzen mittlerweile technisch immer menschenähnlichere Prothesen, um am normalen gesellschaftlichen Leben teilzunehmen.

Schon 2006 veröffentlichten Neurowissenschaftler der Brown University bahnbrechende Beobachtungen. Man stelle sich einen komplett querschnittsgelähmten Menschen, in diesem Fall Matthew Nagle, vor. Aus seinem Gehirn kommen fingerdicke Kabel, die mit einer neben ihm liegenden Gummihand verbunden sind. Und nun passiert es: Sie bewegt sich. Die amerikanischen Wissenschaftler hatten ihm einen Sensor ins Gehirn implantiert, und zwar direkt auf den motorischen Kortex, also dem Hirnareal, das für die Bewegungssteuerung zuständig ist. Signale, die Matthew Nagle nun in dieses Areal willentlich per Gedankenkontrolle sendete, wurden von dem Sensor erfasst und in elektrische Impulse umgewandelt. Damit konnte er die Gummihand bewegen, einen Computer bedienen oder den Fernseher steuern.

Matt Nagle war der erste Patient, dem ein solches Neuroimplantat oder neuromotorische Prothese erfolgreich eingesetzt wurde. Mittlerweile werden immer mehr Studien durchgeführt und die Gehirn-Computer-Schnittstellen verbessert. Im Jahr 2014 wurden in einer ersten Studie Diabetespatienten künstliche Bauchspeicheldrüsen eingesetzt, die sich per Smartphone-App steuern ließen und automatisch durch Gaben von Insulin oder Glukagon den Blutzuckerspiegel regulierten.

In der Zukunft wird es nun aber nicht mehr »nur« um die Unterstützung von Menschen mit Behinderung oder Krankheiten gehen, sondern auch um die Optimierung gesunder Menschen. Schon heute empfinden wir einen regelrechten Phantomschmerz, wenn wir die digitale Erweiterung unseres Körpers, nämlich unser Smartphone, versehentlich zu Hause vergessen haben. In zwanzig oder dreißig Jahren werden sich Eltern womöglich fragen, welche genetische Veränderung sie für ihr Kind wollen, oder ob es schon alt genug ist, um sich einen Mikrochip ins Gehirn pflanzen zu lassen, mit dem es das eigene Smartphone, das mittlerweile dünn wie ein Blatt Papier ist, zu steuern, als würde es darum gehen, sich ein Tattoo stechen zu lassen. Dabei möchte ich noch mal kritisch betonen, dass es darum geht, die menschliche Natur zu verändern, und damit auch der Selektion von menschlichem Leben Tür und Tor geöffnet wird.

Der Fortschritt in Wissenschaft und Technik, insbesondere die Digitalisierung, wird als exponentielle Entwicklung beschrieben. Smartphones im Hosentaschenformat sind heutzutage so leistungsstark wie Supercomputer in Zimmergröße vor zwanzig Jahren. Denken wir nur mal an das Jahr 2000 zurück. Die Millenniumsgrenze schien wie ein Übertritt in die Zukunft. Ich war damals zehn Jahre alt, und wir hatten ein Super Nintendo und einen Windows-95-Computer. Dateien speicherte man auf Disketten mit einem Speicherumfang von ein paar Megabyte. Wenn man an der Straßenbahnhaltestelle stand und nichts zu tun hatte, dann starrte man Löcher in die Luft oder hörte Musik über seinen Discman. Das Coolste, was man mit einem Handy machen konnte, war *Snake* zu spielen.

Für uns heute so alltägliche Dinge wie Smartphones, WLAN, Facebook, GoogleMaps, YouTube oder Skype gab es vor noch nicht einmal zwanzig Jahren noch nicht. Kann man sich fast nicht mehr vorstellen, in einer Zeit, in der solche Dienste und Geräte selbstverständlich sind und sich selbstfahrende Autos, 3-D-Drucker und Augmented Reality ihren Weg in den Alltag der Menschen bahnen. Wie sollte man einem Jugendlichen erklären, wie die Welt ohne Internet aussah? Schwierig.

Für die meisten Menschen ist es erfahrungsgemäß schwer, die Bedeutung von exponentiell tatsächlich zu verstehen. Denn der Fortschritt nimmt nicht einfach nur in einer geraden Linie zu und wird stetig mehr. Das Beispiel einer Kolumne auf *SPIEGEL ONLINE* von Christian Stöcker, Professor für Digitale Kommunikation an der Hochschule für Angewandte Wissenschaften Hamburg, verdeutlicht das sehr gut. Stellen Sie sich zwei Personen vor, die jeweils dreißig Schritte gehen. Die erste Person geht ganz normale Schritte und ist nach dreißig Schritten also dreißig Schritt weit gekommen, vielleicht etwa fünfzehn Meter. Person zwei hat allerdings eine Schrittlänge, die exponentiell zunimmt. Sie macht also einen Schritt und kommt einen Schritt weit. Beim nächsten Schritt ist ihre Schrittlänge schon doppelt so lang, nämlich zwei Schritte weit, beim nächsten Schritt sind es vier Schritte, beim wieder nächsten acht und so weiter. Nun die Fragen an Sie: Was glauben Sie, wie weit die zweite Person nach dreißig Schritten wohl gekommen ist? Als ich den Artikel gelesen habe, dachte ich mir, hm, ziemlich weit vermutlich. Um zu wissen, dass das maßlos untertrieben ist, muss man schon Mathematiker sein, denn für uns Normalsterbliche ist exponentielles Wachstum nur schwer vorstellbar. Tatsächlich hätte die zweite Person die Erde gut dreißig Mal umrundet! Dabei stecken wir selbst schon mitten in einer solchen exponentiellen Entwicklung, allerdings noch am Anfang und hier ist es noch einigermaßen überschaubar. Bis 1 + 2 + 4 + 8 kommt wohl jeder noch mit, aber spätestens ab 256 wird es schwierig. Und, wie gesagt, das ist gerade einmal der Anfang. Dabei ist der Mensch nur sehr begrenzt in der Lage, sich an Neuerungen anzupassen: »Selbst nach über 20 Jahren World Wide Web haben sich die Bereiche Recht, Politik, Wirtschaft und Kultur nicht an die Gegebenheit einer technisch omnipräsenten, digitalen Netzwerkstruktur zum Tauschen und Kopieren von Informationen angepasst«, schreiben Christian Grasse und Ariane Greiner zu Recht zum Stichwort Urheberrecht im Internet. Die Technologie scheint dem Menschen gefährlich vorauszueilen.

Eines der Flaggschiffe auf der Welle der exponentiellen Entwicklung ist die private Singularity University im kalifornischen Silicon Valley. Tatsächlich baut ihr ganzes Wirken auf dem technischen Fortschritt und der Zukunft auf. Ihrem Denken zufolge, würden sich durch technischen Fortschritt angeblich alle Probleme der Menschheit irgendwann lösen lassen. Die Übergangszeit wird jedoch mehr als gefährlich. Die Singularity University ist eine private Benefit Corporation, so etwas wie eine kommerziell ausgerichtete Wohltätigkeitsorganisation, eine Sonderform im US-amerikanischen Unternehmensrecht. Praktisch gesehen ist sie eine Mischung aus einem Thinktank mit Konferenzen und Seminaren, einer Teilzeituniversität mit einem Sommercamp für die Führungskräfte von morgen und einem Investor, der Geld in vielversprechende Start-up-Unternehmen steckt. Der Begriff der Singularity beschreibt einen Idealzustand, das Ziel aller Bestrebungen: der Zeitpunkt, wenn die menschliche Intelligenz von einer künstlichen Intelligenz übertroffen wird. Dieses Ereignis würde zu einem grundlegenden Umbruch der Menschheitsgeschichte führen und der technischen Entwicklung einen weiteren Schub verleihen. Denn ab diesem Zeitpunkt wären Fortschritte nicht mehr von der begrenzten Intelligenz von Menschen abhängig, sondern die künstlichen Superintelligenzen könnten sich selbst verbessern und immer neuere, weiter fortgeschrittene Technologien hervorbringen. An der Stelle möchte ich schon einmal einen kleinen Dämpfer einbauen: Bisher sind künstliche Intelligenzen noch weit davon entfernt, es wirklich mit unserer menschlichen Intelligenz aufzunehmen. Dazu später mehr.

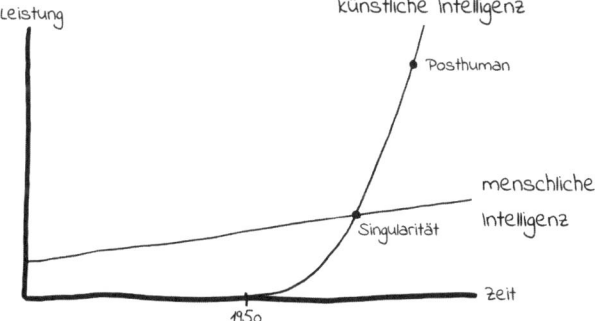

Es ist kein Zufall, dass sich eine Institution wie die Singularity University im Silicon Valley angesiedelt hat. So ist einer der Gründungspartner, der Internetriese Google, ebenfalls im Silicon Valley heimisch. Hier hat man mit der kleinsten Informationseinheit, dem Bit, unfassbar viel Geld verdient und Einfluss gewonnen. Kein Wunder, dass schon jetzt nach dem nächsten Bereich Ausschau gehalten wird, in dem sich genau dieses Prinzip der kleinsten Einheiten erneut anwenden lässt, um noch mehr Geld zu verdienen und die Welt neu zu kreieren. Diese kleinsten Teile sind – neben den Bits – Atome, Neurone und Gene. Das Akronym dieser kleinsten Einheiten steht für den zweiten Big BANG, indem sich Informationstechnologie, Nanotechnologie, Neurowissenschaften und Biotechnologie verbinden. Die Zusammenfassung dieser Technologien als BANG (Bits, Atome, Neurone, Gene) geht auf die ETC Group zurück, die sich mit den sozioökonomischen und ökologischen Problemen und Herausforderungen der neuen Technologien beschäftigt.

Der Oberbegriff für diese fächerübergreifende Zusammenarbeit von Wissenschaft und Technik heißt Converging Technologies. Eingeführt hat diesen Begriff 2001 die US-amerikanische National Science Foundation und für die Bereiche dieser Zusammenarbeit das Akronym NBIC geschaffen, also Nanotechnologie, Biotechnologie, Informationstechnologie und Kognitionswissenschaften. Das Ziel dieser Zusammenarbeit besteht darin, die Leistungsfähigkeit des Individuums und damit der Gesellschaft zu erhöhen und international wettbewerbsfähig zu sein. Allerdings ist dieses Bestreben längst nicht mehr national beschränkt. Wie oben bereits erklärt, ist der Transhumanismus eine Weiterführung des Evolutionsgedanken von Darwin. Es geht um die immer bessere Anpassung an unsere Umwelt. Und tatsächlich ist der Mensch, nach Überzeugung der Transhumanisten, nicht mehr allzu lange überlebensfähig. Die Entwicklung hin zum Posthuman ist geradezu unausweichlich. So werden wir teilweise Maschine werden müssen, um der anrollenden Informationsflut in der Zukunft überhaupt noch Herr werden und mit den künstlichen Intelligenzen irgendwie Schritt halten zu können. Dabei werden wir uns, wenn es nach den Transhumanisten geht, direkt unseres so schwachen und fehlbaren Körpers entledigen, dessen begrenzte Fähigkeiten für die Welt von morgen nicht mehr genügen werden. Jetzt könnte man sich denken, Moment mal, diese künstlichen Intelligenzen und die ganzen Daten, die schaffen wir doch selbst. Wir versuchen uns nicht mehr nur noch bestmöglich an unsere Umgebung anzupassen, sondern gestalten diese Umgebung aktiv mit.

Hinter dem Optimierungsgedanken der Menschheit stecken allerdings nicht nur Forschergeist und Menschenliebe, sondern vor allem auch ein riesengroßer Markt. Die exponentielle Entwicklung in Technik und Wissenschaft wird von kapitalistischen Triebkräften regelrecht befeuert und zu neuen Höhenflügen gebracht. Dabei drängt sich an dieser Stelle noch mehr als zuvor die Frage auf, was ist eigentlich das Endziel der Verbesserung und was macht uns als Menschen eigentlich aus? Zwar geht es beim Transhumanismus nicht darum, den Menschen mit ein paar Zahlen zu beschreiben oder gar auf einen Wert herunterzubrechen, wie das etwa beim Sozialkreditwert in China der Fall ist, jedoch ist auch hier die Grundannahme, der Mensch lasse sich in seiner Gänze in Zahlen abbilden, vorhanden – und zwar in sehr, sehr vielen Nullen und Einsen, die Sprache der Computer.

Dementsprechend verbreitet ist auch die Vorstellung, dass sich Neurone und Denkprozesse im Gehirn irgendwann wie ein Computerprogramm nachbauen und auf ein externes Speichermedium übertragen lassen. Dann tauschen wir Gedanken und Erinnerungen wie Dateien über Bluetooth aus. Und wenn mal was hakt, nutzen wir einfach unser letztes Back-up, um einen früheren Zustand wiederherzustellen. Wir könnten das

Weltall spielend leicht erforschen und der einzigen Gewissheit im Leben, dem Tod, von der Schippe springen. Damit wären wir unseren Körper, unser materielles Sein, los. Aber sind wir nicht auch unser Körper? Ist dieser nicht Teil unseres Selbst und unseres Selbstempfindens? Verlieren wir, wenn wir uns des Materiellen entledigen, nicht auch etwas, das uns zum Menschen macht? Wenn alles auf Effizienz, Perfektion und höchste Qualität ausgerichtet ist und wir uns anhand dieser Kriterien kreieren, werden wir dann nicht einfach nur Maschinen?

# GRENZEN UND ABGRÜNDE DER VERMESSUNG

Jetzt haben wir so viel über Zahlen gesprochen und über das, was wir heutzutage und möglicherweise in Zukunft mit diesen anstellen können, dass sich die Frage stellt, welche Grenzen es dabei eigentlich gibt. Liefern uns die Einsen und Nullen eines Computers wirklich Antworten und Lösungen für jedes Problem und wie zutreffend ist eigentlich die Überzeugung der Quantified-Self-Anhänger, dass sich der Mensch als Zahlenhaufen wirklich beschreiben und verstehen lässt?

## Die dunkle Seite einer vermessenen Welt: Von Entfremdung und Vertrauensverlust

Mit der Selbstvermessung streben wir nach Einblicken in ein sehr komplexes Gebilde, nämlich unseren Körper und Geist, um uns selbst zu optimieren, wobei das Endziel meist unklar ist. Vor gut einem Jahrzehnt war das Thema Selbstvermessung noch ein zeitlich begrenztes, ein phasenweises Phänomen. Wenn man etwa abnehmen wollte, verfolgte man beispielsweise über einen bestimmten Zeitraum hinweg die eigenen Kilos auf der Waage und sein Bewegungsverhalten. Das Ziel war, ein bestimmtes Gewicht oder einen bestimmten Fitnesszustand zu erreichen. Doch diese Zielbindung ist im Begriff sich aufzulösen. Fragt man schlanke und fitte Selbstvermesser, warum sie ihr Gesundheitsverhalten so akribisch messen, hört man meist kein spezifisches Ziel mehr, sondern das Streben nach genereller Verbesserung und Selbstoptimierung oder wie Henry es ausdrückte, nach der besten Version von sich selbst.

Einer der Initiatoren der Quantified-Self-Bewegung, Gary Wolf, beschrieb es einmal so, dass »ihre Zahlen Geheimnisse bereithalten, von denen sie sich nicht leisten können, sie zu ignorieren, sowie Antworten auf Fragen, die sie sich bisher noch gar nicht gestellt haben«.

Aber was bedeutet das eigentlich für uns als Menschen, wenn Zahlen etwas messen, das vorher außerhalb unseres Bewusstseins lag, und uns vermeintlich besser beschreiben, als wir selbst es könnten? Selbstvermessungsenthusiasten folgen der Grundüberzeugung, dass sich der Mensch, also Körper *und* Geist, das Ich, in seiner Gänze in Zahlen und Daten ausdrücken lässt. Alles ist messbar. Dänische Forscher haben in diesem Zusammenhang den Begriff des »digitalen Doppelgängers« ins Spiel gebracht und meinen damit die Version von uns selbst, die beim beständigen Selbstvermessen entsteht; eine digitale Version, die wir mehr als unser Selbst wahrnehmen als uns selbst. Wir messen und werden vermessen. Zwei Rollen, die sich automatisch voneinander trennen. Indem wir uns zum Objekt der Vermessung machen, entfremden wir uns gleichzeitig von uns selbst.

Sie können sich ja kurz überlegen, wie sehr Sie die Zahl auf der Waage, Ihren durchschnittlichen Blutdruck oder einen Produktivitätsscore als zu Ihnen gehörend empfinden. Die Verwandlung menschlichen Lebens in trockene Zahlen scheint zwar zunächst eher befremdlich, doch unser digitaler Doppelgänger löst diesen inneren Konflikt auf. Es gibt mich und es gibt dieses Datenabbild von mir, das zwar irgendwie zu mir gehört, aber im Endeffekt ja doch »nur« aus Zahlen besteht. Dabei möchte man fast laut schreien: »Ich bin nicht nur Zahlen, sondern ganz viel Mensch.« Denn auch wenn wir all diese Facetten und Aspekte von uns in Daten stecken können, ist es nicht die Gesamtheit dieser Zahlen, das Geflecht untereinander, das uns zu dem Menschen macht, der wir sind? Klar, wenn es nach Biohackern und Transhumanisten geht, ist es nur noch eine Frage der Zeit, bis auch diese Vernetzungen und der Mensch in seiner Komplexität abbildbar werden, vielleicht ist es aber auch unmöglich, weil wir eben mehr sind als Zahlen. Momentan sind wir glücklicherweise auf jeden Fall noch ein gutes Stück davon entfernt, einen digitalen Doppelgänger zu haben, der uns wirklich zum Verwechseln ähnelt. Und solange das zutreffend ist, wird dieses Daten-Ich wohl immer auch als entfremdet von uns selbst wahrgenommen werden.

Doch was dann? Vom Foto-Selfie zum Daten-Selfie – so sieht unser digitales Spiegelbild der Zukunft aus; inklusive unserer in Zahlen gefassten »inneren« Werte wie Blutdruck, Herzfrequenz, Insulinspiegel, aufgenommene Kalorien, Blutwerte und so weiter. Unser digitaler Doppelgänger wird uns immer ähnlicher. So zumindest die Vision. Und dabei könnte uns nach meinem Verständnis viel der echten Erfahrungswelt, des realen Erlebens durch unsere Sinne verloren gehen.

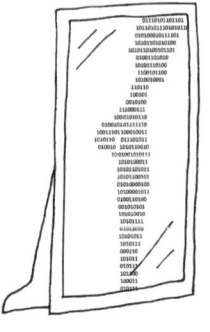

Die Analogie zum Foto-Selfie halte ich dabei für sehr treffend. Am Himmel spielt sich ein fantastisches Feuerwerk ab, doch alles, was sich in unseren Augen spiegelt, sind die bunten Farben auf dem Display vor uns. Und anstatt unseren Körper durch unsere eigene innere Wahrnehmung zu erleben, sehen wir uns Daten über ihn an, als wäre er uns anders gar nicht zugänglich. Diese Beobachterrolle erinnert auch nicht unwesentlich an Computerspiele, in denen man als Gamer die Figuren im Spiel steuert, sich mit ihnen identifiziert, jedoch nie wirklich diese Person ist.

Für Biohacker und Selbstvermesser stellt sich das jedoch ganz anders dar. Sie sind der Auffassung, erst durch genau diese Daten ihr reales Ich kennenzulernen. Für Biohacker und Blogger Sean Fleming sind die Daten mittlerweile sogar mehr wert als das Empfinden selbst, wie er in einem seiner Blogbeiträge beschreibt:

> *I ran and I felt fucking great. But the best bit wasn't the act of running. It wasn't the endorphins flushing my system. It wasn't the smug sense of self satisfaction for having got off my bum and ran around for a bit, no. No, the best bit was when I had finished. The best bit was sitting down, ankles puffy and calfs*

*buzzing with dull pain and analysing the data collected during my run in my post exercise afterglow. Elevation. Heart rate. Calories burned. Distance covered. Time. When the endorphins had faded the data remained. – Ich rannte und fühlte mich verdammt gut. Aber das Beste daran war nicht das Rennen. Es waren nicht die Endorphine, die durch meinen Körper rauschten. Es war nicht das Gefühl der Selbstgefälligkeit, weil ich meinen Hintern hochbekommen hatte und ein bisschen herumgelaufen war, nein. Nein, das Beste kam erst, als ich fertig war mit dem Laufen. Das Beste war, mich hinzusetzen, mit geschwollenen Knöcheln und schmerzenden Waden, und die während meines Laufs gesammelten Daten während der Nachbrennphase zu analysieren. Steigung. Herzschlag. Verbrannte Kalorien. Gelaufene Strecke. Zeit. Die Endorphine mochten langsam verfliegen – doch die Daten blieben.*

Je mehr Daten aus verschiedensten Quellen in Zukunft wohl auch immer häufiger automatisch erfasst werden, desto mehr werden wir für Algorithmen zum offenen Buch. Wir werden *machine readable*, maschinenlesbar. Denn unser Verhalten – und bald sicherlich auch unser psychisches Innenleben – kann durch ausgeklügelte und intelligente Algorithmen immer besser analysiert und präziser vorhergesagt werden. In biologischer, sozialer, geistiger und emotionaler Hinsicht wird unser Daten-Ich zum externen Objekt unserer Betrachtungen.

Dabei laufen wir Gefahr, uns von unserer qualitativen Wahrnehmung zu entfernen und Zahlen mehr zu vertrauen als uns selbst und etwas Wesentliches zu verlieren: unser Körpergefühl. Das Gefühl für den eigenen Körper scheint für viele Menschen ein echtes Mysterium zu sein. Und weil der gut gemeinte Ratschlag »Hör doch einfach mal auf deinen Körper« schwieriger umzusetzen scheint als jede Diät, verwundert es kaum, dass

Mittel zur Selbstvermessung wie der goldene Weg zur Selbsterkenntnis erscheinen. Für Selbstvermesser und Biohacker mutet die Vorstellung, dass man einfach fühlen und spüren könne, wie es einem geht, geradezu absurd an. Vor allem, weil wir aufgrund unserer Zahlengläubigkeit und eingeimpfter Abneigung gegenüber Subjektivität den Wert objektiver Daten über unser scheinbar so fehleranfälliges Körpergefühl stellen.

Die Grundlage für das eigene Körpergefühl bildet die subjektive Wahrnehmung des Körpers, quasi ein inneres Modell, das wir von unserem Körper haben. Vieles davon spielt sich unterbewusst ab und ist eng mit unseren Sinneswahrnehmungen, vor allem denen des Seh- und Tastsinns, verbunden. Und so akkurat wir auch unseren Herzschlag, die durch unser Blut fließenden Endorphine oder Gehirnwellen messen können, ist es doch das, was wir fühlen und was wir als Menschen wahrnehmen, wodurch unser Körpergefühl entsteht.

Ein gutes Körpergefühl hilft uns, zu verstehen, was unser Körper braucht und will, aber auch, was er kann und nicht kann. Wenn das, was wir mit unseren Selbstvermessungsgeräten so eifrig in Zahlen packen, nicht so recht mit dem übereinstimmt, was dieses unbestimmte Gefühl in unserem Körper uns zu sagen versucht, wird es problematisch. Dann denken wir, dass wir krank sind, obwohl wir uns eigentlich ganz gut fühlen, oder heben noch fünf Kilo mehr beim Gewichtheben, obwohl wir heute eigentlich gar nicht so richtig in Form sind.

Die Entfremdung vom eigenen Körper, dadurch dass dieser zum Objekt der Vermessung und Optimierung wird, geht meist auch mit einem Vertrauensverlust in eben diesen einher. So kann etwa das Gespür dafür, wie viel Essen eigentlich genau richtig für mich ist, wann ich satt bin und wann noch hungrig, empfindlich gestört werden, wenn die Steuerung der Nahrungsaufnahme nicht länger aus mir selbst heraus geschieht, sondern von meinem Smartphone reguliert und überwacht wird. Diesen Verlust an Vertrauen in sich selbst beziehungsweise auch die eigene Kompetenz kann man übrigens in verschiedensten Bereichen feststellen, wenn man sich Schnittstellen zwischen alltäglichen Aktivitäten und digitaler Unterstützung anschaut.

Das fiel mir vor Kurzem ganz besonders auf, als ich mit dem Auto unterwegs war. Ich musste mit dem Auto zweimal zu einer bestimmten Adresse in einer fremden Stadt fahren. Beim ersten Mal öffnete ich mit meinem Smartphone Google Maps und ließ mich entspannt zum Ziel führen. Auch für den Rückweg nutzte ich den digitalen Autoatlas. Hier entsprach das Vorgehen eigentlich noch ziemlich genau dem, was ich auch in Zeiten, in denen ich noch kein Smartphone besessen hatte, gemacht hätte. Die einzigen Unterschiede bestanden jedoch darin, dass ich mir die Karte damals noch ausgedruckt hatte und mir die Anweisungen nicht vorgelesen worden waren. Aber von der Sache her war es das gleiche Prinzip.

Als ich nun diese Strecke zum zweiten Mal hin- und zurückfahren musste, schaltete ich, anders als früher, wieder das Navi auf meinem Smartphone an und ließ mich leiten. Das war nun der entscheidende Unterschied zu meiner früheren analogen Kartenkunde. Früher wusste ich beim zweiten Mal den Weg. Ich hatte mir wichtige Gabelungen eingeprägt und vertraute auf meinen Orientierungssinn. Nun jedoch wies mich die nette Stimme aus meinem Smartphone bereits auf die nächste Abbiegung hin, noch ehe ich selbst darüber nachdenken konnte. Dabei passierten zwei Dinge: Ich lernte gar nicht erst den Weg, weil ich mir der finalen Absicherung durch mein Smartphone bewusst war und mich so nicht in dem Maße mit der Strecke auseinandersetzte wie zuvor. Und die zweite Sache: Ich konnte eigentlich gar nicht genau herausfinden, ob ich die Strecke nicht doch schon gelernt hatte, weil ich meinen Fähigkeiten, den richtigen Weg beim zweiten Mal zu finden, nicht so richtig vertraute, sondern lieber vorsorglich das Navi anschaltete. Genau dieses Prinzip finden wir auch im Bereich der Selbstvermessung.

Gerade im medizinischen Bereich kann der Vermessungswahn auch zu krankhaften psychischen Tendenzen führen. »Hypochondrie ist nicht bloß, sich ein Leiden, das man nicht hat, einzubilden, sondern Leiden, die man hat, zu aufmerksam zu beschauen«, sagte schon vor fast 200 Jahren der österreichische Arzt und Lyriker Ernst von Feuchtersleben. Und damit beschreibt er eine Sache ziemlich gut, die sich aus der allgegenwärtigen Selbstvermessung ergeben kann. Der menschliche Körper ist keine Maschine. Er kommt mal aus dem Tritt oder zeigt Reaktionen, die nicht der Norm entsprechen. Er erneuert sich ständig selbst und ist als lebender Organismus stetigen Veränderungen und Interaktionen mit sich und der Umwelt unterworfen. Genau dabei können Abweichungen von dem auftauchen, wie wir unseren Körper und seine Reaktionen normalerweise wahrnehmen. An manchen Tagen ist unsere Zunge ungewöhnlich rot, wir haben einen kleinen Ausschlag am Arm oder spüren ein Ziehen in der Brust.

Auch wenn die Möglichkeit, dass sich hinter diesen Anzeichen eine todbringende Erkrankung versteckt, sehr unwahrscheinlich ist, besteht für den Hypochonder meist kein Zweifel, dass seine Lebensuhr bedrohlich laut tickt. Er fängt daraufhin an, sich selbst noch aufmerksamer zu beobachten und nach weiteren Indizien in den Reaktionen und Zuständen seines Körpers zu suchen. »Moment mal, heute fühle ich mich aber auffallend müde, obwohl ich rechtzeitig ins Bett gegangen bin. Hier stimmt doch irgendetwas nicht«, könnte der nächste Gedanke lauten. Durch die verstärkte Selbstbeobachtung werden Abweichungen vom »Normalzustand« viel häufiger entdeckt. Sie fesseln die Aufmerksamkeit des Hypochonders.

Mit der Zeit hat dieser Teufelskreis aus Wahrnehmung vermeintlicher Symptome und Selbstbeobachtung das eigene Leben fest im Griff. Die zunehmende Selbstvermessung in unserer digitalen Welt öffnet den hypochondrischen Neigungen in uns damit Tür und Tor. Die direkt mitgelieferten Statistiken liefern Extremwerte, Abweichungen und Anomalien zudem auf dem Silbertablett. Und die vermeintliche Unfehlbarkeit und Gültigkeit von Zahlen tut ihr Übriges.

War der Umgang mit dem eigenen Körper und dem eigenen Ich vor den flächendeckenden Möglichkeiten der Quantifizierung vor allem intuitiv, ist er heute ohne die digitalen Helfer immer mehr von Unsicherheit geprägt. Dabei sollte ich doch eigentlich die Person sein, die mich selbst am besten kennt. Ich bin doch der einzig wahre Experte für mich selbst, oder? Aber anstatt darauf zu vertrauen, dass wir genau wissen, wie viel wir essen, uns bewegen, wie produktiv wir sind, wie gestresst wir uns fühlen, wie gut wir schlafen oder wie unsere Stimmung ist, fragen wir lieber noch mal unser Smartphone, ob unsere Einschätzungen richtig sind, und mit der Zeit hören wir gar gänzlich auf, uns diese Fragen noch selbst zu stellen.

Je mehr ich mir dieser Entfremdung und Verunsicherung, vor allem auch im Zuge meiner Arbeit an diesem Buch, bewusst wurde, desto stärker wurde mein Drang, einen besseren Zugang zu mir selbst zu finden und diesen zu pflegen. Etwa durch einfache Achtsamkeitsübungen, wie das bewusste Achten auf die eigene Atmung oder das Spüren der Berührungspunkte meines Körpers mit der Matte, wenn ich auf dem Boden liege. Ich sitze ja quasi selbst an der Quelle, während alles, was über Zahlen, Daten und Geräte läuft, im Endeffekt nur einen indirekten Zugang zu mir selbst bietet. Zwar sehe ich ein, dass die Selbstvermessung ein hilfreiches Instrument sein kann, um objektive Informationen über sich zu gewinnen, was für die Selbsterkenntnis sicherlich auch nicht unerheblich ist, allerdings halte ich die Auffassung von Henry und anderen militanten Selbstvermessern, dass nur darüber echte Selbsterkenntnis gewonnen werden kann, für wenig erstrebenswert, ja sogar für falsch.

Natürlich gibt es Ausnahmen. Meinen eigenen Blutdruck oder meine Cholesterinwerte kann ich beispielsweise nicht erspüren. Daraus den Gedanken abzuleiten, der Mensch lasse sich in seiner Gänze in Zahlen erfassen, klingt vielleicht verlockend, ist jedoch im wahrsten Sinne des Wortes vermessen. Bestenfalls kann ich mit Zahlen etwas beschreiben, wirklich verstehen und zu Selbsterkenntnis gelangen, kann ich nur, wenn ich mich qualitativ mit mir selbst auseinandersetze und meinem Innenleben durch Selbstreflexion auf den Grund gehe. In unserem Gehirn gibt es keine unterschiedlich hohen Balken für unterschiedliche Persönlichkeitsmerkmale, deren Höhe sich messen ließe, und auch keine Tortendiagramme, aus denen ich meine Vorlieben in Prozentzahlen ablesen könnte. Die ersten Einsichten, die ich daher während der Arbeit an diesem Buch gewonnen habe, lauten:

*Selbstvermessung ist nur ein Hilfsmittel zur Selbsterkenntnis, kein Goldstandard. Echte Selbsterkenntnis ist das Ergebnis von Selbstreflexion und der kritischen Auseinandersetzung mit sich selbst, nicht von der Berechnung irgendwelcher Zahlen. Das Gefühl und Vertrauen in den eigenen Körper und die eigenen Fähigkeiten kann durch ständige Vermessung gefährlich gestört werden.*

Auch der in Südkorea geborene, deutsche Philosoph Byung-Chul Han sieht das Vertrauen in sich selbst durch die von der

Selbstvermessung geschaffenen Transparenz des eigenen Körpers und durch den Zugang zu Informationen, die wir sonst nicht über uns selbst hätten, bedroht. Seiner Meinung nach ist Vertrauen nur da möglich, wo ein gewisser Grad an Nichtwissen vorherrscht. Wenn wir aber alles über uns »wissen«, haben wir nicht mehr die Möglichkeit, uns selbst zu vertrauen. Das Vertrauen in die eigene Wahrnehmung und das eigene Körpergefühl gerät gefährlich ins Wanken, wenn uns technische Geräte und Zahlen die scheinbar besseren Antworten liefern.

Die Schriftstellerin Juli Zeh bezeichnet Selbstvermessung in einem Artikel im Schweizer *Tages-Anzeiger* sogar als das Gegenteil von Selbstvertrauen. Dabei sind schon längst nicht mehr die mangelnde Fitness oder Speckröllchen an den Hüften die Gegner des modernen Menschen, sondern der Mangel an Kontrolle, an Ordnung und Vorhersagbarkeit, schreibt Juli Zeh weiter. Und tatsächlich geht es vielen Selbstvermessern unter dem Deckmantel der Selbstoptimierung ja vor allem um eines: Kontrolle.

Aus psychologischer Perspektive ist Kontrolle ein ganz grundlegendes Bedürfnis des Menschen. In einer Welt, die oftmals komplex und unübersichtlich ist, scheint für manche der eigene Körper und das eigene Verhalten der einzige Bereich zu sein, in dem sie die ganze Kontrolle haben können. Durch verbesserte Vorhersagemodelle lässt sich die Zukunft auf Basis einer in Zahlen gegossenen Gegenwart quasi in Stein meißeln. Wenn Selbstvermesser überwachen und regulieren, wie sie sich verhalten, können sie mit großer Sicherheit bestimmte Ergebnisse erzielen. Das beruhigt doch ungemein. Zumindest auf den ersten Blick.

Juli Zeh sieht im Streben nach der eigenen Transparenz und der Formung des eigenen Ichs durch Daten eine regelrechte Ersatzreligion, vor allem für junge Männer. »Als frommer Gläubiger nimmt sich der Selbstvermesser jede Möglichkeit zum Selbstbetrug. Die Datenbank ist sein Beichtstuhl, der Dienst an der Technik sein tägliches Gebet. ›Selbst, selbst, selbst‹, lautet das Credo einer Religion ohne Gott, die den Einzelnen zum Schöpfer, zum Designer der eigenen Person erhebt.«

Das Gefühl von Kontrolle ist allerdings trügerisch. Zwar suggeriert schon der Begriff *Selbst*vermessung, dass wir diejenigen sind, die da irgendetwas messen und auf Grundlage der Zahlen Entscheidungen treffen, allerdings ist das nur die halbe Wahrheit. Denn wer da tatsächlich misst, sind technische Geräte, Programme und Apps. Das ist an sich zwar kein Drama, aber die Gefahr, dass wir ihnen immer mehr Kontrolle überlassen, ist unübersehbar. Dann sind es zwar nicht unser Partner, irgendwelche Wissenschaftler oder reißerische Medien, die zu mehr Bewegung mahnen, sondern das Fitnessarmband an unseren Handgelenken – der Grundsatz der Selbstbestimmung kann dabei aber schnell verloren gehen. Der Fitnesstracker am Handgelenk als die Fessel von Gefangenen der digitalen Datenwelt? Klingt ein bisschen pathetisch, aber ich glaube, Sie verstehen, was ich meine.

Das fehlende Vertrauen in uns selbst steckt übrigens – ganz am Rand bemerkt – als Misstrauen auch in der gesamten Gesellschaft. Die Kommunikations- und Informationstechnik nimmt uns die Möglichkeit, anderen zu vertrauen. Der oft gebrachte Spruch »Transparenz schafft Vertrauen« scheint die Tatsachen ein wenig zu verdrehen oder zumindest den Punkt nicht ganz zu treffen. Man fordert mehr Transparenz, weil das Vertrauen nicht mehr da ist. Dabei wird durch mehr Transparenz keineswegs Vertrauen geschaffen, sondern lediglich Kontrolle. So entwickelt sich eine Transparenzgesellschaft schleichend zu einem Überwachungsstaat. Hieran zeigt sich nicht nur ein gesellschaftlicher Vertrauensverlust, sondern insbesondere auch der Verlust an moralischen Werten wie Aufrichtigkeit und Gemeinschaft.

Grundsätzlich hat das sicherlich auch seine Berechtigung. Im politischen Geschehen kamen Zahlen anfangs ins Spiel, um den Staat zu kontrollieren und das durchaus zu Recht. Aber es ist gleichzeitig Ausdruck eines Vertrauensverlusts, der sich durch zahlengestützte Transparenz von außen nicht wieder rückgängig machen lässt. Daraus folgt für mich eine weitere Erkenntnis:

*Vertrauen wird nicht durch ständige*
*Datenerfassung und Transparenz geschaffen.*

Auch das Infragestellen von Ärzten und Wissenschaftlern durch Biohacker und Selbstvermesser ist Ausdruck eines wachsenden Misstrauens. »Man will sich nicht länger von einer – womöglich im Verdacht der Profitorientierung stehenden – Arztautorität messen, kategorisieren und therapieren lassen, zumindest nicht ausschließlich«, schreiben Christian Grasse und Ariane Greiner. So wird das Vertrauensverhältnis, das eigentlich die Beziehung zwischen Arzt und Patient prägen sollte, immer weiter aufgelöst. Auch anderen Professionen werden in der Folge nur noch gute Leistungen zugetraut, wenn diese durch öffentliche Bewertungen bestätigt sind. Auf den Partnerschaftsmärkten der Zukunft wird Vertrauen womöglich ebenfalls Mangelware sein. Wenn immer mehr Informationen in Zahlen und digital verfügbar sind und Transparenz oberstes Gebot ist, kann man sich gut vorstellen, dass der Gesundheitsscore oder die Leistungsdaten des smarten Kondoms i.Con zum Auswahlkriterium werden. An welchen Kriterien die weibliche Performance bemessen werden wird, darüber möchte ich nicht einmal nachdenken. Genauso könnte die Einschätzung der Kreditwürdigkeit oder der Sozialkreditwert zum entscheidenden Faktor bei der Bewerberauswahl werden. Übt jemand Zurückhaltung oder weigert sich gar, seine Daten anderen sichtbar zu machen, wird das in der vermessenen Welt wahrscheinlich mit Skepsis und der Unterstellung, jemand hätte etwas zu verbergen, beantwortet.

Mit Zahlen und Daten verbinden wir vor allem Objektivität und Richtigkeit. Der verbreitete Irrglauben, dass sie zwangsläufig näher an der Wahrheit liegen als vermeintlich subjektive Meinungen und daher für Kontrolle und Transparenz sorgen, führt mich zu der Erkenntnis:

*Eine Welt der Zahlen ist auch*
*eine Welt des Misstrauens.*

Halten Sie das für eine erstrebenswerte Welt? Ich nicht. Denn wenn sich die Ökonomisierung durch das gesamte Leben zieht und alles einer ewigen Kosten-Nutzen-Rechnung und dem Optimierungsgedanken unterworfen wird, stehen Eigenschaften wie Egoismus und Gier für den eigenen Erfolg hoch im Kurs. Ein erstrebenswertes Menschenbild? Ganz und gar nicht! Da ist es nur allzu verständlich, dass Vertrauen Mangelware ist. Durch Quantifizierung, Gesetze und Kontrollen versuchen wir daher, ein System zu schaffen, das gar kein Vertrauen mehr braucht. Misstrauen wird zum institutionalisierten Normalzustand. Ein erstrebenswertes Gesellschaftsmodell? Auch das definitiv nicht.

Aber so weit muss es ja nicht kommen.

## Der Mensch ist mehr

Was ist der Mensch? Darüber haben sich schon jede Menge kluge Köpfe und große Geister das Hirn zermartert ... und sind zu keinem abschließenden Ergebnis gekommen. Aber keine Sorge, das soll hier keine philosophische Abhandlung werden. Doch beim Versuch, herauszufinden, wie sinnvoll und gut diese ganze Datensammelwut über uns eigentlich ist und wie realistisch es ist, uns in Gänze mit Zahlen zu erfassen, kommen wir nicht umhin, uns diese Frage zu stellen.

Dabei wurde mir schnell klar, dass wir als zahlengläubige Gesellschaft, aber vor allem die Selbstvermesser, Biohacker und Transhumanisten, den Menschen vor allem – wenn nicht sogar ausschließlich – als biologisches Wesen verstehen. Einfach ausgedrückt: Der Mensch ist die Gesamtheit seiner Zellen. Diese lassen sich beobachten, messen und als System verstehen – der Mensch als Maschine. Prinzipiell bin ich als Wissenschaftlerin dieser Auffassung gar nicht abgeneigt. Allerdings finde ich, dass wir als Menschheit aktuell noch nicht an dem Punkt sind, das als unumstößliche Tatsache anzusehen, denn genau das halte ich für im wahrsten Sinne des Wortes vermessen.

Ja, wir verstehen, wie Zellen funktionieren, haben unser Genom entschlüsselt und wissen, dass Emotionen vor allem aus biochemischen Reaktionen im Gehirn bestehen, doch hinter die gesamte Komplexität des menschlichen Körpers steigen wir nur ganz allmählich. Wir haben gerade einmal die Randteile eines 3000-Teile-Puzzles zusammengesetzt. Obwohl sich also unser Verständnis stetig verbessert, sind wir von vollständigem Verstehen doch noch weit entfernt. Gerade wenn es um unser Gehirn geht, dem für die Definition des Menschen vermutlich wichtigsten Teil unseres Körpers, kratzen wir noch immer an der Oberfläche. Ich möchte dem rein materialistischen Menschenbild der Zahlengläubigen daher ein paar pragmatisch, psychologische Gedanken entgegenstellen.

Da wäre zum einen mal unser Denken. Das menschliche Denken ist komplex und unterscheidet sich gerade darin grundlegend von Tieren. Der Psychologe und Anthropologe Marc Hauser fasst die vier einzigartigen Fähigkeiten des menschlichen Denkens wie folgt zusammen:

- Wir können bestehendes Wissen und aktuelle Informationen zu unendlich vielen Wörtern, Konzepten und Dingen kombinieren. Das heißt zum einen, dass wir bestehende Regeln immer und immer wieder anwenden können, um neue gedankliche Inhalte zu generieren, und zum anderen können wir bekannte Elemente zu völlig neuen Ideen zusammenwerfen.

- Wir können Wissen aus verschiedenen Bereichen kombinieren, um neue Ideen und Problemlösungen zu schaffen.

- Wir können uns Erfahrungen unserer Sinneswelt in Bildern und Worten vorstellen und diese kommunizieren.

- Wir können abstrakt denken, das heißt, uns gedanklich mit Dingen beschäftigen, die über das, was wir sehen, fühlen, hören oder riechen, hinausgehen.

Dass sich unser Denken von dem der Tiere unterscheidet, mag zunächst wenig überraschend sein. Allerdings sind Visionäre wie Transhumanisten überzeugt, den Menschen in naher Zukunft in Nullen und Einsen nachbauen zu können. In Anbetracht der Tatsache, dass wir mit Computern gerade einmal in der Lage sind, das Gehirn von Bandwürmern nachzubilden, sehe ich das als einen guten Ausgangspunkt, um zu fragen, ob Maschinen überhaupt menschlich denken können.

Schon beim ersten Punkt schneiden Computer aktuell nur so semi-gut ab. Tatsächlich können sie, wie die erfolgreichen Schachcomputer oder AlphaGo, bekannte Regeln immer wieder neu anwenden, um zu übermenschlich brillanten, sogar optimalen Lösungen zu kommen; der Anwendungsbereich ist allerdings hinreichend gering. Und schon bei anderen simplen Beispielen zeigt sich die menschliche Überlegenheit. Ja, Computer können beispielsweise handgeschriebene Zahlen erkennen, allerdings mit deutlich mehr Aufwand – und nur bis zu einem bestimmten Grad und auf der Grundlage umfangreicher Informationen. Während einem Menschen schon ein, vielleicht drei oder vier handgeschriebene Zweien reichen, um die wesentlichen Charakteristiken herauszufiltern und diese zielsicher fast in jeder Anwendung zu erkennen, wird ein Computer darin erst gut, wenn er mit Tausenden von Beispielen gefüttert wurde. Wir sind deutlich flexibler, mentale Modelle von allen möglichen Dingen zu erstellen. Der wesentliche Unterschied besteht in der Art des Lernens.

Wie Marc Hauser als Merkmal menschlichen Denkens herausstellte, können wir abstrakt denken, wir können Muster abstrahieren, ohne vorher viele Erfahrungen gemacht zu haben. Dazu gehört auch, dass wir außerhalb unseres bisherigen Wissensstands denken können. Für Maschinen bisher noch unvorstellbar. Zudem zeichnet sich das menschliche Denken durch die Fähigkeit aus, Sinnesdaten in mentale Repräsentationen zu überführen. Das heißt, für uns sind bestimmte Wellenlängen des Lichts nicht einfach nur Zahlen, sondern Farben in unserem

Gehirn, und ein Hund ist nicht nur die Ansammlung von Pixeln, sondern es entsteht ein geistiges Gesamtbild des Hundes in unserem Kopf, das wir uns vorstellen und kommunizieren können. Bei Computern findet genau dieser zweite Schritt, die Daten in Vorstellungen zu überführen, nicht statt. Sie können nur mit »uninterpretierten« Daten umgehen. Während der Mensch Daten eigentlich immer in inhaltlichen Zusammenhängen wahrnimmt, können Computer mit bedeutungshaltigen Informationen herzlich wenig anfangen. Schwache künstliche Intelligenzen erscheinen letztlich nur deshalb immer intelligenter, weil wir unsere Umgebung mehr und mehr an sie anpassen, nicht weil sie tatsächlich mit bedeutungshaltigen Informationen umgehen können. Das tun wir, indem wir alles maschinenlesbar in rohe Daten packen und stärker vernetzen.

Bei Computern besteht Denken aus Rechnen. Zugegebenermaßen sind Computer wahnsinnig gut im Rechnen und Menschen in der Regel nur bis zu einem gewissen Grad. Hingegen sind Menschen gut, wenn es um Sprache, künstlerische Schaffensprozesse oder die Interpretation komplexen Verhaltens geht. Da haben Computer definitiv Nachholbedarf. Beide Vorgehensweisen haben ihre ganz eigenen Stärken und sind anfällig für unterschiedliche Fehler. Dennoch tun wir aus irgendeinem Grund viel dafür, menschliches Denken auf das reine Rechnen zu reduzieren beziehungsweise dieses durch Algorithmen zu ersetzen. Irgendwie verrückt, finde ich. Daher ist für mich die Sache klar:

*Menschliches Denken lässt sich nicht*
*mit Zahlen abbilden.*
*Das Denken der Computer ist reines Rechnen.*
*Menschliches Denken ist viel mehr*
*als Rechnen.*

Ein weiteres Merkmal, das den Menschen auszeichnet und sich nicht durch Zahlen abbilden lässt, ist das Bewusstsein. Da es nicht das Ergebnis eines Rechenprozesses ist, verfügen Computer und Maschinen nicht über ein Bewusstsein, sie haben kein subjektives Empfinden. Sie fühlen und wollen auch nichts. Das Bewusstsein ist etwas, das den Menschen von der Maschine unterscheidet. Bewusstsein wird aus erlebnispsychologischer Sicht als »die Gesamtheit der Erlebnisse, d. h. der erlebten psychischen Zustände und Aktivitäten (Vorstellungen, Gefühle usw.)« definiert, wie es im *Dorsch-Lexikon der Psychologie* heißt. Wesentliches Merkmal dieses menschlichen Bewusstseins ist, dass sich dessen Inhalte nicht auf elementare Empfindungen reduzieren lassen. Im Bewusstsein ist das Ganze mehr als die Summe seiner Teile. Wenn wir uns jedoch mehr und mehr unseres Denkens entledigen und auch Gefühle weitestgehend als biochemische Prozesse verstehen, die sich durch Substanzen, Genmanipulationen oder Elektrostimulation des Gehirns verändern lassen, laufen wir Gefahr, das zu verlieren, was uns zu Menschen macht, die mehr sind als die Summe ihrer in Zahlen fassbaren Teile.

Doch bleiben wir noch ein bisschen bei unseren Gefühlen. Sie sind etwas tief Menschliches und beeinflussen unser Verhalten in und unsere Wahrnehmung von der Welt. Sie sind so alt wie die Menschheit selbst. Sie sind gestalterische Kräfte in unserem Leben, denn auf ihnen fußen viele unserer Situationsbewertungen und Entscheidungen. Wenn wir ein komisches Gefühl haben, nehmen wir nachts statt der dunklen Seitengasse womöglich lieber den längeren Weg über die hell erleuchtete Hauptstraße. Wenn wir auf dem Gipfel stehen und uns pure Lebensfreude durchflutet, fragen wir uns nicht, ob es der Aufwand denn überhaupt wert war. Selbst wenn wir Argumente für und wider einer Sache in schlaflosen Nächten hin und her wälzen, ist es nicht selten unser erster Impuls, unser Bauchgefühl, das uns am Ende zu einer Entscheidung bringt. Starke Emotionen vereinnahmen uns, es findet kein kognitiver Berechnungsprozess statt. Dieser würde unseren Gefühlen das nehmen, was sie so besonders macht: das Aufgehen im Moment. Das lässt sich mit Zahlen und Daten nicht erfassen.

Computer und Maschinen, die nur mit Nullen und Einsen funktionieren, verspüren weder Angst noch Freude, weder Zweifel noch Mut. Da genau diese Emotionen für uns Menschen aber so wichtig sind, werden künstliche Intelligenzen immer stärker darauf trainiert, diese zu erkennen und auf sie einzugehen. Mit Hilfe von Sprach- und Gesichtserkennungssoftware können immer mehr Chatbots, also Dialogsysteme, die einen menschlichen Chatteilnehmer nachahmen, künstliche Intelligenzen und *Robotic Companions*, deutsch: Begleit- oder Sozialroboter, menschliche Emotionen in ihr Handeln einbeziehen. Wie etwa der Sozialroboter Pepper, der einen Witz erzählt und vorschlägt, ein Spiel zu spielen, wenn er bemerkt, dass sein menschlicher Besitzer nicht gut drauf ist. Der Unterschied zum Menschen ist allerdings, dass Pepper nicht wirklich Mitgefühl und Empathie empfindet, sondern im Endeffekt nur vorprogrammierte Verhaltensmuster abarbeitet. Im besten Fall können Algorithmen meine Gefühle und meine Persönlichkeit durch Zahlen erkennen. Aber sie können nie das Ergebnis von Berechnungen sein. Auch ethische Anliegen können nicht durch Mathematik oder Zahlen beantwortet werden. Emotionale Intelligenz, Moral und Persönlichkeit werden uns vermutlich immer von Maschinen unterscheiden.

## Vom Zahlenfetischismus
## zum Zahlenminimalismus

Moderne Sensor- und Vermessungstechnik ermöglicht uns den Zugriff auf eine ganze Bandbreite an Daten und Informationen über uns selbst. Wie wir im Verlauf dieses Buches gesehen haben, lässt sich fast jeder Bereich des menschlichen Körpers und Lebens mittlerweile in Zahlen erfassen. Um diese Zahlen sinnvoll zu nutzen, ist deren Erfassung und Aufzeichnung noch der einfachste Schritt. Deutlich schwieriger wird es bei der Interpretation der gewonnenen Daten. Bei der Anzahl an gelaufenen Schritten oder dem angezeigten Gewicht auf der Waage mag das noch recht einfach sein, doch was ein Blutdruck von 130 zu 95, ein Gesamtcholesterinwert von hundert oder eine Stunde pro Nacht in der REM-Schlaf-Phase bedeuten, dazu braucht es schon etwas Hintergrundwissen und selbst das ist noch weit vom Endgegner entfernt. So kann ich zwar meine exakten GPS-Daten kennen, aber keine Ahnung haben, wo ich eigentlich wirklich bin. Man muss verstehen, was diese Zahlen bedeuten, um aus ihnen wirklich einen Nutzen ziehen zu können. Im Idealfall versteht man außerdem auch, wie diese Zahlen konkret entstehen und welchen Einflüssen sie womöglich unterworfen sind.

Selbst eine scheinbar leicht zu interpretierende Zahl wie das Körpergewicht ist ohne Kontextinformationen nur halb so viel wert. Geht es etwa um die Frage, wie gesund oder ungesund das gemessene Gewicht ist, sollte mindestens noch die Körpergröße, bestenfalls auch der Körperfettanteil berücksichtigt werden. Interessant zu wissen wäre beispielsweise bei Personen, die eine Diät machen, auch, wie das Gewicht beim letzten Wiegen war und wie lange das her ist. Und dann sind da auch noch Kontextinformationen, die die gemessene Zahl selbst beeinflussen können. So beispielsweise die Tageszeit, wann man zuletzt gegessen hat oder wie viel Kleidung man beim Wiegen noch trägt. All diese Informationen sind wichtig, um diese eine Zahl, das Gewicht auf der Waage, sinnvoll interpretieren zu können. Einzelne Daten losgelöst vom Kontext anderer Daten zu betrachten, kann zu echten Fehlschlüssen führen. Erst durch die dazugehörigen Kontextinformationen ergibt sich aus den nackten Zahlen ein sinnvolles Bild.

*Zahlen ohne Kontext sind sinnlos.*
*Man muss Zahlen nicht nur messen,*
*sondern auch interpretieren können.*

Erst so wird aus unserem *Quantified Self* ein *Qualified Self* – ein sinnvolles Ganzes. »If self-quantifiers are seeking self-knowledge through numbers, then narratives and subjective interpretations are the mechanisms by which data morphs into selves. Self-quantifiers don't just use data to learn about themselves, but rather, use data to construct the stories that they tell themselves about themselves.« – Wenn Selbstvermesser durch Zahlen Selbsterkenntnis suchen, dann sind Erzählungen und subjektive Interpretationen die Mechanismen, die Daten in ein Selbst verwandeln. Selbstvermesser nutzen Daten nicht einfach nur, um etwas über sich selbst zu lernen, sondern verwenden Daten vielmehr, um die Geschichten zu konstruieren, die sie sich über sich selbst erzählen. Mit dieser Einschätzung in einem Beitrag aus dem Jahr 2013 ist die Bloggerin Jenny Davis eine der Ersten, die den Begriff Qualified Self ins Spiel bringt. Tatsächlich können dieselben Rohdaten nämlich ganz unterschiedlich interpretiert werden.

Jenny Davis beschreibt das Beispiel von Nancy Daugherty, die bei einem Quantified-Self-Treffen ihre Erfahrungen beschrieb, während sie ihr Lachen über EEG-Sensoren, also per Elektroenzephalografie, trackte. Jedes Mal, wenn sie lachte, leuchteten blaue Lämpchen. Ihr fiel auf, dass sie im Gespräch mit Arbeitskollegen besonders häufig lachte, obwohl es keinen direkten Anlass dafür gab. Während für Davis die nächstliegende Erklärung dafür in der geschlechtsspezifischen Sozialisation von Frauen lag – Frauen wird beigebracht, in sozialen Interaktionen zu lachen –, beschrieb Daugherty ihre Erfahrung so, dass sie erkannt hatte, dass die Beziehungen zu ihren Arbeitskollegen für sie mehr Bedeutung hatte, als sie bisher gedacht hatte, und sie diese daher neu interpretierte. Die gleichen Daten führten hierbei also zu unterschiedlichen Interpretationen, die wiederum in ganz unterschiedlichem Verhalten münden können. Der Journalist Michael Moorstedt beschreibt das Interpretationsproblem in seinem Beitrag »Erscanne dich selbst!« in *Big Data. Das neue Versprechen der Allwissenheit* sehr treffend: »Zwar bekomme ich durch die Selbstvermessung Antworten. Aber ich weiß nicht, welche Fragen denn nun eigentlich gestellt werden.«

Dass automatisierte Datenauswertung durch Algorithmen ohne adäquate Kontextinformationen zu echten Missverständnissen führen kann, macht auch das Beispiel der Investmentfirma Berkshire Hathaway deutlich. Die freuen sich regelmäßig über einen steigenden Aktienkurs, wenn ein neuer Kinofilm mit der Schauspielerin Anne Hathaway anläuft. Dabei hat diese mit Berkshire Hathaway rein gar nichts zu tun. Die automatisierten Analyseprogramme der Aktienhändler registrieren jedoch den Anstieg der Namensnennung im Internet und interpretieren dies als gesteigertes Interesse des Marktes an der Investmentfirma Berkshire Hathaway.

Die von der Quantified-Self-Bewegung propagierte Selbsterkenntnis durch Zahlen ist daher in gewisser Weise eine Mogelpackung. Denn noch bevor die Selbstvermessung überhaupt stattfindet, sind es qualitative Aspekte, die dazu führen, dass wir uns für die Messung bestimmter Variablen und gegen die Messung anderer entscheiden. Es sind unsere Ziele und Bedürfnisse, die bestimmen, ob wir unser Bewegungsverhalten und unser Gewicht messen oder doch lieber unsere Produktivität und Stimmung. Es sind die Schlussfolgerungen, die wir selbst aus den Datenpunkten, den bunten Balken und den Zahlen ziehen. Es geht um die Geschichte, die wir uns selbst über uns erzählen wollen. Und damit sind wir im Bereich des Qualitativen. Damit ist das Qualified Self also nicht das Gegenteil des Quantified Self oder als Ersatz dessen gedacht, sondern vielmehr eine grundlegende Erweiterung, um die Daten näher an die Menschen zu bringen und nicht die Menschen näher an die Daten. Denn Fakt ist, dass eine Quantifizierung von Qualität immer auch eine Abstraktion und Vereinfachung bedeutet. Dabei ist der Mensch ein sehr komplexes Wesen, das sich mit ein paar Zahlen kaum erfassen lässt. Daten hängen miteinander zusammen und werden auch von Umgebungsfaktoren beeinflusst, die selbst Statistiker kaum in den Griff kriegen.

*Selbsterkenntnis durch Zahlen ist eine*
*Mogelpackung, denn es braucht sowohl davor als*
*auch danach qualitative Überlegungen.*
*Wir müssen die Daten näher an die Menschen*
*bringen und nicht die Menschen näher*
*an die Daten.*

Zurzeit schlägt die große Stunde von Big Data. Daher kann es eigentlich nie genug Daten geben. Das betrifft vor allem unser Zahlen-Ich in der Gesellschaft. Wann immer sich die Möglichkeit bietet, werden Daten über uns abgefischt. Das Ziel der Unternehmen: uns besser zu verstehen, um uns steuern und lenken zu können und im Endeffekt den eigenen Umsatz zu steigern. Der Mensch steht dabei schon längst nicht mehr im Mittelpunkt. Wollen Versicherungen so viele Informationen über uns, um uns besser helfen zu können oder um ihre eigene Ausgaben-Einnahmen-Rechnung durch an das individuelle Risiko angepasste Beiträge optimieren zu können? Sammeln Werbefirmen so fleißig Daten über uns, um besser auf unsere Bedürfnisse eingehen zu können oder um unsere Bedürfnisse auszunutzen? Greifen Datenkraken wie Facebook oder Google so viele Daten ab, wie sie kriegen können, um uns besseren Service bieten zu können oder um die Daten gewinnbringend zu verscherbeln? Unser Zahlenfetischismus ist unumgänglich an den Kapitalismus gekoppelt. In unserer von Zahlen geprägten, ökonomischen Welt wird der Mensch zum Konsumenten und auf seine Kauf- und Arbeitskraft reduziert. Er wird für die Gewinnmaximierung zum Teil der Gleichung.

Algorithmen versuchen, menschliches Verhalten vorhersagbar und kontrollierbar zu machen. Mit zum Teil verheerenden Folgen. Tatsächlich bringen uns die Datengläubigkeit und Algorithmisierung des menschlichen Lebens mehr und mehr dazu, dass wir nicht nur Denk- und Entscheidungsprozesse, sondern selbst komplexe gesellschaftliche Abläufe auf einfache Wenn-dann-Regeln herunterbrechen, die auf der einen Seite die Wirklichkeit womöglich gar nicht umfassend abbilden. Auf der anderen Seite ernennen sie aber die Vernunft und das logische Denken zu den alleinigen Machthabern. »In der Konsequenz erübrigt dies jede Diskussion, denn Wenn-Dann-Beziehungen bieten keinen Raum für das Aber und Trotzdem, für Ambivalenz, Ironie und Skeptizismus; sie sind indifferent gegenüber dem Kontext und delegieren Entscheidungen an ein Prinzip«, schreibt Roberto Simanowski in *Data Love*. Dahinter steht kein offenes Denken mehr, sondern dieses wird zum reinen Rechnen ohne moralische, kreative oder überraschende Aspekte. Denn Zahlen entzaubern unser Leben, nehmen ihm mehr und mehr die unerwarteten Wendungen und Überraschungen. Die Welt wird zunehmend berechenbar.

*Zahlen entzaubern unser Leben.*

Algorithmen sollen uns die Entscheidungsfindung in komplexen Situationen erleichtern oder sie gar übernehmen. Dabei können sie gute Dienste leisten wie etwa bei der Früherkennung von Hautkrebs, der Sprachsteuerung oder auch dem Auffinden von Unregelmäßigkeiten in Steuererklärungen. Und tatsächlich sind gerade Entscheidungen in komplexen Systemen wie etwa der Medizin, Politik oder Wirtschaft keine leichten. Computer können mit weitaus größeren Datenmengen und viel schneller als wir Menschen agieren und dadurch Aspekte berücksichtigen, die uns vielleicht durch die Lappen gegangen wären. Daher wäre wohl der beste Umgang mit Algorithmen, solche zu entwickeln, die den Menschen bei der Entscheidungsfindung unterstützen, nicht ihnen die Entscheidung abnehmen. So könnten beide Seiten ihre entsprechenden Stärken ausspielen und gemeinsam zu echtem Fortschritt gelangen.

Gefährlich wird es, wenn wir den Algorithmen blind vertrauen und unser eigenes Denken und Bauchgefühl nicht ebenfalls zurate ziehen. Auch bei Berechnungen passieren Fehler und im Endeffekt sind die Algorithmen immer nur so gut, wie die Menschen, von denen sie programmiert wurden, und auch nur geeignet für ähnliche Beispiele wie die, an denen sie trainiert wurden. Dabei ist die menschliche Entscheidungsfindung meist kein reines Abwägen und gegeneinander Aufrechnen von Pro und Contra, auch unsere Emotionen spielen eine wesentliche Rolle. Im Zusammenhang mit Bewertungen verkommt unser höheres Urteilsvermögen, wenn wir uns auf einfache Zahlen und standardisierte Algorithmen verlassen: Ich füttere die Ausgangsdaten einfach in den Algorithmus und der wird mir die richtige Reaktion schon mitteilen. Was hätte Descartes wohl dazu gesagt – *Non cogito ergo ...?* Wenn ich nicht mehr denke, bin ich dann auch nicht mehr?

Kritisch wird das vor allem, wenn wir die dahinter ablaufenden Berechnungsprozesse gar nicht mehr verstehen. Wieso bin ich denn nun eigentlich eine Sonnenblume? Gleichzeitig macht es die Zerstückelung von Komplexitäten in kleinste Informationsteile, um maschinenlesbar zu werden, für den menschlichen Verstand immer schwieriger, das große Ganze zu erkennen. Für Maschinen ist das kein Problem, weil sie ausschließlich rechnen und nicht denken. Anstatt also die Überlegenheit und Einzigartigkeit unseres menschlichen Denkens zu feiern, passen wir uns lieber der vereinfachten Zahlenwelt der Computer an. Wäre die moderne Welt eine Person, müsste ich ihr wohl eine abhängige Persönlichkeit mit depressiver Verstimmung und mangelndem Selbstwert diagnostizieren.

Nicht zu vergessen, dass ein Mehr an Informationen nicht immer zu besseren Entscheidungen führt. Das ist in der psychologischen Forschung schon länger bekannt. Bauchentscheidungen oder Intuitionen nutzen erstaunlich wenige Informationen und können trotzdem zu besseren Entscheidungen führen. In unserer Gesellschaft des Datenfetischismus, in der mehr gleichbedeutend mit besser zu sein scheint, mutet das wenig vertrauenserweckend an. Doch es gibt komplexe Probleme, bei denen Roboter trotz umfassendster Datenmengen gegenüber Menschen keine Chance haben. Etwa wenn es um das Fangen eines Balles geht, der beim Baseball ins Feld geschlagen wurde. Intuitiv läuft der Spieler, der den Ball fangen will, dorthin, wo dieser voraussichtlich herunterfällt. Dabei nutzt der Spieler keine Informationen der Flugbahn, des Gewichts des Balls oder der Windrichtung, um den richtigen Standort mental zu berechnen, sondern eine einfache, aber unbewusste Faustregel, die fast immer funktioniert: die Blickheuristik. Der Spieler läuft einfach so, dass der Blick zum Ball einen konstanten Winkel hat. Fragt man Spieler, wie sie die richtige Position zum Fangen wissen, können diese dazu meist nicht viel sagen und werden sogar schlechter, wenn sie versuchen, bewusst ihr Verhalten zu verbessern. Beispielsweise leidet der Schlag eines Profigolfers darunter, wenn sich dieser bewusst Gedanken über den richtigen Schwung und Abschlag macht. Zwar laufen auch hierbei unterbewusst Berechnungen ab, diese scheinen jedoch deutlich weniger komplex und zahlengebunden, als vermutet werden könnte.

Der deutsche Psychologe Gerd Gigerenzer beschreibt das Bauchgefühl in seinem Buch *Bauchentscheidungen* als etwas, das schnell im Bewusstsein auftaucht, dessen tiefere Beweggründe uns meist nicht bewusst zugänglich sind und das stark genug ist, um uns zu einer Handlung oder Entscheidung zu veranlassen. Dabei folgen Bauchentscheidungen häufig keiner offensichtlichen Logik, die sich durch eine detaillierte Informationslage und neutrales Abwägen ergeben würde. Dieses Bauchgefühl kann unter Umständen deutlich besser sein als komplexe Algorithmen oder auf umfassenden Informationen basierende Expertenmeinungen, wenn es um Prognosen oder dergleichen geht.

In einer schwedischen Studie wurden beispielsweise Investmentberater und Börsenanalysten sowie eine Gruppe Laien gebeten, den Wertetrend von zwanzig verschiedenen Aktien vorherzusagen. Dabei sollten sie immer zwei Aktien im Vergleich zueinander bewerten. Während die Laien erwartungsgemäß zu einer Vorhersagegenauigkeit von 50 Prozent, also Zufall, kamen, schnitten die Experten im Schnitt mit 40 Prozent sogar noch schlechter ab. Gigerenzer sieht den Grund dafür im hohen Konkurrenzdruck und der daraus resultierenden höheren Variabilität der Expertenprognosen. Deren komplexe Berechnungen beziehen stets Informationen ein, die zwar zur genaueren Beschreibung der Vergangenheit, nicht aber zur besseren Vorhersage der Zukunft taugen. Heraus kommt nicht mehr als Wahrsagerei.

Das Credo, wonach komplexe Probleme komplexe Lösungen brauchen, stimmt leider nicht immer und könnte in schwer vorhersagbaren Situationen sogar grundfalsch sein. Das Problem: Komplexe, auf allzu vielen Daten basierende Strategien halten sich meist zu sehr an der Vergangenheit fest, von der aber nur ein Teil für die Zukunft relevant ist. Während komplexe Strategien für die Rückschau daher deutlich präziser sind als eine Bauchentscheidung nach Faustregel, kann sich das Verhältnis bei Entscheidungen für die Zukunft sogar umkehren. Die einfache Faustregel, das beste Argument zur Entscheidung heranzuziehen, hat gute Chancen, genau die Information aus der Vergangenheit zu erwischen, die für die Prognose der Zukunft auch relevant ist.

*Ein Mehr an Informationen führt nicht immer
zu besseren Entscheidungen.*

Ein Mehr an Zahlen, Daten und Informationen kann sich folglich negativ auf unsere eigene Urteilsfähigkeit auswirken: Wir verlernen, selbst Entscheidungen zu treffen und auf unser Bauchgefühl zu vertrauen. Dabei verlassen wir uns teilweise so sehr auf die digitalen Helfer, dass wir regelrecht verblöden. Dann sind wir nicht mehr in der Lage, den Weg ohne Navi zu finden, oder wir können schwierige Worte nicht mehr selbst schreiben, weil die Autokorrektur des Smartphones die Sache schon richtet.

Die Informationsflut vereinfacht die Welt nicht, sondern macht sie sogar noch unübersichtlicher, als sie ohnehin schon ist. Dabei kann uns die Informationsflut nicht nur in aktuellen Situationen überfordern, auch im Rückblick arbeitet unser Gehirn selektiv. Die natürliche Instanz des Menschen zum Speichern von Informationen ist unser Gedächtnis. Das funktioniert eher erzählend und ist keine lückenlose Ansammlung von Informationen. Unser Gedächtnis ist darauf ausgelegt, Sachen zu vergessen oder zumindest in die hintersten Schubladen zu verbannen. So funktioniert die Sortierstruktur in unserem Gehirn.

Demgegenüber wird man die quantifizierte Vergangenheit in Zukunft nur noch schwer oder auch gar nicht mehr los. Das Internet vergisst nie. Für den Fall, dass wir in Zukunft kleine Computerprozessoren und Festplatten auch mit unserem Gehirn vernetzen, trifft dieser Satz auch auf unser Gedächtnis zu. Dabei haben das Vergessen und selektive Erinnern durchaus eine wichtige Filterfunktion. Die Details wegzulassen, ermöglicht uns, abstrakt zu denken. Unschöne Ereignisse können wir einfach vergessen, um uns nicht ständig mit Kummer und Leid zu beschäftigen.

Gerd Gigerenzer erzählt in seinem Buch die Geschichte von Herrn Schereschewski, einem Mann, der ein Supergedächtnis hat, also auch ohne technische Unterstützung nichts vergisst. Nach der Lektüre einer Geschichte konnte sich dieser an jedes Wort exakt erinnern, aber es fiel ihm schwer, im Anschluss die Geschichte auf einen zentralen Kern zu bringen. Dies traf eigentlich auf jegliche Situationen zu, bei denen er über die bloßen Informationen im Denken hinausgehen musste, etwa das Verstehen von Metaphern oder Gedichten. Zwischen all den Details und Einzelheiten gelang es ihm kaum, Bedeutungen zu abstrahieren. Durch das Vergessen wird nämlich der Abruf der wirklich wichtigen Informationen erleichtert, das heißt, wir können leichter abstrahieren und schlussfolgern.

Ähnlich verhält es sich auch mit den immer größeren Datenmengen, die wir bestrebt sind zu erfassen. Die Auswahl der Variablen, die wir messen wollen, wird daher ganz wesentlich sein, um aus der Fülle an Informationen qualitativ Sinn herzustellen. Die Menge an Daten, der wir uns potenziell gegenüber sehen, scheint kaum noch zu mehr Erkenntnis und Wissen zu führen, sondern eher überfordernd, gar paralysierend zu wirken. Eine gezielte Auswahl sinnvoller Daten ist daher viel mehr wert als eine möglichst große Menge an Daten. Daher lautet die Frage unserer Zeit weniger, wie wir die immer weiter anwachsenden Datenmengen speichern und verarbeiten können, als vielmehr, wie wir aus ihnen echten Mehrwert und ein Mehr an Lebensqualität und Erkenntnis gewinnen können. Das ist dann keine Frage der Rechenleistung mehr, sondern menschlicher Denkleistung. Die aktuelle Devise unseres Zahlenfetischs scheint allerdings eher zu lauten: Alles, was messbar ist, wird auch gemessen. Damit schaffen wir einen Wust an Informationen, die gar nicht alle sinnvoll oder zielführend sind, um Dinge vorherzusagen, zu beschreiben oder zu verändern.

Im Gegenteil, nicht selten führt dieser Vermessungswahn eher zu Verwirrung oder zur Informationsüberflutung. Der britische Psychologe David Lewis prägte 1996 den Begriff des *Information Fatigue Syndrome,* die Informationsmüdigkeit, ein Stress-Syndrom als Folge einer Informationsüberflutung. Diese kann eine regelrechte Lähmung der kognitiven Fähigkeiten, einen Mangel an Kreativität, die ständige Suche nach weiteren Informationen, Aufmerksamkeitsstörungen und eine generelle Unruhe sowie Angst nach sich ziehen. David Lewis beschrieb das Phänomen vor allem im Kontext von hohen Führungspersonen und Managern, doch in unserer vor Informationen nahezu platzenden Gesellschaft, könnte das *Information Fatigue Syndrome* zur Volkskrankheit werden. Denn problematisch ist nicht nur die Menge an Informationen, sondern auch der nie abreißende Strom an Informationen und ihre gleichzeitige Fragmentierung. Früher hat man sich noch sehr genau überlegt, was auf eine Steintafel gemeißelt werden soll oder was man per Hand auf eine Rolle Pergament schrieb und was dafür eigentlich nicht wichtig genug war. Heute machen wir hingegen zehn Fotos von ein und demselben Motiv. Wie Luciano Floridi in *Die 4. Revolution* schreibt, ist »die Hälfte unserer Daten [...] Schrott, wir wissen nur nicht welche«. Auch hier sehe ich unser Urteilsvermögen in Gefahr, so können wir immer weniger zwischen dem wirklich Wichtigen und unwichtigen Dingen unterscheiden.

*Die Daten- und Informationsflut kann uns*
*regelrecht überfordern.*

*Es ist wichtig, das, was man messen will,*
*sinnvoll auszuwählen.*
*Zahlen und Daten allein sind noch keine*
*bedeutungshaltige Information.*

Ein weiteres Problem ergibt sich aus diesem Vermessungsdrang. In unserer zahlengläubigen Welt neigen wir dazu, immer stärker nur das zu betrachten, was sich überhaupt messen lässt. Mit Qualitäten ist das äußerst schwierig. Doch anstatt wie wild alles zu messen, was sich irgendwie in Zahlen stecken lässt, sollten wir noch mal einen Schritt zurückgehen, überlegen, was eigentlich wirklich sinnvoll zu betrachten, zu steuern oder zu bewerten wäre, und auf dieser Grundlage eine Auswahl treffen – und nicht danach, ob es sich leicht in Zahlen stecken lässt oder nicht.

Sonst wird die Verhaltensänderung durch Selbstvermessung ziemlich opportunistisch und wir messen nur noch das, was sich eh leicht messen und im besten Fall auch leicht verändern lässt, auch wenn diese Faktoren vielleicht gar nicht entscheidend für unser Wohlbefinden sind. Dann messen wir beispielsweise wie verrückt unser Schlafverhalten und werfen irgendwelche Smartdrugs ein, die uns beim Einschlafen helfen sollen, obwohl es eigentlich psychologische Konflikte mit unserem Partner oder im Job sind, die uns nachts den Schlaf rauben. Da helfen allerdings keine Pillen und kein Vermessen, sondern echte Gespräche und emotionale Arbeit, um wirklich an Lebensqualität zu gewinnen.

*Wer viel misst, misst unter Umständen eben auch viel Mist.*
*Vermessung sollte kein Selbstzweck sein.*

Ich plädiere daher für einen Zahlenminimalismus: So viel wie nötig, aber so wenig wie möglich. Vor allem sollte die Vermessung nicht reiner Selbstzweck sein, sondern mit einem konkreten Ziel durchgeführt werden.

Im besten Fall wäre eine Kombination aus Quantified und Qualified Self anzustreben, in der Zahlen und Daten uns bei Entscheidungen oder Bewertungen unterstützen, diese jedoch nicht gänzlich übernehmen. Wir sollten verstehen, was die Zahlen eigentlich bedeuten und warum wir die einzelnen Daten wirklich erfassen. So könnte ein Mittelweg in der medizinischen Versorgung beispielsweise aus einem Arzt, der sich Zeit für die Patienten nimmt, und unterstützenden Selbstvermessungsdaten bestehen. Gemeinsam können Patient und Arzt im weiteren Gesprächsverlauf Ziele formulieren und Maßnahmen diskutieren, deren Umsetzung dann wiederum durch Selbstvermessung erleichtert werden kann, Quantified Self also als Unterstützung für eine am Menschen orientierte, qualitative Behandlung durch den Arzt.

## Wert abseits von Zahlen

Zahlen suggerieren häufig Wert. Auch der Wert eines Menschenlebens lässt sich bekanntlich mit Berechnungen ermitteln. Das ist eine gruselige Vorstellung und wirft die Frage auf, ob zahlenbasierte Werte wirklich das sind, dem wir in unserem Leben große Bedeutung beimessen wollen.

In seinem Buch *Mehr Mensch! Gegen die Ökonomisierung des Sozialen* beschreibt der Sozialfunktionär Ulrich Schneider ein Beispiel aus seiner Kindheit. Während seiner Grundschulzeit war er bei den Pfadfindern. In der Adventszeit trug ihnen der Pfarrer auf, bei alten Damen aus der Kirchengemeinschaft vorbeizugehen und ihnen ein Päckchen Kaffee zu schenken. Später stellte er sich die Frage, wie man den Wert dieser Leistung hätte messen können. Etwa an der Ausprägung des Verantwortungsgefühls der Jungen auf einer Skala von 1 bis 10 oder an der Zufriedenheit der Damen, die diese Leistung mit einem bis fünf Sternen bewerteten? Er kommt zu dem Schluss, dass sich gerade soziale Leistungen von Sozialarbeitern, Pflegekräften oder auch Pfarrern mit ökonomischen Kriterien kaum messen lassen. Hier müsse es andere Maßstäbe als reine Kennzahlen geben, denn es handelt sich dabei nicht um etwas Quantitatives, sondern um etwas Qualitatives. »Wer jedoch keinen Sinn mehr hat für subjektive Wertigkeiten, der verliert auch den Sinn für sich selbst, dafür, was seine wirklichen Bedürfnisse angeht«, schreibt Schneider in seinem Buch. Die Verschiebung hin zu der Auffassung, dass nur noch zählt, was sich auch tatsächlich in Zahlen stecken lässt, hat auch eine Verschiebung des Selbstbildes und der Werte zufolge. Gerade die Verteidigung solcher Werte, die eben nicht berechenbar sind, ist maßgeblich für das gemeinschaftliche Klima.

Eine der wichtigsten Funktionen von Zahlen ist es, Dinge vergleichen zu können. Das ist auch die Sehnsucht hinter den Methoden zur Quantifizierung des Menschen: Man will das Unvergleichbare irgendwie vergleichbar machen. Auch Geld ist nicht nur etwas, das einen rein quantitativen Wert beschreibt, sondern gleichzeitig ein universeller Vergleichsmaßstab. Das trägt entscheidend dazu bei, dass die Ökonomisierung unseres Lebens in einer zahlengläubigen Welt so exzessiv betrieben wird.

Mit Geld lässt sich nicht nur der Wert ähnlicher Gegenstände oder Dienstleistungen vergleichen, sondern auch solche, die eigentlich überhaupt nichts miteinander zu tun haben: Der Blumenstrauß vom Blumenhändler kann ins Verhältnis zum Kilo Schweinegeschnetzeltes vom Fleischer und der Maniküre im Nagelstudio gesetzt werden. Alles lässt sich untereinander als Bezugsgröße nutzen. So kann ich mich fragen, ob mir ein

Strauß Blumen so viel wert ist wie zwei Kilo Schweinegeschnetzeltes. Andererseits wird dadurch eben auch Wert geschaffen, und man kann sich fragen, wie verrückt es ist, dass zwei Kilo lange gezüchtetes und verarbeitetes Fleisch tatsächlich so viel wert sind wie ein paar abgeschnittene Stängel Grünzeug. Oder man kann zu dem Schluss kommen, dass man für die 44 Milliarden, die wir pro Jahr als Militärausgaben aufbringen, kranken Menschen fast 1,3 Millionen qualitätskorrigierte Jahre Lebenszeit schenken könnte. Geld ist damit nicht nur objektiver Wertemaßstab, sondern schafft subjektive Wertschätzung durch den Vergleich mit anderen Dingen, die man für den gleichen Geldwert erhalten oder tun könnte.

Die Frage, wie viel einem etwas wert ist, ist oftmals nicht mehr die Frage nach einer emotionalen Befindlichkeit und Bindung, sondern die nach dem Gegengewicht des schnöden Mammons; und das meist völlig unbewusst. Die Vergeldlichung unseres Lebens verhält sich wie ein Zirkelschluss. Dadurch, dass Geld mittlerweile und oftmals unsere innerste Bezugsgröße ist, kommen wir kaum mehr umhin, alles auf genau dieser Skala zu messen. Dadurch, dass fast alles einen Geldwert hat, nutzen wir diesen wiederum als einzig relevante Bezugsgröße. Alles, egal wie immateriell oder kreativ, muss auf diese nackte Zahl heruntergebrochen werden.

In unserer aufmerksamkeitsgesteuerten und profitorientierten Gesellschaft scheint auch die Frage nach dem Wert, den ein Mensch an sich hat, äußerst aktuell. Der Philosoph Byung-

Chul Han spricht in diesem Zusammenhang vom Ausstellungswert, für den das »bloße Dasein ganz bedeutungslos« ist. Erst
durch das Gesehenwerden von anderen erhalten die Dinge
ihren Wert. Das trifft auch auf den Menschen zu, der sich,
gleich einer Ware, im öffentlichen Raum, vor allem in den sozialen Medien, präsentiert und vermarktet. Da dieser Ausstellungswert sich insbesondere aus dem schönen Aussehen
speist, verwundert es kaum, dass das Streben nach Schönheit,
Jugendlichkeit und Fitness heute fast schon wahnhaft ausge-
prägt ist. Dabei orientieren wir uns immer stärker von innen
nach außen und vom Sein zum Schein. Viele heutige Vorbil-
der vermitteln keine inneren Werte mehr, sondern stellen äu-
ßerliche Maßvorgaben dar, nach denen alle streben. Innere
Werte (damit sind übrigens nicht unsere Knochendichte oder
Blutwerte gemeint) spielen dann nur noch eine untergeordne-
te Rolle, da sie nur schwer sichtbar gemacht werden können
und deutlich schwerer messbar sind. In den Medien sind wir
entsprechend von physischen Idealbildern umgeben. Die boo-
menden Kosmetik-, Ernährungs- und Fitnessindustrien springen auf den Zug auf und befeuern die Lok an der Spitze.

Selbstvermessung und Selbstoptimierung sind miteinander
verschmolzen. Ganz nach dem Motto »besser geht immer«, ist
das Endziel schon lang nicht mehr klar oder heißt im schlimmsten Fall »optimal«. Dabei verfolgen wir oftmals unterschiedliche Ziele, die sich nicht immer miteinander vereinbaren lassen.
So wollen wir beispielsweise gern schön schlank und fit sein,
gleichzeitig erfolgreich im Job, und unser Schlafverhalten soll
bitte auch bestmöglich sein. In all diesen Bereichen einen
optimalen Zustand zu erreichen, erfordert nicht nur einen
enormen Energieeinsatz, sondern ist in vielen Fällen gar nicht
möglich, da sich einzelne Bereiche der Selbstoptimierung gegenseitig ausschließen Auch in digitalen Zeiten hat der Tag nur

24 Stunden und unser Körper und Geist verfügen noch immer nur über begrenzte Ressourcen. Damit ist unser Scheitern quasi schon vorprogrammiert.

Dennoch ist in den letzten Jahren in westlichen Gesellschaften ein regelrechter Optimierungswahn ausgebrochen. Nicht zuletzt, weil wir in einer Zeit der Sicherheit und Freiheit leben, haben wir dazu überhaupt die Möglichkeit. Hinzu kommen die Möglichkeiten der Quantifizierung und Vermessung, wodurch Kategorisierungen und die Erstellung von Ranglisten vorgenommen werden können, die uns überhaupt erst in dem Ausmaß und mit der Präzision den Vergleich mit anderen erlauben.

*Perfekt zu sein, ist ein nicht zu erreichendes Ziel.*
*Der Optimierungswahn fördert*
*Konkurrenzstreben und Unzufriedenheit.*

Der Mensch ist ein soziales Wesen, daher ist soziale Zugehörigkeit, auch wenn wir das in unserer individualisierten Gesellschaft oft vergessen, essenziell für unser Wohlbefinden. Aber wie kooperativ und sozial ist die Selbstvermessung?

Wie die Bezeichnung *Selbst*vermessung schon nahelegt, handelt es sich dabei vor allem um einen Prozess, bei dem jeder selbst im Mittelpunkt steht, und anders als bei der Vermessung durch andere, interagieren wir in erster Linie mit elektronischen Geräten und Apps anstatt mit echten Menschen. Ein Übermaß an Selbstvermessung und Selbstoptimierung kann jedoch auch im realen sozialen Leben zu Problemen führen. Denn die entscheidende Frage ist: Bleibt, wenn der eigene Tag minuziös geplant ist, wenn die Kalorienaufschlüsselung des Essens, der eigene Trainingsplan, die Produktivität, Stimmung und Schlafverhalten nicht nur erfasst, sondern auch gezielt verbessert werden sollen, überhaupt noch Raum für spontane soziale Interaktionen mit dem eigenen Partner oder Freunden? Und was ist eigentlich mit Dingen wie Muße und Kreativität? Haben diese in einer selbstoptimierten Welt überhaupt noch einen Platz und einen Wert?

In einer Befragung, die 2009 in dem Buch *You Are Really Rich – You Just Don't Know It Yet* veröffentlicht wurde, trieb der Autor Steve Henry das Ganze auf die Spitze und versuchte, das Unbezahlbare mit Preisschildern zu behängen. Dafür fragte er tausend Leute, wie glücklich sie fünfzig verschiedene unbezahlbare Momente und Umstände auf einer Skala von eins bis zehn im Leben machen. Um zu einem Geldmaßstab zu gelangen, sollten sie zudem auch angeben, wie glücklich sie ein Lottogewinn in bestimmter Höhe machen würde. So konnten die Glückswerte in Geld umgerechnet werden. Zeit mit einem guten Freund verbringen, ist demzufolge 63 256 Pfund wert. Lachen hatte für die Befragten einen Wert von 108 021 Pfund, ein Haustier haben 78 640 Pfund und ein »Ich liebe dich« zu hören war sogar 163 424 Pfund wert.

Können wir Wert überhaupt noch als Wert abseits von Zahlen begreifen? Auch wenn die Monetarisierung eines Menschenlebens nicht ganz neu ist – denken wir nicht zuletzt an den Sklavenhandel –, ist das heutzutage nicht mehr ein Ansatz unter vielen, sondern scheint der alles bestimmende zu sein.

Kant schrieb in der *Grundlegung zur Metaphysik der Sitten*, einem seiner zentralen Werke zur Ethik: »Im Reiche der Zwecke hat alles entweder einen Preis, oder eine Würde. Was einen Preis hat, an dessen Stelle kann auch etwas anderes, als Äquivalent, gesetzt werden; was dagegen über allen Preis erhaben ist, mithin kein Äquivalent verstattet, das hat eine Würde.« Etwas, das einen Preis hat, ist also immer auch vergleichbar und lässt sich mit etwas anderem substituieren. Damit sprechen wir ihm jegliche Einzigartigkeit ab. Und damit uns – wenn wir uns nur in Zahlenwerten bemessen.

Weiterhin unterscheidet Kant zwischen dem Marktpreis, dem Affektionspreis und dem Wert, den eine Sache an sich hat. Während bei der Ökonomisierung des Lebens häufig der Marktpreis im Vordergrund steht, scheinen wir den Affektionspreis, den Wert, den etwas in Hinblick auf die Gefühle des Besitzers oder Leistenden hat, immer mehr aus den Augen zu verlieren. Im allgemeinen Sprachgebrauch würde man das wohl als ideellen Wert bezeichnen. Gänzlich vergessen wird jedoch der Wert an sich, der jedem Mensch, egal wie sehr er Mittel zum Zweck ist und einen Marktwert hat, innewohnt und ins Unendliche geht. Doch wenn alle Bereiche unseres Lebens dem ökonomischen Kalkül untergeordnet werden und betriebswirtschaftliche Normen die Oberhand gewinnen, wenn nur noch der Marktpreis zählt, geht einer der wichtigsten Grundsätze unserer Gesellschaft, nämlich jener der Freiheit und unantastbaren Würde des Menschen, verloren. Im *Duden* findet sich als Definition der Würde als Erstes der »Wert, der einem Menschen innewohnt, und die ihm deswegen zukommende Bedeutung«. Bei diesem Wert, der Würde, ist es also ganz egal, wie hoch der Bildungsstand, die Fähigkeiten oder sonstige Eigenschaften sind. Diesen Wert hat jeder Mensch an sich, ohne Äquivalent und Gegenrechnungsmöglichkeit.

Wenn es um den Wert eines Menschen abseits von Zahlen geht, sollte auch der Selbstwert Thema sein. Dieser wird im *Dorsch-Lexikon der Psychologie* als »Bewertung des Bildes von sich selbst und damit eine grundlegende Einstellung gegenüber der eigenen Person« definiert. Der Selbstwert trägt wesentlich zum eigenen Wohlbefinden und der psychischen Gesundheit bei. Die Entstehung vieler psychischer Erkrankungen geht auf ein geringes Selbstwertgefühl zurück. Dieses scheint heute, in einer Zeit des schnellen Wandels, der Leistungsorientierung und des ständigen Vergleichs in Gefahr zu sein. Minderwertigkeitsgefühle und das Gefühl, nicht zu genügen, folgen schnell. Dabei geht es vor allem auch um Vertrauen in sich selbst und um die Überzeugung, das Recht auf ein glückliches und erfolgreiches Leben zu haben, guter Dinge würdig zu sein und auf seinen eigenen Wert zu beruhen, ohne dass man dafür perfekt sein muss.

Anders als beim sogenannten Ausstellungswert geht es beim Selbstwert um den Wert des Menschen an sich. Der Psychotherapeut Nathaniel Branden formuliert das in seinem Buch *Die 6 Säulen des Selbstwertgefühls* folgendermaßen: »Wenn es mein Ziel ist zu beweisen, dass ich ›genug‹ bin, so ist dies ein Dauerprojekt, bei dem die Rechnung nie aufgeht. Der Kampf war bereits an dem Tag verloren, an dem ich dieses Thema überhaupt diskutabel fand.« Heutzutage hat es fast den Anschein, wir müssten uns diesen Selbstwert erst verdienen, uns optimieren und an uns arbeiten, um einen Wert für uns beanspruchen zu dürfen. Dabei ist ein gutes Selbstwertgefühl Voraussetzung für ein erfülltes Leben.

Wenn wir unseren Wert jedoch nur noch im Außen und in Zahlen suchen, rennen wir wie im Hamsterrad einem Trugbild hinterher. Branden beschreibt sechs Säulen als Quellen des eigenen Selbstwertgefühls:

1. Bewusstes Leben
2. Selbstakzeptanz
3. Eigenverantwortliches Leben
4. Selbstsicherheit und Behaupten der eigenen Werte und Überzeugungen
5. Zielgerichtetes Leben
6. Persönliche Integrität

Für den Selbstwert ist es notwendig, sich seiner eigenen Gefühle, Einstellungen und seines Verhaltens bewusst zu sein und diese nicht zu verdrängen. Hierbei kann Selbstvermessung durchaus hilfreich sein, da sie uns bei der Selbstreflexion unterstützt. Ein anderer Aspekt des Selbstwerts, die Selbstakzeptanz, also sich so anzunehmen, wie man ist, läuft dem Geist der digitalen Selbstoptimierung jedoch entgegen. Hier lautet das Credo ja meist: Du bist nicht genug oder du musst besser werden. Wir selbst als Ware auf den Aufmerksamkeitsmärkten im Internet müssen unseren Wert erst beweisen. Der Status quo ist nur die unvollkommene Ausgangslage.

Auf die Spitze getrieben wird diese Vorstellung von den Transhumanisten, die den Menschen an sich als überholungsbedürftig empfinden. Sich selbst anzunehmen bedeutet jedoch, einen bedingungslosen Wert zu haben und zu genügen, genau so, wie man eben ist. Dazu gehört auch, sich mit all seinen Gefühlen, Gedanken und Handlungen als Einheit wahrzunehmen und zu akzeptieren und Mitgefühl für sich selbst aufzubringen.

Das Bestreben, das eigene Leben in die Hand zu nehmen, sowie das zielgerichtete Leben, die Branden in seinem Buch als dritte und fünfte Säule des Selbstwerts beschreibt, erinnern durchaus an die Biohacker, die ihre Gesundheit in die eigene

Hand nehmen und sich immer neue Ziele stecken, um sich weiter zu optimieren. Dabei schließt der Wunsch nach Kontrolle und Selbststeuerung auch die Notwendigkeit der Eigenverantwortung ein. Dass wir auf der einen Seite zwar alle Freiheiten und Entscheidungsberechtigung haben, auf der anderen Seite aber eigentlich ungern die Verantwortung übernehmen wollen, könnte man durchaus als Krankheit der Moderne beschreiben. Zwar wollen wir alle besonders sein, aber trotzdem dazugehören. Gerade in sozialen Netzwerken, in denen die alles entscheidende Währung Klicks, Likes und positive Kommentare sind, ist es schwer, die vierte Säule des Selbstwerts, nämlich die Selbstbehauptung und Selbstsicherheit, auszufüllen. Hierbei geht es gerade darum, zu den eigenen Überzeugungen und Werten zu stehen und sich nicht danach zu richten, anderen zu gefallen. Auch die persönliche Integrität kann in einer Gesellschaft, in der Funktionalität und Profitoptimierung die wesentlichen Triebfedern sind, dem sozialen Erfolg massiv im Wege stehen, weshalb sie immer häufiger zugunsten opportunistischer Entscheidungen angegriffen wird.

*Wenn wir uns in bloße Zahlenhaufen übersetzen*
*lassen, laufen wir Gefahr, uns vergleichbar,*
*austauschbar und wertbar zu machen.*
*Jeder Mensch hat einen Wert an sich, der sich*
*nicht in Zahlen messen lässt.*

Wesentlich ist und bleibt jedoch, das eigene Selbstwertgefühl dort zu suchen und zu lassen, wo es hingehört, nämlich in unserem tatsächlichen Ich und nicht in unserem digitalen Doppelgänger. Ein authentisches Selbstwertgefühl ist nur in sich selbst zu finden und nicht abhängig von der Rückmeldung anderer. Indem wir uns jedoch in Zahlenkolonnen übersetzen und uns dem Außen als Objekt mit einem quantitativen Wert verkaufen, machen wir uns vergleichbar, austauschbar und »wertbar«. Wenn wir nur auf dem ökonomischen Weg zu einer Wertedefinition gelangen, laufen wir Gefahr, uns selbst zu entwerten.

# WAS SONST NOCH ZÄHLT

Aus gegebenem Anlass lade ich Henry auf einen Drink ein: Ich habe das fertige Manuskript an meine Lektorin geschickt. Das muss gefeiert werden.

»Und, bist du zufrieden?«, fragt Henry, nachdem wir bestellt haben.

»Na ja, wird wie immer eine Zumutung für die Leser. Nein, im Ernst, ein bisschen trocken ist es schon, aber wer Informationen will, muss halt auch mal Staub fressen, ne?«

»Du bist also zufrieden. Schön, das freut mich«, erwidert Henry mit seligem Gesichtsausdruck.

»Ähm, ja, das wird was«, sage ich leicht verwirrt und warte noch auf Henrys fiesen Kommentar, der auch nach fünf Minuten Stille nicht zu kommen scheint. Gut, also nett miteinander. Soll mir an einem Tag wie heute ganz recht sein, denke ich. Dann erzähle ich noch ein wenig vom Manuskript und komme auf meine Erkenntnisse zu sprechen. »Nachdem ich mich jetzt so viel mit Selbstvermessung, Algorithmen, dem Zahlen-Ich in der Gesellschaft, Psychometrie und all dem Kram beschäftigt habe, hab ich überlegt, was ich daraus für mich eigentlich für Schlüsse ziehe. War ganz interessant. Bin mir noch nicht sicher, ob die mit ins fertige Buch kommen.«

»Und zu welchen Schlüssen bist du da so gekommen?«, fragt Henry. Ich bin vorbereitet und lege ihm einen Zettel hin.

»Ich hab das Ganze als Gebote formuliert. Es sind genau zehn. Lustig, oder?«

1. Du sollst Qualitäten zum Maß der Dinge machen, nicht Quantitäten. Der Wert von Dingen lässt sich nicht (immer) mit Geld bemessen.

2. Du sollst nicht Zahlenvöllerei betreiben und mit Daten ungebührlich um dich werfen.

3. Du sollst der Selbstvermessung nur frönen, wenn sie dich bei einem Problem unterstützt.

4. Du sollst um die Daten wissen, die von Algorithmen verwendet werden, und du sollst verstehen, wie die Algorithmen zu ihren Ergebnissen kommen. Wisse außerdem auch um den Nutzen der Algorithmen.

5. Du sollst dein Denken und höheres Urteilsvermögen regelmäßig schulen. Verlasse dich nicht auf die Dienste der Technikdämonen.

6. Du sollst nicht nach Selbstoptimierung streben. Perfektion ist ein Trugbild.

7. Du sollst auf deinen Körper und Geist hören und deinen Selbstwert pflegen. Sei Mensch und genüge dir dabei selbst.

8. Du sollst dich über die Zahlen und Daten informieren, mit denen du beschrieben wirst, wann diese Daten gesammelt werden und was mit diesen passiert.

9. Du sollst deine Datenspuren verwischen. Lösche regelmäßig deine Cookies und sei sparsam in der Verwendung von Apps und Diensten des Internets.

10. Du sollst dir deiner Bequemlichkeit bewusst sein. Wenn du Dienste von Unternehmen wie Facebook, Google oder Amazon nutzt, wisse um den Preis, den du dafür in Form deiner Daten zahlst.

Henry schaut mich an. Ich suche nach Kritik in seinem Blick, finde sie aber nicht. Stattdessen ist da geradezu so etwas wie Wohlwollen zu erkennen, oder irre ich mich? Ich schau noch mal genauer hin.

»Sehr gut. Das wird den Lesern bestimmt helfen.« Ich überlege kurz, ob er das ironisch meint, kann aber keine Anzeichen dafür finden.

»Meinst du das ernst?«, frage ich.

»Ja. Ich finde, das hast du gut herausgearbeitet«, sagt Henry sachlich und durchaus anerkennend.

»Was ist denn mit dir los?«, frage ich schließlich.

»Nichts. Wieso?« Ein kleines Grinsen umspielt seine Lippen.

»Du bist so … komisch. Hast du etwa jemanden kennengelernt? Du bist doch nicht etwa verliebt?«

Nach einem etwas zu langen Zögern gesteht er: »Ach, du bist doch blöd. Ja, bin ich.« Er wird ein bisschen rot.

»Los, erzähl!«, fordere ich ihn auf.

»Da gibt's nichts groß zu erzählen. Sie ist toll und ich mag sie.«

»Jetzt lass dir mal nicht alles aus der Nase ziehen. Wie hoch ist euer Matching-Score?«

»Weiß ich nicht, aber nach meinem bisherigen Eindruck nicht besonders hoch. Ich habe sie nicht über die Partnervermittlung kennengelernt, sondern neulich im Park, als du mich einfach hast stehen lassen.«

»Ha, bin ich eine gute Freundin. Wie habt ihr euch kennengelernt?« Die Kellnerin kommt mit unseren Getränken.

»Sie hat dort Free Hugs verteilt. Und weil ich auf mein Smartphone geguckt habe, um meine aktuelle Stimmung zu bewerten, habe ich sie übersehen, als ich um die Ecke bog, und bin mit ihr zusammengestoßen. Sie dachte, ich wäre gekommen, um mir eine kostenlose Umarmung abzuholen«, erzählt Henry.

»Ist nicht wahr«, platzt es ein bisschen zu sensationsgierig aus mir heraus. »Ich meine, das ist doch großartig. Und jetzt trefft ihr euch regelmäßig? Seid ihr schon zusammen? Wie ist sie so? Ich freu mich für dich.« Die Freude ist ehrlich, die Neugier zu Henrys Leidwesen auch.

»In den letzten Wochen haben wir wirklich viel Zeit miteinander verbracht. Sie ist klug und lustig, sie malt und kann unfassbar gut kochen. Also so richtig, ohne Thermomix, meine ich.« Henrys Augen strahlen, während er von seiner neuen Freundin erzählt. Da fällt mein Blick auf den weißen Streifen Haut an Henrys linkem Handgelenk, wo er sonst sein Fitnessarmband trägt. Sein Arm sieht ungewohnt nackt aus, sein Gesicht dafür ungewohnt zufrieden.

»Wo ist denn deine Armfessel?«, frage ich und deute auf sein Handgelenk.

»Oh, den Tracker habe ich wohl bei ihr liegen gelassen. Ich hab ihn eigentlich abgenommen, um ihn zu laden, bemerkte dann aber, dass ich gar kein Ladegerät dabeihabe, und als ich gegangen bin, hab ich gar nicht mehr an ihn gedacht. Verblüffend.« Henry scheint ernsthaft überrascht. Mehr zu sich selbst als zu mir fährt er fort: »Ich habe auch meine letzte Mahlzeit gar nicht mehr in meine Nährstofftracking-App eingegeben. Wir haben einfach gemeinsam gekocht und gegessen. Oh, und meinen Schlaf habe ich in den letzten Nächten kaum mehr verfolgt. Gut war er, so viel weiß ich noch. Meine Stimmung war sogar überdurchschnittlich. Sicherlich eine 9, wenn nicht gar 10, falls ich sie in meine App eingegeben hätte.« Ich betrachte Henry, während er ein paar Löcher in die Luft starrt. »Verblüffend. Wirklich verblüffend«, sagt er und sieht mich an.

»Und, hat dir was gefehlt?«, frage ich.

»Nein, gar nicht. Das ist ja das Verrückte«, antwortet Henry.

Ich grinse.

Er grinst auch.

Was wirklich zählt, hat eben mit Zahlen nichts zu tun.

# Literaturverzeichnis

## Wie wir uns selbst zum Vermessungsgegenstand machen

Wolf, G. (2009, 22.06.). Know Thyself: Tracking Every Facet of Life, from Sleep to Mood to Pain, 24/7/365. Abgerufen von https://www.wired.com/2009/06/lbnp-knowthyself/ [Abrufdatum: 14. März 2019]


## Erscanne dich selbst

ATKearney (ohne Datum). [Infografik zu Umsatzprognosen und Marktanteil von Wearables]. Abgerufen von https://www.atkearney.de/documents/856314/9174219/ Studie+Global+Wearables+Market/ [14. März 2019]

Statista (o. D.). Umsatz von Fitness-Trackern in Deutschland in den Jahren 2014 bis 2017 (in Millionen Euro). Abgerufen von https://de.statista.com/statistik/daten/studie/459121/umfrage/ umsatz-mit-fitness-trackern-in-deutschland/ [14. März 2019]

Wolf, G. (2009, 22.06.). Know Thyself: Tracking Every Facet of Life, from Sleep to Mood to Pain, 24/7/365. Abgerufen von https://www.wired.com/2009/06/lbnp-knowthyself/ [14. März 2019]

Zillien, N., Fröhlich, G., & Dötsch, M. (2015). Zahlenkörper. In: Hahn, K., & Stempfhuber, M. (Hrsg.). *Präsenzen 2.0. Körperinszenierung in Medienkulturen.* Wiesbaden: Springer, 77-94.


## Die Grenzen der Vermessung

Grasse, C., & Greiner, A.(2013). *Mein digitales Ich. Wie die Vermessung des Selbst unser Leben verändert und was wir darüber wissen müssen.* Berlin: Metrolit Verlag.

Gröflin, S. (2014, 04.02.). True Love Tester: Dieser BH öffnet sich nur bei wahrer Liebe. Abgerufen von https://www.pctipp.ch/news/fun/artikel/true-love-tester-dieser-bh-oeffnet-sich-nur-bei-wahrer-liebe-70591/ [14. März 2019]

Hollis, J. F., Gullion, C. M., Stevens, V. J., Brantley, P. J., Appel, L. J., Ard, J. D., Champagne, C. M., Dalcin, A., Erlinger, T. P., Funk, K., Laferriere, D., Lin, P. H., Loria, C. M., Samuel-Hodge, C., Vollmer, W. M., Svetkey, L. P., & Weight Loss Maintenance Trial Research Group. (2008). Weight loss during the intensive intervention phase of the weight-loss maintenance trial. *American Journal of Preventive Medicine, 35* (2), 118-126.

Langston, A. (2017, 06.03.). Endlich: Dieses »Smart Condom« hält deinen Sex statistisch fest. Abgerufen von https://www.vice.com/de/article/mg4v5q/endlich-dieses-smart-condom-haelt-deinen-sex-statistisch-fest [14. März 2019]

Nummenmaa, L., Glerean, E., Hari, R., & Hietanen, J. K. (2014). Bodily maps of emotions. *Proceedings of the National Academy of Sciences of the United States of America, 111*(2), 646-651.

Simanowski, R. (2014). Data Love. Berlin: Matthes & Seitz.

www.hapi.com/product/hapifork [Produktwebseite für die smarte Gabel] [14. März 2019]

www.rescuetime.com [App zur Produktivitätssteigerung] [14. März 2019]

www.moodpanda.com [App zum Tracken der eigenen Stimmung] [14. März 2019]

www.dexcom.com [Unternehmensseite von Dexcom] [14. März 2019]

## Wie Zahlen die Welt eroberten

Bouk, D. (2015). *How Our Days Became Numbered. Risk and the Rise of the Statistical Individual.* Chicago: University of Chicago Press.

Decker, S. (2019, 09.01.). Forschung: Mathematik. Abgerufen von
https://www.planet-wissen.de/natur/forschung/mathematik/index.html
[14. März 2019]

Deringer, W. (2018). *Calculated Values. Finance, Politics, and the Quantitative Age.* Cambridge, Massachusetts: Harvard University Press.

Hilbert, M., & López, P. (2011). The World's Technological Capacity to Store, Communicate, and Compute Information.
*Science,* 332 (6025), 60-65.

Notizen zur Kulturgeschichte der Zahlen. (2017).
Abgerufen von http://www.medien-gesellschaft.de/html/geschichte_der_zahlen.html [14. März 2019]

Van Basten, E. N. (2014). The History of Quantification and Objectivity in the Social Sciences. *Social Cosmos,* 5 (1), 8-14.

Wikipedia (o. D.). History of Statistics. Abgerufen von
https://en.wikipedia.org/wiki/History_of_statistics [14. März 2019]

## Das Zahlen-Ich in der Gesellschaft

Simanowski, R. (2014). *Data Love.* Berlin: Matthes & Seitz.

## Das alles umspannende Netz der Daten

Datenbroker – ein skrupelloses Geschäft. (2018, 11.10.). Abgerufen von
https://www.mdr.de/datenspuren/datenbroker-daten-handel-100.html
[14. März 2019]

Goldhammer, K., & Wiegand, A. (2017). *Ökonomischer Wert von Verbraucherdaten für Adress- und Datenhändler.*
Berlin: Goldmedia GmbH Strategy Consulting.

Privacy International (2018, 08.11.). Our complaints against Acxiom, Criteo, Equifax, Experian, Oracle, Quantcast, Tapad. Abgerufen von https://privacyinternational.org/advocacy-briefing/2426/our-complaints-against-acxiom-criteo-equifax-experian-oracle-quantcast-tapad [14. März 2019]

Smolan, S. (Regisseur). (2016). The Human Face of Big Data.

Steinbicker, J. (2011). Manuel Castells: Die informationelle Gesellschaft. In: *Zur Theorie der Informationsgesellschaft*. Wiesbaden: VS Verlag für Sozialwissenschaften.

www.az-direct.com [Unternehmenswebseite der AZ Direct] [14. März 2019]

## Geld und Glückshormone

Krämer, T. (2013, 27.11.). Schaltkreise der Motivation. Abgerufen von https://www.dasgehirn.info/denken/motivation/schaltkreise-der-motivation [14. März 2019]

Mediakix Team (2017, 04.08.). Are Fake Instagram Influencers Deceiving Brands? Abgerufen von http://mediakix.com/2017/08/fake-instagram-influencers-followers-bots-study/#gs.PFkTBZVm [14. März 2019]

Silberstein, S. (2018). *Das Internet muss weg.* München: Albrecht Knaus Verlag.

The Remarkable Rise of Influencer Marketing [Infographic]. (o. D.). Abgerufen von https://influencermarketinghub.com/the-rise-of-influencer-marketing/ [14. März 2019]

## Von Sternen, Noten und Punkten

Mau, S. (2017). *Das metrische Wir. Über die Quantifizierung des Sozialen.* Berlin: Suhrkamp Verlag.

## Wir haben, was Sie wollen, noch bevor Sie wissen, dass Sie es wollen

Data-Driven Marketing. (o. D.). Abgerufen von https://de.ryte.com/wiki/Data-Driven_Marketing [14. März 2019]

Greis, F. (2018, 18.02.). Facebook drohen in Belgien bis zu 100 Millionen Euro Strafe. Abgerufen von https://www.golem.de/news/gerichtsurteil-facebook-drohen-in-belgien-bis-zu-100-millionen-euro-strafe-1802-132835.html [14. März 2019]

Werner, M. (2015, 01.12.). Überwachung im Browser: Die oft unterschätzte Gefahr von Cookies.
Abgerufen von https://www.basicthinking.de/blog/2015/12/01/cookies-tracking/ [14. März 2019]

## Gesundheit als Marktwert

Klare, J. (2011). *Was bin ich wert? Eine Preisermittlung.* Berlin: Suhrkamp Verlag.

Lupton, D. (2014). Health promotion in the digital era: a critical commentary. *Health Promotion International,* 30 (1), 174-183.

Mau, S. (2017). *Das metrische Wir. Über die Quantifizierung des Sozialen.* Berlin: Suhrkamp Verlag.

Rosenbach, M., Schmergal, C., & Schmundt, H. (2015, 05.12.). Digitalisierung. Der gläserne Patient. Abgerufen von http://www.spiegel.de/spiegel/print/d-140273569.html [14. März 2019]

Willmroth, J. (2014, 23.07.). Quantified Self. Regieraum des Lebens. Abgerufen von https://www.sueddeutsche.de/digital/quantified-self-regieraum-des-lebens-1.2058004 [14. März 2019]

www.dacadoo.com [App zum Tracken des Gesundheitsscores] [14. März 2019]

www.generali-vitalityerleben.de [Unternehmenswebseite der Versicherung Generali] [14. März 2019]

Zeh, J. (2012, 11.07.). Der vermessene Mann.
Abgerufen von https://www.tagesanzeiger.ch/leben/gesellschaft/Der-vermessene-Mann/story/14508375 [14. März 2019]


## Was ist ein Menschenleben wert?

Bundeszentrale für politische Bildung (o. D.). Humankapital.
Abgerufen von http://www.bpb.de/nachschlagen/lexika/lexikon-der-wirtschaft/19640/humankapital [14. März 2019]

Klare, J. (2011). *Was bin ich wert? Eine Preisermittlung.*
Berlin: Suhrkamp Verlag.

Leiter, A. M., Thöni, M., & Winner, H. (2008). Menschliche
Körperteile – Ein Monetarisierungsversuch mittels
Schmerzensgeldentscheidungen. In: Exenberger, A., & Nussbaumer,
J. (Hrsg.). *Von Körpermärkten.* Innsbruck: Innsbruck University
Press, 79-97.

Schneider, U. (2014). *Mehr Mensch! Gegen die Ökonomisierung des
Sozialen.* Frankfurt/Main: Westend Verlag.


## Algorithmen – die künstliche Intelligenz von heute

Angwin, J., Larson, J., Mattu, S., & Kirchner, L. (2016, 23.05.).
Machine Bias: There's software used across the country to predict
future criminals. And it's biased against blacks.
Abgerufen von https://www.propublica.org/article/machine-bias-risk-assessments-in-criminal-sentencing [14. März 2019]

Czernik, A. (2016, 14.10.). Was ist ein Algorithmus – Definition und
Beispiele. Abgerufen von https://www.datenschutzbeauftragter-info.
de/was-ist-ein-algorithmus-definition-und-beispiele/
[14. März 2019]

Datta, A., Tschantz, M. C., & Datta, A. (2015). Automated
Experiments on Ad Privacy Settings. *Proceedings on Privacy
Enhancing Technologies, 2015*(1), 92-112.

Dressel, J., & Farid, H. (2018). The accuracy, fairness, and limits of predicting recidivism. *Science Advances,* 4 (1), eaao5580.

Fischer, S., & Petersen, T. (2018). *Was Deutschland über Algorithmen weiß und denkt. Ergebnisse einer repräsentativen Bevölkerungsumfrage.* Gütersloh: Bertelsmann Stiftung.

Fry, H. (2018). *Hello world. How to Be Human in the Age of the Machine.* London: Doubleday.

Gabler Wirtschaftslexikon (2018, 19.02.). Algorithmus. Abgerufen von https://wirtschaftslexikon.gabler.de/definition/algorithmus-27106/version-250769 [14. März 2019]

Jaeger, L. (2018, 24.11.). Mit Künstlicher Intelligenz an die Weltspitze – die Beispiele China und Deutschland. Abgerufen von https://scilogs.spektrum.de/beobachtungen-der-wissenschaft/mit-kuenstlicher-intelligenz-an-die-weltspitze-die-beispiele-china-und-deutschland/ [14. März 2019]

Novustat. (2019, 21.01.). Data Mining Methoden – ein verständlicher Überblick über die 5 wichtigsten Verfahren. Abgerufen von https://novustat.com/statistik-blog/data-mining-methoden-ueberblick.html [9. April 2019]

Pariser, E. (2012). *Filter Bubble. Wie wir im Internet entmündigt werden.* München: Carl Hanser Verlag.

Simanowski, R. (2014). *Data Love.* Berlin: Matthes & Seitz. www.ibm.com/watson/de-de/ [Informationsseite über Watson von IBM] [14. März 2019]

## Tiefe Einblicke Dank Datenbrille

Choudhury, M. D., Gamon, M., Counts, S., & Horvitz, E. (2013). Predicting Depression via Social Media. ICWSM. Abgerufen von https://www.aaai.org/ocs/index.php/ICWSM/ICWSM13/paper/viewFile/6124/6351 [14. März 2019].

Drösser, C. (o. D.). Digitale Psychometrie: Magische Soße. Abgerufen von https://www.deutschlandfunk.de/digitale-psychometrie-magische-sosse.740.de.html?dram:article_id=394668 [14. März 2019]

Epstein, R., & Robertson, R. E. (2015). The search engine manipulation effect (SEME) and its possible impact on the outcomes of elections. *Proceedings of the National Academy of Sciences of the United States of America,* 112(33), E4512-E4521.

Grewohl, M. (2004). Psycho-Physiognomik. Die Nase – der Wille zur Selbstverwirklichung. *Trainer-Kontakt-Brief,* 10/04, 48.

Kosinski, M., Stillwell, D., & Graepel, T. (2013). Private traits and attributes are predictable from digital records of human behavior. *Proceedings of the National Academy of Sciences of the United States of America,* 110(15), 5802-5805.

Kosinski, M., Wang, Y., Lakkaraju, H., & Leskovec, J. (2016). Mining Big Data to Extract Patterns and Predict Real-Life Outcomes. *Psychological Methods,* 21(4), 493-506.

Pletter, R. (2014, 10.07.). Computer: Ist er besser als wir? Abgerufen von https://www.zeit.de/2014/29/computer-roboter-konkurrenz/komplettansicht [14. März 2019]

Youyou, W., Kosinski, M., & Stillwell, D. (2015). Computer-based personality judgments are more accurate than those made by humans. *Proceeding of the National Academy of Sciences of the United States of America,* 112(4), 1036-1040.

www.humanyze.com [System zum Tracken der sozialen Interaktion im Arbeitssetting] [14. März 2019]

www.knack.it [App zur Filterung von Berufsbewerbern mit Hilfe von Spielen] [14. März 2019]

Test. (2019). In: Wirtz, M. A. (Hrsg.). *Dorsch – Lexikon der Psychologie.* Abgerufen von https://m.portal.hogrefe.com/dorsch/test-1/ [14. März 2019]

Was ist Psycho-Physiognomik? (o. D.). Abgerufen von
http://www.physiognomik-institut.de/was-ist-psycho-physionomik/
index.html [14. März 2019]


## Eine Zahl, sie alle zu beschreiben

Auswertung für Wahlkampf: Deutsche Post verteidigt Datengeschäfte.
(2018, 01.04.). Abgerufen von http://www.spiegel.de/politik/
deutschland/deutsche-post-verteidigt-datengeschaefte-a-1200831.
htm [14. März 2019]

Botsman, R. (2017, 21.10.). Big data meets Big Brother as China
moves to rate its citizens. Abgerufen von https://www.wired.co.uk/
article/chinese-government-social-credit-score-privacy-invasion
[14. März 2019]

Gruber, A. (2017, 28.12.). Chinas Social Credit System. Volle
Kontrolle. Abgerufen von http://www.spiegel.de/netzwelt/netzpolitik/
china-social-credit-system-ein-punktekonto-sie-alle-zu-
kontrollieren-a-1185313.html [14. März 2019]

Haas, M. (2018, 22.02.). Smartphone-Markt: Konjunktur und Trends.
Abgerufen von https://www.bitkom.org/Presse/Anhaenge-an-
PIs/2018/Bitkom-Pressekonferenz-Smartphone-Markt-22-02-2018-
Praesentation-final.pdf [14. März 2019]

Kontokosta, C. E. (2016). The Quantified Community and
Neighborhood Labs: A Framework for Computational Urban Science
and Civic Technology Innovation. *Journal of Urban Technology,*
23(4), 67-84.

Marr, B. (2015, 08.09.). 6 Incredible Ways Big Data is Used by the US
Government. Abgerufen von https://www.smartdatacollective.com/
incredible-ways-big-data-used-us-government/ [14. März 2019]

Zeng, M. J. (2018, 23.01). China's Social Credit System puts its people
under pressure to be model citizens. Abgerufen von
http://theconversation.com/chinas-social-credit-system-puts-its-
people-under-pressure-to-be-model-citizens-89963 [14. März 2019]

### Vermessen will gelernt sein

Christl, W., & Spiekermann, S. (2016). *Networks of Control. A Report on Corporate Surveillance, Digital Tracking, Big Data & Privacy.* Wien: Facultas Verlags- und Buchhandels AG.

O'Neil, C. (2016). *Weapons of Math Destruction. How Big Data Increases Inequality and Threatens Democracy.* Penguin Random House UK.

Shcherbina, A., Mattsson, C. M., Waggott, D., Salisbury, H., Christle, J. W., Hastie, T., Wheeler, M. T., Ashley, E. A. (2017). Accuracy in Wrist-Worn, Sensor-Based Measurements of Heart Rate and Energy Expenditure in a Diverse Cohort. *Journal of Personalized Medicine,* 7 (2), 3.

Testkonstruktion. (2019). In: Wirtz, M. A. (Hrsg.). *Dorsch – Lexikon der Psychologie.* Abgerufen von https://m.portal.hogrefe.com/dorsch/testkonstruktion-1/ [14. März 2019]

www.tylervigen.com/spurious-correlations [Sammlung kurioser Scheinkorrelationen] [14. März 2019]

### Wer schützt meine Daten?

3 Fragen – 3 Antworten an Frederick Richter. (2018, 10.10.). Abgerufen von https://www.mdr.de/datenspuren/video-238472.html [14. März 2019]

Beckedahl, M., & Lüke, F. (2012). *Die digitale Gesellschaft. Netzpolitik, Bürgerrechte und die Machtfrage.* München: Deutscher Taschenbuch Verlag.

Darabi, A. (2018, 21.03.). After Cambridge Analytica, here's what government can do to protect data. Abgerufen von https://apolitical.co/solution_article/after-cambridge-analytica-heres-what-government-can-do-to-protect-data/ [9. April 2019]

Floridi, L. (2015). *Die 4. Revolution. Wie die Infosphäre unser Leben verändert.* Berlin: Suhrkamp Verlag.

Gellman, B., & Soltani, A. (2013, 14.10.). NSA collects millions of e-mail address books globally. Abgerufen von https://www.washingtonpost.com/world/national-security/nsa-collects-millions-of-e-mail-address-books-globally/2013/10/14/8e58b5be-34f9-11e3-80c6-7e6dd8d22d8f_story.html [14. März 2019]

Grasse, C., & Greiner, A. (2013). *Mein digitales Ich. Wie die Vermessung des Selbst unser Leben verändert und was wir darüber wissen müssen.* Berlin: Metrolit Verlag.

https://dsgvo-gesetz.de/ [Informationsseite zur neuen Datenschutz-Grundverordnung] [14. März 2019]

SCHUFA Holding AG. (2018). *SCHUFA Kredit-Kompass 2018. Empirische Untersuchung der privaten Kreditaufnahme in Deutschland. Identitätsschutz im digitalen Zeitalter.* Frankfurt am Main: Frankfurt Business Media GmbH – der F.A.Z.-Fachverlag.

Simanowski, R. (2014). Data Love. Berlin: Matthes & Seitz.

Welche Folgen Identitätsdiebstahl im Internet haben kann. (2019, 10.01.). Abgerufen von https://www.verbraucherzentrale.de/wissen/digitale-welt/datenschutz/welche-folgen-identitaetsdiebstahl-im-internet-haben-kann-17750 [9. April 2019]

## Das vermessene Ich in der Zukunft

Harari, Y. N. (2017). *Homo Deus. Eine Geschichte von Morgen.* München: C. H. Beck.

## Wie Biohacker nach ewiger Jugend und Unsterblichkeit streben

Bromwich, J. E. (2018, 19.05.). Death of a Biohacker. Abgerufen von https://www.nytimes.com/2018/05/19/style/biohacker-death-aaron-traywick.html [14. März 2019]

Charisius, H., Friebe, R., & Karberg, S. (2013). *Biohacking. Gentechnik aus der Garage.* München: Carl Hanser Verlag.

Faguet, S. (2017, 24.09.). I'm 32 and spent $200k on biohacking. Became calmer, thinner, extroverted, healthier & happier. Abgerufen von https://hackernoon.com/im-32-and-spent-200k-on-biohacking-became-calmer-thinner-extroverted-healthier-happier-2a2e846ae113 [14. März 2019]

Gotzler, M. (2018). *Biohacking – Optimiere dich selbst: besser schlafen, mehr leisten, ausgeglichener sein, länger leben.* München: riva Verlag.

Grasse, C., & Greiner, A. (2013). *Mein digitales Ich: Wie die Vermessung des Selbst unser Leben verändert und was wir darüber wissen müssen.* Berlin: Metrolit Verlag.

Harari, Y. N. (2017). *Homo Deus. Eine Geschichte von Morgen.* München: C. H. Beck.

Zhang, S. (2018, 20.02.). A Biohacker Regrets Publicly Injecting Himself With CRISPR. Abgerufen von https://www.theatlantic.com/science/archive/2018/02/biohacking-stunts-crispr/553511/ [14. März 2019]

### Glück auf Knopfdruck

Bosshart, D., Frick, K., Kwiatkowski, M., & Thalmann, L. (2018). *Wellness 2030. The new techniques of happiness.* Zürich: Gottlieb Duttweiler Institute.

Drobinski, M. (2015, 10.10.). Suche nach dem Glück – Sei glücklich oder stirb! Abgerufen von https://www.sueddeutsche.de/leben/suche-nach-dem-glueck-sei-gluecklich-oder-stirb-1.2682449 [14. März 2019]

Harari, Y. N. (2017). *Homo Deus. Eine Geschichte von Morgen.* München: C. H. Beck.

Helliwell, J. F., Layard, R., & Sachs, J. D. (2018). *World Happiness Report 2018.* New York: Sustainable Development Solutions Network.

## Der Traum vom Übermenschen

More, M. (2013). The Philosophy of Transhumanism. In: More, M. & Vita-More, N. (Hrsg.). *The Transhumanist Reader: Classical and Contemporary Essays on the Science, Technology, and Philosophy of the Human Future.* Hoboken, USA: Wiley-Blackwell.

Hopkin, M. (2006, 12.07.). Bionic brains become a reality. *Nature online.* Abgerufen von: https://www.nature.com/news/2006/060710/full/news060710-8.html [14. März 2019]

Stöcker, C. (2018, 25.03.). Das Experiment sind wir. Abgerufen von http://www.spiegel.de/wissenschaft/mensch/menschheitsgeschichte-das-experiment-sind-wir-a-1199596.html [14. März 2019]

whatistranshumanism.org [Informationswebseite über Transhumanismus] [14. März 2019]

## Die dunkle Seite einer vermessenen Welt

Bode, M., & Kristensen, D. B. (2015). The digital doppelgänger within: A study on self-tracking and the quantified selfmovement. In: Canniford, R. & Bajde, D. (Hrsg.). *Assembling Consumption: Researching Actors, Networks and Markets.* New York: Routledge.

Fleming, S. (2017, 29.05.). Biohacking, Part 1: The quantified self, and our self-health future. Abgerufen von https://www.montag.wtf/the-quantified-self-biohacking-guerrilla-data-and-our-self-health-future/ [14. März 2019]

Grasse, C., & Greiner, A. (2013). *Mein digitales Ich. Wie die Vermessung des Selbst unser Leben verändert und was wir darüber wissen müssen.* Berlin: Metrolit Verlag.

Han, B.-C. (2017). *Transparenzgesellschaft.* Berlin: Matthes & Seitz.

Schramm, S. (2016). Less Quantified Self – More Qualified You. In: Hess, S., & Fischer, H. (Hrsg.). *Mensch und Computer 2016 – Usability Professionals.* Aachen: Gesellschaft für Informatik e. V. und German UPA e. V.

Zeh, J. (2012, 11.07.). Der vermessene Mann. Abgerufen von
https://www.tagesanzeiger.ch/leben/gesellschaft/Der-vermessene-
Mann/story/14508375 [14. März 2019]


**Der Mensch ist mehr**

Gadenne, V. (2019). Bewusstsein. In: Wirtz, M. A. (Hrsg.). *Dorsch
– Lexikon der Psychologie.* Abgerufen von https://m.portal.hogrefe.
com/dorsch/bewusstsein/ [14. März 2019]

Hauser, M. D. (2009). Origin of the Mind. *Scientific America,* 2009.


**Vom Zahlenfetischismus zum Zahlenminimalismus**

Davis, J. (2013, 13.03.). *The Qualified Self.* Abgerufen von
https://thesocietypages.org/cyborgology/2013/03/13/the-qualified-self/
[14. März 2019]

Floridi, L. (2015). *Die 4. Revolution. Wie die Infosphäre unser Leben
verändert.* Berlin: Suhrkamp Verlag.

Gigerenzer, G. (2008). *Bauchentscheidungen. Die Intelligenz des
Unbewussten und die Macht der Intuition.*
München: Wilhelm Goldmann Verlag.

Grasse, C., & Greiner, A. (2013). *Mein digitales Ich. Wie die
Vermessung des Selbst unser Leben verändert und was wir darüber
wissen müssen.* Berlin: Metrolit Verlag.

Han, B.-C. (2017). *Im Schwarm. Ansichten des Digitalen.*
Berlin: Matthes & Seitz.

Moorstedt, M. (2013). Erscanne dich selbst! In: Geiselberger,
H., & Moorstedt, T. (Hrsg.). *Big Data. Das neue Versprechen der
Allwissenheit.* Berlin: Suhrkamp Verlag.

Simanowski, R. (2014). *Data Love.* Berlin: Matthes & Seitz.

## Wert abseits von Zahlen

Branden, N. (2010). *Die 6 Säulen des Selbstwertgefühls. Erfolgreich und zufrieden durch ein starkes Selbst.* München: Piper Verlag.

Han, B.-C. (2017). *Transparenzgesellschaft.* Berlin: Matthes & Seitz.

Henry, S. (2009). *You are Really Rich. You Just Don't Know it Yet.* London: Virgin Books.

Schneider, U. (2014). *Mehr Mensch! Gegen die Ökonomisierung des Sozialen.* Frankfurt/Main: Westend Verlag.

Schütz, A. (2018). Selbstwert. In: Wirtz, M. A. (Hrsg.): *Dorsch – Lexikon der Psychologie.* Abgerufen von https://portal.hogrefe.com/dorsch/selbstwert/ [14. März 2019]

Würde. (o. D.). Abgerufen von https://www.duden.de/rechtschreibung/Wuerde [14. März 2019]